杜力平 ○ 著

乒乓球

裁判工作

指南

（第二版）

西南交通大学出版社

·成都·

图书在版编目（ＣＩＰ）数据

乒乓球裁判工作指南 / 杜力平著. —2 版. —成都：
西南交通大学出版社，2014.8（2021.12 重印）
　ISBN 978－7－5643－3246－4

　Ⅰ. ①乒… Ⅱ. ①杜… Ⅲ. ①乒乓球运动－裁判法
－指南　Ⅳ.①G846. 4－62

中国版本图书馆 CIP 数据核字（2014）第 176952 号

乒乓球裁判工作指南
（第二版）
杜力平　著

责 任 编 辑	郭发仔
封 面 设 计	何东琳设计工作室
出 版 发 行	西南交通大学出版社
	（四川省成都市二环路北一段 111 号
	西南交通大学创新大厦 21 楼）
发 行 部 电 话	028-87600564　028-87600533
邮 　 　 编	610031
网 　 　 址	http://www.xnjdcbs.com
印 　 　 刷	成都蜀通印务有限责任公司
成 品 尺 寸	170 mm×230 mm
印 　 　 张	17.75
字 　 　 数	300 千字
版 　 　 次	2014 年 8 月第 2 版
印 　 　 次	2021 年 12 月第 4 次印刷
书 　 　 号	ISBN 978-7-5643-3246-4
定 　 　 价	45.00 元

再版前言

　　《乒乓球裁判工作指南》一书，第一版于 2007年 1 月出版以来，受到了全国乒乓球运动爱好者的欢迎，并得到了充分的肯定和支持。鉴于本书对有志于晋升高级乒乓球裁判员的人有比较大的帮助和借鉴意义，现在第一版的基础上进行一些修订，增加了最新的几套真题，力求使教材达到更优更好，以满足广大爱好者的需要。

作　者
2014 年 5 月

前　言

　　乒乓球作为我们的国球，深受国人的喜爱。只要在有乒乓球台的地方，你就会看到各个年龄段的人群：老年人、中年人、青少年以及儿童在参加乒乓球运动。乒乓球运动的广泛性是其他球类运动所无法比拟的。

　　在提倡全民健身的今天，推动乒乓球运动发展，是所有乒乓球运动体育工作者的职责。我们的目标，不仅要培养人们对乒乓球运动的兴趣，而且要让他们了解乒乓球运动的规则，懂得观赏乒乓球比赛，当一个知情的观众，甚至一个合格的裁判。

　　目前，我国体育书籍市场上关于乒乓球技战术类的书籍较多，但是关于乒乓球裁判方面的书甚少。基于这种情况，笔者根据自己从事乒乓球裁判工作二十多年所积累的经验，在本书中较为系统地归纳了乒乓球裁判工作中关于规则、裁判法方面的一些带规律性的东西，总结了临场执法过程中的艺术性。同时，本书还收集、整理了大量的各级乒乓球裁判员考题，这对从事乒乓球裁判工作的同仁们，以及准备申报各级乒乓球裁判员的有识之士，或许会有一些帮助。

　　本书在编写过程中，得到了我的师兄南充体委邓晓文老师的热情帮助和支持；在本书的文稿和试题的打印、整理方面，得到了我的学生蔡宁波、刘凯的热忱帮助；本书还获得了西南交通大学出版基金资助。在此，一并表示衷心的感谢！

　　成书匆匆，不妥之处在所难免，敬请各位读者批评、指正。

作　者

2007 年 1 月

目 录

第一章　乒乓球运动基本知识/001

　　第一节　乒乓球运动的起源和发展/001

　　第二节　乒乓球运动常识/005

第二章　乒乓球比赛规则与裁判法/008

　　第一节　乒乓球比赛的场地、器材/008

　　第二节　乒乓球比赛的主要规则/012

　　第三节　裁判方法/025

　　第四节　乒乓球最新规则变化/037

　　第五节　裁判员手势和比赛用表格/042

　　第六节　常用临场英语用语/052

第三章　乒乓球裁判员必备的素质/057

　　第一节　良好的道德品质和思想修养/057

　　第二节　良好的业务素质/059

　　第三节　良好的心理素质/061

　　第四节　良好的身体素质/061

第四章　乒乓球比赛的方法/063

　　第一节　竞赛组织的程序/063

　　第二节　乒乓球竞赛的基本方法/067

　　第三节　循环赛与淘汰赛的组合/084

第五章　乒乓球比赛的组织/086

　　第一节　乒乓球比赛的抽签/086

　　第二节　乒乓球比赛次序的编排/097

第六章　有关乒乓球裁判员技术等级
　　　　标准的规定/119
　　第一节　国家体育总局对体育竞赛裁判员的
　　　　　　管理办法/119
　　第二节　乒乓球裁判的考试与资格认定/124

第七章　乒乓球裁判工作临场执法
　　　　艺术性探讨/127
　　第一节　裁判长的工作权限和临场执法的艺术性/127
　　第二节　裁判员的工作权限和临场执法的艺术性/134

第八章　乒乓球裁判员考试试题范例/144
　　国际乒乓球裁判员考试辅导资料一/144
　　国际乒乓球裁判员考试辅导资料二/148
　　乒乓球裁判员考试模拟真题一/156
　　乒乓球裁判员考试模拟真题二/160
　　乒乓球裁判员考试模拟真题三/164
　　乒乓球裁判员考试模拟真题四/177
　　乒乓球裁判员考试模拟真题五/185
　　国际乒乓球裁判员考试模拟真题一/195
　　国际乒乓球裁判员考试模拟真题二/219
　　国际乒乓球裁判员考试模拟真题三/241

附录　乒乓球规则规程试题库/262

参考文献/278

第一章　乒乓球运动基本知识

　　乒乓球运动是由两个或两对选手，用球拍在中间隔放了一个球网的球台的两端轮流击球的一项球类运动。

　　乒乓球运动具有球小，速度快，变化多，趣味性强，设备简单，不受参与者的年龄、性别和身体条件的限制等特点，具有广泛的适应性和较高的锻炼价值，比较容易开展和普及。经常参加乒乓球运动，不仅可以锻炼人的灵敏性和协调性，提高大脑反应的速度和上下肢活动的能力，改善心脏血管系统机能，增加体质，而且有助于培养勇敢顽强、机智果断等品质。

　　我国的乒乓球运动具有广泛的群众基础，自 20 世纪 60 年代以来长盛不衰。我国乒乓球运动水平在世界乒坛中也居于领先地位，为中华民族争得了荣誉，为世界乒乓球运动的发展作出了巨大的贡献。

　　要想做一名乒乓球裁判工作者，并做好裁判工作，必须对乒乓球运动的一些基本知识有所熟悉和了解。

第一节　乒乓球运动的起源和发展

一、乒乓球运动的起源

　　现代体育的许多运动项目都是从一些古老的简单的活动性游戏演变而来的。据史料记载，现代乒乓球运动最初是一种宫廷游戏，是由网球运动演变而来的，其运动特点、规则与网球十分类似。19 世纪后期起源于英国，它的前身是室内网球。当时，人们开始是在室内的地板上打网球，后来在餐桌上打网球；先打实心网球（软木球和橡胶球），后打空心的赛璐珞球。随着球的改进，球拍也从类似网球的小球拍（以羔皮纸贴成椭圆形的长柄球拍）改为木拍。在国际乒乓球联合会（以下简称国际乒联）成立以前，乒乓球运动不仅使用的器材无统一的规定，而且比赛规则也不统一。有打

10分一局的，也有打20分一局的，还有打50分、100分一局的；发球时，有的是将球先击到本方台区再跳到对方台区，有的是将球直接打到对方台区；在名称上也不一致，最初，有的将乒乓球称为"弗利姆—弗拉姆（Flim—Plam）"，有的称为"高西玛（Goossime）。1890年，英格兰的詹姆斯·吉布（Jemx Gibb）从美国买回一些用作玩具的赛璐珞球代替当时使用的软木球和橡胶球，由于赛璐珞球与球拍、球台接触时发出"乒乓"的声音，因此人们将这种赛璐珞球称为"乒乓球"。

1902—1908年，日本京都高等师范学校教授坪井玄道在英国留学，后将乒乓球的整套器材带回日本，从此，乒乓球运动传到亚洲。

1904年，上海四马路一家文具店的经理王遭平，从日本买回10套乒乓球器材（包括球台、球网、球和带洞眼的球拍）摆设在店中，并亲自表演乒乓球的打法和介绍在日本看到的打乒乓球的情况。从此，中国开始有了乒乓球活动。

1905—1910年，乒乓球运动又传入中欧的维也纳、布达佩斯，以后逐渐扩展到北非的埃及等地。

20世纪20年代以前，乒乓球活动基本上停留在游戏阶段。1926年，国际乒联成立，随后通过了《乒乓球比赛规则草案》。自此，乒乓球运动才由一种娱乐性活动转为一项竞技性的体育项目。1928年，国际乒联将"乒乓球"的名称正式定了下来。

二、乒乓球运动的发展

乒乓球运动的发展经历了以下几个阶段：

第一阶段（1926—1951）：欧洲全盛期。在此期间，乒乓球运动共举行了18届世界锦标赛，除第13届在埃及举行外，其余17届均在欧洲举行，冠军也多是欧洲国家。这一阶段的技术以稳削防守为主，球拍采用木制球板。

第二阶段（1952—1959）：日本称雄世界乒坛，优势转向亚洲。这一阶段，日本选手创造了"长抽攻击型"打法，冲破了欧洲保持20多年的传统削球防线。这一阶段的技术以进攻为主，并革新了击球的工具，使用海绵球拍，从而加快了进攻的速度。

第三阶段（1961—1971）：中国直拍近台快攻打法于世界乒坛崛起。中国于1952年加入国际乒联，1953年第一次参加第20届世界乒乓球锦标赛。在1959年第25届世乒赛中，我国的容国团首次获得男子单打冠军。在这一阶段，我国运动员创造了"快、准、狠、变"独特风格的近台快攻打法，还发展了以"稳、低、转、攻"为技术风格的削球打法，把世界乒乓球技术大大地向前推进了一步。

第四阶段（1972—1987）：欧洲的复兴及其与亚洲的对抗。欧洲从20世纪50年代负于日本，60年代负于中国后，用了20年的时间，吸取了日本弧圈球和中国快攻的优点，创造了适合他们特点的以弧圈球为主和快攻结合的新型打法，这种打法的特点是旋转较强、速度快、能拉能打，把旋转和速度紧密地结合起来，从而将乒乓球技术又推到了一个新的水平。

第五阶段（1987年至今）：进入奥运时代，欧亚竞争更加激烈。1988年，乒乓球运动被列入奥运会的正式比赛项目，这大大促进了乒乓球运动的发展，各国因此都更加重视此项运动的普及和水平的提高。欧亚之间的竞争变得更加激烈。

三、乒乓球的组织机构

（一）国际乒联

国际乒联是国际乒乓球联合会的简称，是国际上各乒乓球组织（简称协会）的联合体。1926年12月12日，在伊沃·蒙塔古的母亲斯韦思林女士的图书馆里，国际乒联正式成立。它的宗旨是促进协会和运动员之间的友好；协调各协会之间以及协会同其他团体之间的关系；继续提高乒乓球的技术水平，并在全世界扩大乒乓球运动的参与度。国际乒联从成立至今，已成为一个包括五大洲182个会员协会的大家庭，是国际体坛中享有较高声誉且引人注目的世界体育组织。

（二）亚乒联盟

亚乒联盟是亚洲乒乓球联盟的简称，成立于1972年5月7日。到目前为止，亚乒联盟共有会员协会约43个，是亚洲最大的体育组织。它的宗旨是增进亚洲国家和地区的人民和运动员之间的友谊；发展亚洲与其他各洲乒乓球运动员之间的友好联系；促进亚洲乒乓球运动的普及、提高和发展。

（三）中国乒协

中国乒协是中国乒乓球协会的简称，成立于1955年，是在中华全国体育总会领导下的单项运动协会之一，是各省、市、自治区、解放军及各行业系统的乒乓球协会的代表组织。它以提高乒乓球运动水平和发展各国乒乓球运动员之间的友谊为宗旨，在大力开展群众性、普及性的乒乓球运动的基础上，努力提高乒乓球运动的技术水平，加强国家乒联及其所属机构之间的联系，开展与各国乒乓球技术交流活动，积极参加国际乒乓球运动。

四、重大国际比赛赛事

（一）世界乒乓球锦标赛

自 1926 年 12 月伦敦举办了第 1 届世界乒乓球锦标赛开始，至今已举办了 46 届。世界锦标赛比赛项目共七个：男子团体、女子团体、男子单打、女子单打、男子双打、女子双打、混合双打。每项都设有专门的奖杯。

1. 男子团体 —— 斯韦思林杯

此杯是前国际乒联主席、英国的蒙塔古先生的母亲斯韦思林女士所赠，故称"斯韦思林杯"。

2. 女子团体 —— 考比伦杯

此杯是由原法国乒协主席马赛尔·考比伦先生捐赠，故以他的名字命名。

3. 男子单打 —— 圣·勃来德杯

此杯是由原英格兰乒协主席伍德科先生捐赠，因此以伦敦圣·勃来德乒乓球俱乐部的名字命名。

4. 女子单打 —— 吉·盖斯特杯

此杯是由吉·盖斯特先生捐赠，故以他的名字命名。

5. 男子双打 —— 伊朗杯

此杯是由前伊朗国王捐赠，故以伊朗的国名命名。

6. 女子双打 —— 波普杯

此杯是由前国际乒联名誉秘书长波普先生捐赠，故以他的名字命名。

7. 混合双打 —— 兹·赫杜塞克杯

此杯是由前捷克斯洛伐克乒协秘书赫杜塞克先生捐赠，故以他的名字命名。

以上七项奖杯是流动的，各项冠军获得者可保存该项奖杯到下届世锦赛开始前。各项冠军享受在奖杯上刻上自己名字的荣誉。男、女单打如果连续获得三次冠军，则由国际乒联制作一个大小原奖杯一半的复制品，赠获奖者永久保存。我国优秀乒乓球选手庄则栋曾因连获第 26、27 和 28 届世乒赛男单打冠军而获此殊荣。

（二）奥运会乒乓球比赛

由国际乒联申请，1981 年，在巴登召开的第 84 届国际奥委会全体委员会上决定将乒乓球运动列入 1988 年奥运会正式比赛项目。设男子单打、女子单打、男子双打和女子双打 4 块金牌。它是先通过预选赛产生 64 名男选手和 32 名女选手，然后正式参加四个项目的比赛。乒乓球运动进入奥运会后，大大提高了乒乓球运动在国际体坛的地位。许多国家反响强烈，对乒乓球运动项目投入了更多的人力、物力和财力，从而有力地推动了世界乒乓球运动的发展。

（三）世界杯乒乓球比赛

为进一步推动世界乒乓球运动的发展，1980 年 8 月 29～31 日，在香港举行了由国际乒联指定 16 名选手参加的第 1 届世界杯乒乓球比赛，参赛者是世界优秀选手和各大洲的单打冠军以及 1 名东道主选手；1990 年，又增设了世界杯团体赛和双打比赛；1996 年 9 月，在香港举办了首届世界杯女子单打比赛，共有 16 名选手参赛，参赛名额的确定方式及竞赛方法同男子单打比赛。目前，世界杯比赛尚未设混合双打比赛。

世界杯乒乓球比赛每年举行一届。由于世界杯参赛人数少、比赛时间短、水平高、精彩场次多，因而很受观众欢迎。

第二节　乒乓球运动常识

一、球拍的种类与性能

目前，乒乓球比赛规则规定使用的球拍有三种。

1. 胶皮拍

胶皮拍又分两种：

（1）普通胶皮拍。它在球拍底板上贴有一层胶皮，胶皮上有一粒粒的圆柱形软体小胶粒，颗粒向外，其高度在 1.5 mm 之内。

性能：弹力均匀，击球速度慢，力量不强，容易掌握，但它不易制造强烈的旋转。

（2）长胶胶皮拍。胶皮高度在 1.6～2.0 mm；小胶颗粒向外。

性能：长胶胶皮拍击球的旋转变化是随着对方来球的变化而变化的。若对方来球为上旋球，则长胶胶皮拍的回球则为下旋；若对方来球是下旋球，则回球变化为上旋球；若对方来球不转，长胶胶皮拍的回球也不转。长胶胶皮拍的主要特点是能够改变回球的旋转性能，使其在使用中难控制，击球速度也不快。

2. 海绵正贴胶皮拍

海绵正贴胶皮拍的海绵连同胶皮的总厚度不超过 4 mm，分三种：

（1）正胶海绵拍。胶皮颗粒向外，下面有海绵。

性能：反弹力较强，回球速度快，能制造一定的旋转，但控制球的稳定性不好。

（2）生胶海绵拍。与正胶海绵相似，生胶皮正贴在海绵上，颗粒较大，且胶粒和胶皮较硬，胶皮的熟化程度较差。

性能：反弹力强，在攻或回击弧圈球时，球着台后有迅速下沉现象。

（3）长胶海绵拍。海绵口覆盖长胶胶皮。

性能：与长胶胶皮拍相比，弹性大、旋转强。

3. 海绵反胶胶皮拍

其又可分两种：

（1）反胶海绵拍。胶皮颗粒向内，下有一层海绵。

性能：胶皮表面平整，有较大的黏性，摩擦系数大，能击出强烈的旋转球，但弹力稍差，回球速度不如正胶海绵拍。

（2）防弧海绵拍。海绵特软、较薄。

性能：弹性差，可以削弱旋转球的作用，对付弧圈球非常有效。

二、乒乓球打法的主要类型

（1）快攻型：站位近台，以速度为主，积极主动，先发制人。其基本特点是快速、准确、凶狠、多变。此种类型又分为推攻打法和两面攻打法。

（2）弧圈型：站位中位台，以速度为主，结合旋转。其基本特点是旋转强，速度快，能拉能打，低拉高打，正反手都能拉弧圈球，回球威胁性较大。此种类型分为横拍和直拍两种打法。

（3）削攻型：站位中远台，以削球的旋转变化及伺机反攻为其主要得分手段。其基本特点是削得转，削得低，旋转变化大，落点控制好，两面攻得准。此种类型又分为以削为主打法和削攻结合打法。

三、乒乓球拍的握拍方法

乒乓球拍的握拍方法基本上分直握法和横握法两种。

1. 直握法

直握法的特点是：正、反手都用球拍的同一面击球，出手较快；正手攻球灵活，快速，但反手攻球因受身体阻碍，较难掌握，所照顾的面积较小。

直握法的要点：

拍前：以食指第二指节和拇指第一指节扣拍，拇指与食指之间的距离要适中。

拍后：其他三指自然弯曲，中指第一指节贴于拍的背面。

2. 横握法

横握法的特点是：照顾的面积比直握法大，反手攻球便于发力，但左右拍面动作较大，易被对方识破，台内正手攻球较难掌握。

横握法要点：

（1）中指、无名指和小指自然地握住拍柄。

（2）拇指在球拍的正面轻贴在中指旁边，食指自然伸直，平放于球拍的背面。

（3）浅握时，虎口轻微贴拍；深握时，虎口紧贴球拍。

第二章　乒乓球比赛规则与裁判法

第一节　乒乓球比赛的场地、器材

场地和器材设备是进行乒乓球比赛活动的物质条件。下面根据规则规定的标准对其加以说明和解释。基层在开展乒乓球活动或组织乒乓球比赛时，应根据实际情况因地制宜，灵活掌握。

一、球　台

（1）球台的上层表面叫做比赛台面，应为与水平面平行的长方形。标准的球台长 2.74 米，宽 1.525 米，离地面高 0.76 米。

（2）比赛台面不包括球台的垂直侧面。

（3）比赛台面可用任何材料制成，应具有一定的弹性，即当标准球从离台面 30 厘米的高处落至台面时，弹起的高度应约为 23 厘米。

（4）比赛台面呈均匀的暗色，无光泽。沿每个长为 2.74 米的比赛台面边缘各有一条 2 厘米宽的白色边线；沿每个宽为 1.525 米的比赛台面边缘各有一条 2 厘米宽的白色端线。

（5）比赛台面由一个与端线平行的垂直的球网划分为两个相等的台区，各台区的面积应是一个整体。

（6）双打时，各台区应由一条 3 毫米宽的白色中线，其将各台区分为两个相等的"半区"。中线与边线平行，并应视为右半区的一部分。

二、球网装置

（1）球网装置包括球网、悬网绳、网柱，以及将它们固定在球台上的夹钳部分。

（2）球网应悬挂在一根绳子上，绳子两端系在高 15.25 厘米的直立网柱上，网柱外缘离边线外缘的距离为 15.25 厘米。

（3）整个球网的顶端距离比赛台面 15.25 厘米。

（4）整个球网的底边应尽量贴近比赛台面，其两端应尽量贴近网柱。

三、球

（1）球应为圆球体，直径为 40 毫米，重 2.7 克。

（2）球应用赛璐珞或类似的塑料制成，呈白色或橙色，且无光泽。

四、球　拍

（1）球拍的大小、形状和重量不限，但底板应平整、坚硬。

（2）底板至少应有 85% 的天然木料。用以加强底板的黏合层可用碳纤维、玻璃纤维或压缩纸等作材料；每层黏合层不超过底板总厚度的 7.5% 或 0.35 毫米。

（3）用来击球的拍面应用一层颗粒向外的普通颗粒胶覆盖，连同黏合剂，其厚度不超过 2 毫米；或用颗粒向内或向外的海绵胶覆盖，连同黏合剂，其厚度不超过 4 毫米。

① "普通颗粒"是一层无泡沫的天然橡胶或合成橡胶，其颗粒必须以每平方厘米不少于 10 颗、不多于 30 颗的平均密度分布于整个表面。

② "海绵胶"是在一层泡沫橡胶上覆盖的一层普通颗粒胶。普通颗粒胶的厚度不超过 2 毫米。

（4）覆盖物应覆盖整个拍面，但不得超过其边缘。靠近拍柄部分以及手指执握部分可不覆盖，也可用任何材料覆盖。

（5）底板、底板中的任何夹层以及用来击球的一面的任何覆盖物及黏合层，均应为厚度均匀的一个整体。

（6）球拍两面不论是否有覆盖物，必须无光泽，且一面为鲜红色，另一面为黑色。

（7）由于意外的损坏、磨损或褪色，造成拍面的整体性和颜色上的一致性出现轻微的差异，只要未明显改变拍面的性能，可以允许使用。

（8）在比赛开始时及比赛过程中运动员需要更换球拍时，必须向对方和裁判员展示他将要使用的球拍，并允许他们检查。

五、灯　光

（1）每张球台赛区空间不少于 14 米长、7 米宽、5 米高。

（2）赛区应由 75 厘米高的同一深色的挡板围起，以与相邻的赛区或观众隔开。

（3）在世界比赛和奥林匹克运动会比赛中，从比赛台面高度测得的照明度不得低于 1 000 勒克斯，且整个比赛台面照度均匀，赛区其他地方的照明度不得低于 500 勒克斯；在其他比赛中，比赛台面的照明度不得低于 600 勒克斯，且整个比赛照度均匀，赛区其他地方的照明度不得低于 400 勒克斯。

（4）使用多张球台时的照明水平应是一致的，比赛大厅的背景照明不得高于比赛区域的最低照明度。

（5）光源距离地面不得少于 5 米。

（6）场地四周一般应为暗色，不应有明亮光源或从未加遮盖的窗户等中透过的日光；地板不能颜色太浅或反光强烈或打滑，而且表面不得为砖、水泥或石头。在世界比赛和奥林匹克运动会比赛中，地板应为木制或国际乒联批准的某品牌和种类的可移动塑胶地板。

六、裁判员用具

1. 裁判桌

裁判桌放在助理裁判员的位置上，供助理裁判员使用。助理裁判员的位置在裁判员对面，与球网成一条直线。该裁判桌用于放置记分牌、毛巾、比赛指定用球等物品，其大小在规则上并没有明确的限制，但一般不宜过大，也不宜过高。过大会占据必要的空间，过高则会遮挡助理裁判员的视线，影响其执法，因为在裁判桌上还要旋转比分显示器。

2. 裁判椅

裁判椅分为主裁判椅和助理裁判椅。主裁判椅供裁判员使用，放在与

球网相对的位置上，一般较高大，以方便裁判员监控比赛，特别是在双打比赛中能准确地看清中线。助理裁判椅供助理裁判员使用，放在主裁判椅的对面，正对球网的裁判桌后面。

3. 比分显示器

正式比赛应至少放置 2 个比分显示器，目的是为了方便运动员、主裁判员、场外指导和现场观众了解比赛的进程；同时，也是为了方便裁判员报分，让运动员随时监督裁判员的判罚。其中一个比分显示器放在裁判桌上，该显示器上有大小两个数目，大数目显示每一局中的回合分，小数目显示每一场比赛的局分。另一个一般放在裁判员或助理裁判员旁边的第二块挡板上，在单项比赛中用以显示整场比赛中两位运动员的局分；在团体比赛中用以显示整个团体比赛中双方的场分。如果是决赛，或者场地中的比赛较少——一般是仅有 1~2 张球台进行比赛，那么裁判长可在场外设置比分显示器，以方便坐在不同角度的观众了解比赛的进程。显示比分显示器的一般程序是，助理裁判员必须依据裁判员的得分手势显示每一个回合的比分，而不能根据自己的主观判断显示比分；而场外比分的显示，裁判员又必须依据助理裁判员对每个回合的比分显示调整自己的比分显示器，始终与助理裁判员的比分显示一致，而不能在助理裁判员显示比分前显示，更不能根据裁判自己的主观判断随意地显示比分。

011

4. 量网尺

量网尺是检测球网高度的用具。

5. 测量器

测量器是指游标卡尺或螺旋测微器等用以检测颗粒胶、海绵胶等胶质厚度的器材。

6. 挑边器

挑边器是两面呈不同颜色的圆形器材。在每场比赛前，裁判员把其作为抽签的用具，以决定双方运动员的发球权（发球、接发球）和站位权（这一边、那一边）。

7. 秒　表

秒表用来监控每局比赛的时间、赛前练习时间、局间休息时间和其他中断比赛的时间。由于此表需要根据规则的规定随时开或停，因此必须是正式的秒表，而不能用裁判员的手表代替。

8. 白　牌

白牌是裁判员显示时间暂停的用具。

9. 红牌和黄牌

红牌和黄牌是裁判员处理运动员不良行为和管理场外指导，或裁判长处理运动员不良行为的用具。其中，黄牌是裁判员用于警告运动员不良行为和场外指导的用具，黄牌和红牌同时使用，是裁判员用来对运动员不良行为进行判罚分的用具；红牌是裁判员驱逐场外指导或裁判长取消运动员比赛资格的用具。

此外，在裁判员一侧还应放置 2 个专门放置毛巾的器皿，以方便双方运动员擦汗。比赛裁判员应注意监督运动员将毛巾放在器皿中，以保持赛场的整洁。

第二节　乒乓球比赛的主要规则

一、基本术语

（1）"回合"：球处于比赛状态的一段时间。

（2）"球处于比赛状态"：从发球时球被有意向上抛起前、静止在不执拍手掌上的最后一瞬间开始，直到该回合被判得分或重发球这段时间内球的状态。

（3）"重发球"：不予判分的回合。

（4）"一分"：判分的回合。

（5）"执拍手"：正握着球拍的手。

（6）"不执拍手"：未握着球拍的手。

（7）"击球"：用握在手中的球拍或执拍手手腕以下部分触球。

（8）"阻挡"：对方击球后，在比赛台面上方或向比赛台面方向运动的球，在没有触及本方台区，也未越过端线之前，即触及本方运动员穿或戴（带）的任何物品，即为阻挡。

（9）"发球员"：在一个回合中首先击球的运动员。

（10）"接发球员"：在一个回合中第二个击球的运动员。

（11）"裁判员"：被指定管理一场比赛的人。

（12）"副裁判员"：被指定在某些方面协助裁判员工作的人。

（13）运动员"穿或戴（带）"的任何物品，包括运动员在一个回合开始时穿或戴（带）的任何物品，但不包括比赛用球。

（14）"越过或绕过球网装置"：除从球网和比赛台面之间通过，以及从球网和网架之间通过的情况外，球均应视作已"越过或绕过球网装置"。

（15）球台的"端线"，是指端线两端的无限延长线。

二、合法发球

（1）开始发球时，球自然地置于不执拍手的手掌上，手掌张开，保持静止。

（2）发球员必须用手把球几乎垂直地向上抛起，不得使球旋转，并使球在离开不执拍手的手掌之后上升不少于16厘米，球在下降后、被击出前不能碰到任何物体。

（3）当球从抛起的最高点下降时，发球员方可击球，并使球首先触及本方台区，然后越过或绕过球网装置，再触及接发球员的台区。在双打中，球应先后触及发球员和接球员的右半区。

（4）从发球开始，到球被击出，球始终要在比赛台面的水平面上和发球员的端线以外，而且不能被发球员或其双打同伴的身体或衣服的任何部分挡住。

（5）运动员发球时，应让裁判或助理裁判员看清他是否按照发球的规定合法发球：

① 在任何情况下，如果裁判员对运动员发球的合法性有怀疑，那么在一场比赛中第一次出现时将进行警告，不罚分。

② 在同一场比赛中，如果该运动员或其双打同伴发球动作的正确性再次受到怀疑，不论是否出于同样的原因，均判接发球方得一分。

③ 无论是否是第一次或任何时候，只要发球员明显没有按照发球的规定合法发球，接发球方将被判得一分，无须对发球方提出警告。

（6）运动员因身体上的原因而不能严格遵守发球的某些规定时，可由裁判员作出决定免于执行。

（7）保持执行发球规则的一致性是十分重要的，但由于目前发球规则较复杂，因此在执行发球规则的一致性方面始终存在着困难。有时裁判员中有一种自然倾向，即把注意力更多地放在那些他们认为是最容易检查的方面。要消除这种倾向，裁判员应牢记各条规则的目的，并且努力保证在这个目的下执行规则。

（8）发球规则中有关不执拍手的规定有：

① 规则要求发球员的不执拍手伸平、张开，是为了确定发球员不能以任何方式握住球，以避免运动员在向上抛球时使球旋转。在执行规则时，裁判人员的注意力不应该放在诸如发球员不执拍手展开时精确的弯曲度这样的细节上，而应该注意球是否是随意地放在手掌上。

② 为了使球在这个阶段清晰可见，规则规定，球必须是静止的、处于比赛台面的水平面上。不执拍手不得由静止状态下降到低于比赛台面，再向上做连贯的抛球动作。如果在高于比赛台面后不再停顿一下，这个发球就是不合法的。

③ 从发球开始到向上抛球，球必须始终位于发球员的端线之后，但不是指整个不执拍手。因此，运动员的手臂或不执拍手的某些部位可以在比赛台面的上方，但球必须明显地在端线之后。

（9）关于抛球的规定：

① 发球员必须近乎垂直地向上抛球，并使球在离开不执拍手手掌后至少上升 16 厘米。这意味着球的上升只能在垂直方向几度的角度范围之内（而不是以前所允许的 45 度角），并应有足够的高度使裁判员确信抛球是向上的，不是向旁边或向斜上方的。

② 球在离开执拍手手掌后至少上升 16 厘米，其底限是比网稍高。网高在此只是一个方面的参照系数。

（10）有关无遮挡发球的规定：

① 新发球规则的基本点是要求发球员发球的整个过程要让接发球员、裁判员或副裁判员能够看得见。裁判人员应清楚地看见他一向上抛球就立即将他的不执拍手从可见区域内移开的整个过程。

② 开始发球时，球必须在比赛台面之上。但是，对接发球员在整个发球过程中是否要能看清球拍，规则没有作出规定。因此，在开始发球时，将球拍隐蔽是完全合法的，如将球拍放在运动员的背后。

③ 如果击球靠近端线或靠近运动员的身体，那么要求裁判员或副裁判

员从所处的与球网成一条直线的位置来判断击球是否犯规是不现实的，但运动员有责任让裁判员或副裁判员看清楚他的发球动作是否合法。如果发球靠近端线，他将有被判罚的危险。

（11）有关发球警告的规定：

① 裁判员在对发球员发球的合法性产生怀疑但又并不确定时，应给予警告，而不判罚，特别是在没有副裁判员执法的情况下。但在整个比赛中只可以给予一次警告，如果在以后的比赛中再次产生怀疑，无论原因是否相同，都将判对方运动员得 1 分。但裁判员应注意，在警告发球时无须出示黄牌。

② 如果一名发球员的发球动作只是勉强可以接受，不管是否已给予正式警告，都不反对裁判员在回合与回合之间，非正式地向该运动员提出劝告，明确地告诉运动员他的发球稍一过度就会成为不合法发球。

③ 运动员没有权力要求对对方的首次不合法发球给予警告。无论什么时候，运动员明显地未能按照规则要求发球时，裁判人员应毫不犹豫地判他失一分。

④ 裁判人员不应忽视那些看来并不能给发球员带来任何好处的发球犯规，也没有理由忽略发球员的首次犯规。因为在以后的比赛中，或者在比赛的关键时刻，类似的犯规可能再度出现；如果类似的犯规在再度出现时判罚，那么运动员就可能因为以前没有指出这样的发球是犯规的而提出合理的抗议。

三、合法还击

对方发球或还击后，本方运动员必须击球，使球直接越过或绕过球网装置，或触及球网装置后，再触及对方台区。

四、比赛次序

（1）在单打比赛中，首先由发球员合法发球，再由接发球员合法还击，然后两者交替合法还击。

（2）在双打比赛中，首先由发球员合法发球，再由接发球员合法还击，然后由发球员的同伴合法还击，再由接发球员的同伴合法还击。此后，运动员按此次序轮流合法还击。

五、重发球

回合出现下列情况时应判重发球：

（1）如果发球员发出的球在越过或绕过球网装置时触及球网装置，成为合法发球，或此合法发球被接发球员或其同伴阻挡。

（2）如果在接发球员或接发球方未准备好时，球已发出，且接发球员或接发球方没有击球企图。

（3）由于发生了运动员无法控制的干扰而使运动员未能合法发球、合法还击或遵守规则。

（4）裁判员或副裁判员暂停比赛。暂停比赛适用于下列情况：

① 由于要纠正发球、接发球次序或方位错误；

② 由于要实行轮换发球法；

③ 由于警告或处罚运动员；

④ 由于比赛环境受到干扰，以致该回合结果有可能受到影响。

六、一 分

除被判重发球的回合外，在下列情况中，可判发球运动员得一分：

（1）对方运动员未能合法发球；

（2）对方运动员未能合法还击；

（3）运动员在合法发球或合法还击后，对方运动员在击球前，球触及了除球网装置以外的任何东西；

（4）对方击球后，该球没有触及本方台区而越过本方   端线；

（5）对方阻挡；

（6）对方连击；

（7）对方用不符合规定的拍面击球；

（8）对方运动员或其穿戴的任何东西使球台移动；

（9）对方运动员或其穿戴的任何东西触及了球网装置；

（10）对方运动员不执拍手触及了比赛台面；

（11）双打时，对方运动员击球次序错误；

（12）执行轮换发球法时，发球方发出的球被接发球方连续 13 次合法还击。

七、一局比赛

在一局比赛中，先得 11 分的一方为胜方。10 比 10 平后，先多得 2 分的一方为胜方。

八、一场比赛

一场比赛由奇数局组成。

九、发球、接发球和方位的次序

（1）发球、接发球和方位的权力选择应由抽签来决定。中签者可以选择先发球或先接发球，以及选择先在某一方位。

（2）当一方运动员选择了先发球或先接发球或选择了先在某一方位后，另一方运动员必须有另一个选择。

（3）在每获得 2 分之后，接发球方即成为发球方，依此类推，直至该局比赛结束，或者直至双方比分都达到 10 分或实行轮换发球法。这时，发球和接发球次序仍然不变，但每人只轮发一分球。

（4）在双打的第一局比赛中，先发球方确定第一发球员，再由先接发球方确定第一发球员。在以后的各局比赛中，第一发球员确定后，第一接发球员应是前一局发球给该第一发球员的运动员。

（5）在双打中，每次换发球时，前面的接发球员应成为发球员，前面的发球员的同伴应成为接发球员。

（6）一局中首先发球的一方，在该场下一局时应首先接发球；在双打决胜局中，当一方先得 5 分时，接发球方应交换接发球次序。

（7）一局中在某一方位比赛的一方，在该场下一局时应换到另一方位；在决胜局中，一方先得 5 分时，双方应交换方位。

十、纠正错误

（1）裁判员一旦发现发球、接发球次序错误，应立即暂停比赛，并按该场比赛开始时确立的次序，按场上比分由应该发球或接发球的运动员发球或接发球；在双打中，则按发现错误时那一局中首先有发球权的一方所确立的次序进行纠正，并继续比赛。

（2）裁判员一旦发现运动员应交换方位而未交换时，应立即暂停比赛，并按该场比赛开始时确立的次序，按场上比分以及运动员应站的正确方位进行纠正，再继续比赛。

（3）在任何情况下，发现错误之前的所有得分均有效。

十一、轮换发球法

（1）轮换发球法是一种为了防止双方运动员因配对消极比赛而导致比赛过分持久的规则。如果一局比赛进行了 10 分钟仍未结束（双方都已获至少 9 分除外），或者在此之前的任何时间内，双方运动员都要求轮换发球，那么应实行轮换发球法。轮换发球法一经实行，该场比赛的剩余部分就必须在此规则下继续实行，直至该场比赛结束。

（2）如果时限已到，而球尚处于比赛状态，那么裁判员应暂停比赛，并由被暂停回合的发球员发球，继续比赛；球未处于比赛状态，应由前一回合的接发球员发球，并继续比赛。此后，每个运动员都轮发 1 分球，直至该局结束。如果接发球方进行了 13 次合法还击（包括接发球），则判发球方失 1 分。同正常比赛一样，一局比赛先得 11 分的一方获胜，10 比 10 平后，先多得 2 分的一方获胜。

（3）在每一场比赛过程中，发球次序与正常比赛一样，但每 1 分换发球代替了每 2 分换发球；每一局单打比赛开始时，首先发球的运动员和双打比赛首先发球的一方，以及双打比赛首先接发球的运动员，均由比赛开始时确定的比赛次序决定。即使发球员和接发球员与前一局结束时的运动员相同，也必须如此。

（4）程序：

① 当时限到时，除非比分已经达到了 9∶9，否则计时员应大声宣布"时间到"。如果必要的话，裁判员应判重发球，并通知运动员该场比赛的剩余部分将实行轮换发球法，然后根据规则确定正确的发球员和接发球员。除非裁判长授权，否则当时限到时，裁判员应立即报告裁判长，由裁判长指派该场比赛的计数员（特别是只有一名裁判员执法时）。

② 此后，只要接发球员接球，计数员应大声地报出接发球方的回击数。从接发球开始，从 1 数到 13，报数应在接发球员球拍触球的瞬间报出，而不要等到球在被合法还击或已脱离比赛状态时再报。如果接发球方的第 13 板还击为合法还击，裁判员应立即喊"停"，并判接发球方得 1 分。

十二、服 装

（1）比赛服装一般包括短袖运动衫、短裤或短裙、短袜和运动鞋。其他服装，如半套或全套运动服，不得在比赛时穿着。得到裁判长的允许的除外。

（2）短袖运动衫（袖子和领子除外）、短裤或短裙的主要颜色应与比赛用球的颜色明显不同。

（3）在运动员比赛短袖服装的后背可印有号码和文字，用于标明运动员、运动员协会的名字或名称；或在俱乐部比赛时，标明运动员的俱乐部名称，以及符合条款所规定的广告内容。如果短袖比赛服装的背后印有运动员的姓名，应该在紧靠衣领的位置。

（4）在短袖运动衫背部的中间位置应优先佩戴被组织者指定的用于标明运动员身份的号码布，而不是广告。这个号码布应是长方形的，其面积应不大于 600 平方厘米。

（5）在运动服前面或侧面的任何标记或装饰物，以及运动员佩戴的任何物品，如珠宝、首饰等，均不应过于显眼甚至反光，以免影响对方的视线。

（6）服装上不得带有可能产生不悦或诋毁本项运动声誉的设计和字样。

（7）有关比赛服的合法性及可接受性问题，应由裁判长决定。

（8）在世界比赛或奥林匹克运动会比赛中，团体赛的同队运动员或同一协会组成的双打运动员，应穿着同样的服装，但鞋袜和服装广告的数量、尺寸、颜色和设计除外。在其他国际竞赛中，如果基本颜色相同并得到所在协会的批准，同一协会组成的双打运动员，可以穿不同制造商的服装。

（9）比赛的双方运动员应穿着颜色明显不同的运动衫，以使观众能够容易地区分他们。

（10）当双方运动员或运动队所穿服装颜色类似，且均不愿更换时，应由抽签决定某方必须更换。

（11）运动员参加世界比赛、奥林匹克运动会比赛或国际公开锦标赛时，所穿的短袖运动衫、短裤或短裙等应为其协会批准的种类。

十三、纪律的规定

1. 场外指导

（1）在团体比赛中，运动员可接受任何人的场外指导；在单项比赛中，运动员只能接受一个人的场外指导，而这个指导者的身份应在该场比赛前向裁判员说明。如果一对双打运动员来自不同的协会，则可分别授权一名指导者；如发现未经许可的指导者，裁判员应出示红牌，并令其远离赛区。

（2）在局与局之间的休息时间内或经批准的中断时间内，运动员可接受场外指导；但在赛前练习结束后、比赛开始前，擦汗以及运动员或对方运动员捡球时，运动员不能接受场外指导。如果合法的指导者在不能接受场外指导的时间里进行指导，那么裁判员应出示黄牌进行警告；如果警告后再次违犯，那么指导者将被驱逐出赛区。

（3）当任何人企图进行非法指导时，裁判员应高举黄牌，以便让所有相关的人均能清楚地看见，并对指导者进行警告，但裁判员不需要离开裁判椅去做这件事。在团体比赛中，警告适用于运动员席上的每一个人。如果在这场团体比赛中，有任何人再一次给予非法指导，裁判员应举起红牌，让那个人离开赛区。

（4）在团体赛或单项比赛的一场比赛中，指导者已被警告时，如任何人再进行非法指导，裁判员将出示红牌，并将其驱出赛区，不论其是否曾被警告过。

（5）一名非法指导者远离赛区是指他必须远离赛区，使其到达不能影响比赛的区域。

（6）在团体比赛中，被驱出赛区的人，不允许其在团体比赛结束前返回，除非需要其上场比赛；在单项比赛中，不允许其在该场单项比赛结束前返回。

（7）如被驱出赛区的指导者拒绝离开或在比赛结束前返回，裁判员应中断比赛，并立即向裁判长报告。

（8）在比赛中，有人会通过叫喊来指导运动员。裁判员必须仔细分清这种叫喊是指导性的叫喊还是激励性的叫喊。应该记住，指导不一定非说不可，常常用手势也能进行。这种手势形式的指导，如同用不熟悉的语言指导一样很难察觉。但是，裁判员必须警惕试图影响比赛的任何违法行为，一经发现，必须马上按照规则进行处理。

（9）虽然"行为"规则规定可以对接受非法指导的运动员进行罚分，但是这种罚分只有在运动员主动接受不合法的场外指导时才能使用。如果运动员不是主动去寻求或根本不想接受场外指导时，那么处罚运动员是很不公平的。在大多数情况下，最好直接处理进行场外指导的指导者。

（10）副裁判员常处在一个比裁判员更容易观察非法指导的位置。他可以在回合之间非正式地警告指导者，且多半是用手势，因为只有裁判员才能进行正式的警告。如果指导者继续给予非法的场外指导，那么副裁判员应立即让裁判员注意这一行为；如有必要，可中断比赛。中断比赛时，裁判员应喊"停"，并举手示意。如果双方的指导者分别坐在裁判员的左右两边，那么裁判员要想在比赛的回合之间既准确地宣布比分，又及时地发现双方指导者的指导动作，几乎是不可能的。因此，裁判员和副裁判员可以明确分工一下，每名裁判员各主要负责一方运动员的指导者。当副裁判员发现他负责的一方指导者有非法指导行为时，他应立即让裁判员注意这一行为，以保证比赛的公平进行。

（11）以上规定只限于对比赛的指导，并不限制运动员或队长就裁判员的决定提出正式申诉，或阻止运动员与所属协会的代表或翻译就某项判决的解释进行商议。

2. 不良行为

（1）运动员和教练员应克制那些可能不公平地影响对手、冒犯观众或影响本项运动声誉的不良行为，如辱骂性语言、故意弄坏球或将球打出赛区、踢球台或挡板以及不尊重比赛官员等。

（2）在任何时候，运动员或教练员一旦出现严重的冒犯行为，裁判员应中断比赛，并立即报告裁判长。如果冒犯行为不太严重，且属第一次，裁判员可出示黄牌，警告冒犯者；如再次冒犯则可判罚。

（3）除严重冒犯外，运动员在受到警告后，在同一场单项比赛或团体比赛中，第二次冒犯，裁判员应判对方得1分；再犯，判对方得2分。每次判罚，应同时出示黄牌和红牌。

（4）在同一场单项比赛或团体比赛中，如果运动员在被判罚3分后继续有不良行为，那么裁判员应中断比赛，并立即报告裁判长。

（5）在一场比赛中，如果运动员要求更换没有损坏的球拍，裁判员应停止比赛，向裁判长报告。

（6）双打配对中的任何一名运动员所受到的警告或判罚，应视为是该对双打运动员的，但未受警告的运动员在同一场团体比赛随后的单项比赛中不受影响；双打比赛开始时，配对运动员中任何一名在同一场团体比赛中已经受到的最严重的警告或判罚，应视为是该对双打运动员的。

（7）除教练员或运动员出现严重冒犯行为外，教练员在受到警告后，在同一场单项比赛或团体比赛中再次冒犯，裁判员应出示红牌并将其驱出赛区，直到该场团体赛或单项赛中的该场单项比赛结束。

（8）无论是否得到裁判员的报告，裁判长有权取消有严重不公平或冒犯行为的运动员的比赛资格，包括取消其一场比赛、一项比赛或整个比赛的比赛资格。当他采取行动时，应出示红牌。

（9）如果一名运动员在团体（或单项）比赛中有两场比赛被取消了比赛资格，那么其参加团体（或单项）比赛的资格就自动取消。

（10）裁判长有权取消已经两次被驱出赛区的任何人在本次竞赛剩余时间里的临场资格。

（11）对于发生的非常严重的不良行为应报告行为者所属的协会。

（12）裁判员的责任。

① 故意的不公正或冒犯行为在乒乓球比赛中并不普遍，通常只发生在少数运动员和教练员身上，但其影响非常大，并且常常难以控制，因为不良行为能以多种形式来削弱规则作用的严谨性。

② 对任何可能不公平地影响对方运动员，或者有冒犯观众、损害本项运动声誉行为的运动员或教练员，裁判员应迅速作出反应。如果裁判员宽容了最初的哪怕是轻微的不良行为，甚至连不赞同的目光都没有，那么在后来这种行为越来越多、越来越严重时，再执行规则就很困难了。

③ 裁判员应该避免对那些可能不是故意的不适当行为反应过度，因为这会导致运动员的不满和敌意，从而降低裁判员的威信。在处理这类事件时，裁判员要设法不让情况变得更糟，既不要让一般不被注意的不公平事态扩大，不要伤害运动员，又不能让不良行为泛滥。

④ 在比赛中，运动员可能由于气恼或得意而叫喊。对此，在决定如何处理时，裁判员首先应该考虑周围的环境情况。如果周围环境很嘈杂，总体的噪音很高，以致运动员的叫喊声几乎难以察觉，那么更理智的做法是不中断比赛，直到回合结束后再劝说犯规的运动员。此外，如果运动员、教练员对裁判人员不尊重，通常表现为不赞成他们的决定，可能形成持续的抗议，变换比分显示，甚至威胁裁判人员。对于这些行为，裁判员则必须作出处理。

⑤ 当不良行为发生时，裁判员必须决定是否冒犯行为已严重到他必须中断比赛、报告裁判长的程度。尽管这种方法随时可以选用，并且在适当的时候裁判员也必须采用，但裁判员在运动员第一次出现冒犯行为时，最好首先不要采取这样的措施，而应警告犯规的运动员。

（13）警告。

① 除造成的不公正或引起反对的事件的程度非常严重外，一般情况下，一句非正式的警告性的话或一个警告性的手势，足以使有冒犯行为的运动员认识到这样的行为是不妥当的。在进行这样的警告时，裁判员不应中断比赛，而应当在回合结束后或一局比赛结束后的自然中断时实施警告。

② 在回合进行中，当裁判员相信冒犯了观众、损害了本项运动声誉等行为可能造成不利影响时，他应该立即宣布该回合要"重发球"，并举起黄牌对有犯规行为的运动员进行正式警告，以让被警告者明白，如再有犯规行为发生，他将被判罚。

③ 当已经给犯规的运动员一个正式警告后，黄牌卡应放在记分牌的附近，且靠近被警告的运动员的分数旁。这个警告的有效性到单项比赛的剩余部分或团体比赛的剩余部分结束为止，以提醒在以后的比赛中，如果该名运动员或该方运动员再出现犯规行为，那么他将被判罚分。

④ 裁判员必须清楚，一旦运动员被正式警告，后面的冒犯行为将自动进行罚分处理，但只要警告是公正的，裁判员就不必担心使用这个程序。如果裁判员太轻率地给了运动员一个正式警告，他就可能会发现他不得不在比赛的关键时刻对一个冒犯者进行罚分。而在许多人看来，这个冒犯可

能是微不足道的，尤其是在有观众观看的比赛中。

（14）判罚。

① 裁判员实施判罚分时，应同时出示红牌或黄牌。这是一个告知裁判长或副裁判长的信号，即本台运动员的行为出现问题，已经判罚，希望裁判长或副裁判长能到达比赛现场。此时，比赛应继续进行，通知裁判长的目的不是让裁判长认可判罚，而是让裁判长能到达比赛现场，以便在事态进一步恶化时能及时处理。如果裁判长和副裁判长都没能看到出示的牌子，那么裁判员应使用另一种事先约定好的信号或派人送信。

② 有时候，在一局比赛已经结束，或在对方仅得1分就能获胜的情况下，裁判员判了运动员行为犯规，并使用了判罚分，如果整场比赛没有结束，未用过的判罚分将转入这个单项比赛的下一局比赛。从比分为0比1或0比2开始，将得分判给有冒犯行为的对方运动员。如果此时整场比赛已经结束，判罚分将被忽略。

③ 在团体比赛中，警告和判罚将转入后面的单项比赛中；对一对双打运动员的警告和判罚，将以两人中已被判罚过较高罚分的运动员为准。因此，如果一名运动员已在先前的比赛中被警告过，而他的双打同伴已在先前的比赛中被判罚了1分，那么在双打比赛中，这两名运动员无论是谁第一次出现冒犯行为，这一对双打运动员都将被判罚2分。在一场双打比赛中，一个警告或判罚将适用于该场双打比赛中的这一对运动员，但在随后的本场团体比赛中，仅仅是将对有冒犯行为的运动员的警告或判罚转入随后的比赛中。

④ 在团体比赛中，裁判员必须记录清楚运动员和教练员被警告和被判罚的情况，以便使其能准确的转入到后面的比赛中（在单项比赛中也建议这样做）。这将使裁判长在对运动员进行处罚时可以把运动员的一贯不良行为考虑在内，尤其是在裁判长要决定是否取消一名运动员的资格时。因此，建议裁判长在记分单上要记录清楚在本场比赛中哪位运动员被警告或判罚过，并简单地描述事情发生的经过。

⑤ 显然，不能因教练员的犯规行为而对运动员进行罚分，这对运动员来讲是不负责任的，他可能会因此而提出抗议。如果在对教练员提出正式的警告之后，教练员依然有不良行为，裁判员可以出示红牌，将其驱逐出赛区，直到这场单项比赛或团体比赛结束。裁判员一旦采取这一行动，应该立即将这一事件报告给裁判长。

第三节　裁判方法

　　裁判是乒乓球竞赛所不可缺少的人员。裁判人员工作的好坏，直接影响竞赛的质量和运动员技术水平的发挥。裁判人员应热爱裁判工作，精通竞赛规则，熟悉裁判方法，履行裁判职责。

一、对竞赛规则的理解

　　下面是对几项重要规则的理解及对几种典型情况的判定。

1. 选择发球、接发球和方位

　　在每一场比赛开始前，必须确定运动员的发球、接发球次序和方位。发球和接发球的选择属一种权利，方位（包括球台的这一方和那一方）的选择属另一种权利，双方运动员各有一次选择权。如一方运动员选择发球或接发球，则另一方运动员选择方位；如一方运动员选择方位，则另一方运动员选择发球或接发球。抽签就是决定谁先进行选择的一种方式。

2. 发　　球

　　判定发球是乒乓球裁判工作的一大难点，需要裁判员在实践中不断探索和总结。

　　（1）在运动员发球时，裁判人员应密切注意发球是否犯规，是否擦网，发、接球次序是否正确。

　　（2）发球员明显地没有按发球的规定合法发球，应直接判发球员失 1 分。例如，台内发球，低于台面发球，球未上抛等。出现这些情况之一时应直接判失 1 分。

　　（3）对发球擦网的判断要果断，手势要及时，切忌在双方打了几个来回或球已结束比赛状态后才判发球擦网。裁判椅不要安放在球网的延长线上，应略为偏左，以便能看见整个网面。

　　（4）在裁判员对发球员发球动作的正确性有怀疑，但又不能确信时，他可以警告发球员而不予判分，但一场比赛只能警告一次。裁判员对该运动员在该场比赛随后的任何一次发球再有怀疑时，无论原因是否相同，都应判其失分。这种类型的警告，不能使用黄牌。只有裁判员才有权进行发球警告，副裁判员只能判定发球合法或不合法。

3. 击　球

只有运动员的手和球拍结合在一起，且用执拍手手中的球拍或用执拍手手腕以下的部位触球时，才算作"击球"。当球拍和手一分开，球拍便由合法的击球工具转化为运动员随身携带的物品，手便由执拍手变为不执拍手，此时的触球均不能算是"击球"。例如，运动员在扑救短球时将球拍扔出，出手的球拍击中来球，使球越过球网命中对方台区。此种情况属于未能合法还击，应判失 1 分。再如，运动员在准备击球时球拍脱手，即用丢失球拍的手的手掌将球击至对方台区，此种情况也属未能合法还击，应判失 1 分。

4. 连击和两跳

还击来球时，只能用手中的球拍或执拍手手腕以下的部位一次击球，使球越过或绕过球网，击中对方台区。如果运动员连续两次击球，叫做连击，应判失 1 分。连击包括以下四种情况：连续两次用球拍击球；连续两次用执拍手手腕以下的部位击球；先用球拍击球，再用执拍手手腕以下的部位击球；先用执拍手手腕以下的部位击球，再用球拍击球。

当来球从本方台面第一次弹跳起来后，运动员未能击球，球已经第二次触及本方台面，这种情况叫做"两跳"，此时应判该运动员失 1 分。如果来球从本方台面第一次弹跳起来后，运动员来不及击球，而球由于本身旋转的原因，已越过球网返回并触及对方台面，这实质上是跨越两个台区的"两跳"，应判该运动员失 1 分。

5. 擦边球

（1）球台的桌面是有一定厚度的。桌面的上层表面（即台面）与桌面的四个侧面的交界线，即为桌面的全部上边缘部分。触及桌面上边缘的球为"擦边球"；触及桌面上边缘以下侧面的球为"出界球"。

（2）判断的方法：对于触及桌面上边缘以下侧面的球，可根据击球路线、弹跳情况及着台声音等进行判断。首先应根据击球路线来判断。如果球的运行路线是从台内向台外的，一般说来是擦边球。由台外向台内则有两种可能：或是触及上边缘，或是触及上边缘以下的侧面。其次是根据反弹情况来判断。球触及上边缘时，多出现弹跳异样、不规则；球触及上边缘以下的侧面时多会顺势向下滑落。此外，球着台的声音、运动员的反应、副裁判员的暗示等，亦可供临场判断时参考。

6. 触动比赛设备

规则规定，球处于比赛状态时，运动员及其随身穿戴物品，不得触动比赛设备。否则，要判该运动员失分。

（1）当运动员不执拍手触及比赛台面时，应判其失1分。其中，不执拍手是指当时未握着球拍的手。例如，运动员在比赛进行中失手将球拍掉落在台面上以后，两只手均为不执拍手。当运动员去取球拍时，手一定要先触及球拍，然后才触及比赛台面。

（2）当运动员或其任何穿戴物品触网或网柱时，应判其失1分。其中，包括运动员手中的球拍和执拍手手腕以下的部位触网或触网柱。

（3）当运动员（包括执拍手手腕以下部位）或其穿戴的任何物品（包括手中的球拍）移动台面时，应判其失1分。规则规定，只要台面移动不是台脚移动，即可判其失1分。裁判员判处"台面移动"后，应调整球台，整理球网，然后再继续开始比赛。如果运动员跳上球台还击近网短球，应判其移动台面失分。

7. 无法控制的意外事故与干扰

无法控制的事故是指在比赛中出现突然停电、灯泡破裂等意外，从而导致运动员未能合法发球、合法还击或违犯规则的事故；干扰是指在比赛中出现了意料之外的，有可能导致运动员不能合法发球、合法还击或遵守规则的干预或扰乱，如外界球进入场地、教练员大声喊叫等。无法控制的事故和干扰必须是因客观原因引起的、运动员本身所无法控制的。由运动员自身造成的影响比赛的情况不能视作"无法控制的事故"或"干扰"，如球拍脱手、眼镜掉地、汗水洒在台面上等。只有无法控制的事故或干扰得到当场责任裁判员的认可时，才能中断比赛，作重发球处理。运动员在任何情况下均无权中断比赛。

8. 发球、接发球次序错误和方位错误

（1）发球、接发球和方位错误可根据两条原则来纠正。首先，一旦发现错误，应立即暂停比赛，然后按正确的次序和方位继续比赛。其次，错误发现前的比分有效。在回合进行中，如运动员或裁判员发现错误，裁判员应立即宣判重发球，而不要等到球处于非比赛状态。而且，对由于错误造成的机会不均等不给予补偿。

（2）通常可由场上比分来确定该谁发球、谁接发球，但在双打中，没有唯一正确的发球员和接发球员。假如在一局比赛中应该首先发球的一方没有先发球，那么裁判员就无法弄清他们中谁是第一发球员。如果这样的事发生了，裁判员应立即要求这对运动员确定谁是第一发球员，然后计算次序，继续比赛。

9. 轮换发球法

实行轮换发球法的目的在于，将超过规定时限后的比赛限制在 13 个来回之内，从而使比赛时间缩短、对抗更为激烈。这也符合竞赛的特点。

（1）何时实行：一局比赛 10 分钟后尚未结束时实行，或应双方运动员要求实行。

（2）怎样实行：每个运动员每次轮发一个球，如果接发球方给予了 13 次合法还击，则判发球方失 1 分。一旦实行轮换发球法，那么比赛的剩余部分就均应实行轮换发球法。

（3）如何确定发球员：如时限已到而球正处于比赛状态，则由被中断回合的发球员发球；如时限已到而球未处于比赛状态，则由前一回合的接球员发球。实行轮换发球法以后，各局比赛开始时的发球员，仍按比赛前抽签所确定的发球次序来发球。

（4）如何计时：从一局比赛中的第一次发球、球进入比赛状态时起开表计时，比赛中断时扣除中断的时间。中断包括球飞出场外、外界球进入比赛场地、决胜局交换方位及其他偶然的中断，如擦汗、整理服装、替换损坏的器材、跌倒爬起或受伤紧急治疗等。

（5）操作程序：尚未实行轮换发球法的任何一局比赛，均由副裁判员负责计时。一局比赛到 10 分钟时，无论球是否处于比赛状态，副裁判员均应报"时间到"；裁判员立即叫"停"，中断比赛，收回比赛用球，并通知运动员"从下一个球起，实行轮换发球法"，比赛随即重新开始。此后，副裁判员或计数员计数接球方的击球次数，从 1 数到 13。如果接球方完成了 12 次合法还击，裁判员应立即叫"停"，并判发球方失 1 分。

（6）注意事项：副裁判员计时要精力集中，要做到开、停及时，准确无误。时限到时，裁判员必须准确判断是否处于比赛状态；判定时，应以副裁判员报"时间到"的时刻为准。裁判员宣布实行轮换发球法后，要组织运动员随即重新开始比赛，不应有任何间歇。副裁判员或计数员数数时，应在接球方击球后马上报出击球次数。

（7）如何记忆发球次序：轮换发球法的发球次序有一定的规律。开始实行时，裁判员要记住比分之和为单数还是双数、应由自己的左侧方还是右侧方发球等；副裁判员或计数员计数哪一方的击球数，下一个回合则该由哪一方发球。另外，副裁判员也可把实行轮换发球法时的比分写在发球运动员的姓名旁边。这样，既表明了开始实行轮换发球法时的比分，又表示此时由该运动员发球，以便万一出现发球次序错误时进行核对。

10. 双 打

（1）发球错区的判断。判断发球是否"错区"，需要裁判员和副裁判员之间密切配合。运动员发球出手后，裁判员和副裁判员均应重点察看自己左侧方台区的落点位置。如果球压在中线上，则为"区内球"；如球越过中线，则为"错区球"。

（2）双打发球、接发球次序的记忆。第一局开始，一经确定甲$_1$发球乙$_1$接球后，即形成了全场比赛发球员和接发球员的固定关系：乙$_1$发球，甲$_2$接发球；乙$_2$发球，甲$_1$接发球。以后各局开始，发球员虽由发球方自行决定，但接发球员仍是相对固定的。

决胜局开始，如甲$_1$先发球，乙$_1$先接发球，则在打到 1∶4 时，应是甲$_2$发球，乙$_2$接发球；如乙方得分，比分为 1∶5，若不交换方位，则应由乙$_2$发球，甲$_1$接发球。但因规则规定决胜局一方先打到 5 分时，应先交换方位后交换接发球员，所以应由甲$_2$接发球。实际上，决胜局在 1∶5 交换方位时，只是由甲$_2$发球、乙$_2$接发球，变成乙$_2$发球、甲$_2$接发球（原发球员变为接发球员，而原接发球员变为发球员）。

裁判员只要在第一局开始时，根据双方决定的发球和接发球次序，认定哪侧发球是"顺向"的、哪侧发球是"逆向"的，就可以很方便地记住发球、接发球次序。关于"顺向"和"逆向"，不仅可以根据男女性别来记忆，而且还可以根据运动员的特点（如身体高矮、横板或直板、左手或右手握拍等）来确定。在比赛开始时，裁判员就可以把握这些特点。

二、裁判员对乒乓球比赛的管理

1. 报 分

（1）当球结束比赛状态时，裁判员应立即报分。如果考虑掌声或其他嘈杂声将影响报分，那么应在情况允许时立即报分。

① 报分时，裁判员应首先报下一回合即将发球一方的得分数，然后报对方的得分数。

② 一局比赛开始和交换发球员时，裁判员应用手势指向下一个发球员，也可以在报完比分后，报出下一回合发球员的姓名。

③ 一局比赛结束时，裁判员应先报胜方运动员的姓名，然后报胜方得分数，再报负方的得分数。

（2）裁判员除报分外，还可以用手势表示他的判决。

① 当判得分时，裁判员可将靠近得分方的手举至齐肩高。

② 当出于某种原因，该回合应被判为重发球时，裁判员可以将手高举过头，以表示该回合结束。

（3）建议发球员在双方运动员未准确得知比分之前不要发球。如裁判员认为发球员经常发球过早，对对方有不利影响，应警告发球员推迟发球；如有必要，应提醒接发球员举手表明自己未准备好。

（4）报分以及在实行轮换发球法时的报数，裁判员应使用英语或用双方运动员及裁判员均能接受的任何其他语言。

（5）应使用机械或电子设备显示比分，以使运动员和观众都能看清楚。

（6）裁判员报分要清晰，但应注意用语不要倾向于某方运动员。为使观众能较准确地了解比赛进程，裁判员报分应当响亮一些。如果使用话筒，那么裁判员应该了解它的特性，并且能准确地掌握；否则，可能会把裁判员并不想让观众听到的声音传送出去。

（7）通常在一个回合结束时，裁判员应立即报分，而不应该等到他判断运动员已经准备好可以恢复比赛时再报。如果比赛场地的喝彩声太大或一名运动员到赛场的后部捡球时，裁判员可暂缓报分，直到裁判员确信所有运动员都能听到比分时再报。

（8）虽然裁判员使用运动员的姓名是有选择性的，但他应该确信如何正确地读运动员的姓名，裁判员应在比赛开始前向运动员核实他们姓名的正确发音。

（9）当比分相同时，如双方比分为 4 比 4，则可报为"4 比 4"或"4平"；比分为"0"时，可以用"love"或"zero"表示。在一局比赛开始时，裁判员可以宣布"0 比 0，王××"，但说"王××发球，0 比 0"更好，因为这样可以避免报分结束之前运动员发球。如果回合为重发球，裁判员应重复上一个回合结束时的比分，以表示该回合没有得分，但不必要将手指向下一个发球方，以免使观众误以为换发球。

（10）在团体比赛中报分时，可以用参加比赛协会的名称代替上场运动员的姓名，或者两者同时报。例如，在开始比赛时可以报成："中国队王××发球，0 比 0"；在单局比赛中，比分可以报为："5 比 5，中国"；在某场比赛结束时，裁判员可以宣告："11 比 7，中国"、"中国 3 比 2 胜"或"中国 1 比 0，领先"。

（11）在国际比赛中或在执行轮换发球法，计数员报接发球员接球数时，一般使用英语，但也可以使用双方运动员和裁判员都能接受的语言。一般来讲，除非另一种语言更容易被观众所接受，否则最好使用英语。

（12）除报分外，裁判员还可以用手势来表示他的判决，尤其是在嘈杂声很高、裁判员的报分难以被听清时。即使裁判员因为喝彩声或运动员捡球而延迟报分，一个及时的手势，也可以让计分员立即翻分，而不需要等到报分后。

（13）换发球时，裁判员应把靠近发球方的手垂直举到齐肩高，以指明下一个回合的发球方。但这是换发球的手势，如果一个回合被判为重发球，裁判员在把手高举过头表明该回合不得分后，就不能做这一手势，以免引起误会。

（14）当副裁判员在其职权范围内作出重发球的判定时，为引起裁判员的注意，他也应把手高举过头。

（15）解释语。

① 通常裁判员不必去解释作出的决定，而且应避免不必要的通告。例如，如果一个发球员发球明显犯规，那么在此球下网时，裁判员就没有必要喊"犯规"。然而，如果一个回合没有自动结束或原因不明显，那么裁判员就应作出判定，并可用下列标准的术语进行简单的解释（见表 2.1）。

表 2.1　推荐的解释语

发生的情况	标准术语
运动员身体、衣服或球拍触网	碰网
比赛台面移动	台面移动
不执拍手触及比赛台面	手触台
球被运动员阻挡	阻挡
球连续在同一台区弹跳两次	两跳
同一运动员连续两次击球	连击
双打运动员击球次序错误	错误运动员
双打比赛发球中，球跳到错误的半区	错区

② 必要时应该进行详细解释，尤其是当运动员的发球被判犯规，而他却不清楚自己错在哪里时。语言问题可用手势来克服。例如，当运动员未注意球擦边时，裁判员可用手指向擦边处；当裁判员不能用语言表明运动员的发球动作是犯规的时，可以把已判罚的发球动作表演一下，等等。

2．对器材的管理

（1）对球的管理。

① 运动员不得在赛区内挑选比赛用球。但在任何可行的地方，在他们到达比赛球台之前，应给予机会让他们进行挑选比赛用球。比赛时，运动员必须用裁判员从他们事先挑选过的用球中随机拿出的球进行比赛。如果因为某种原因他们可能事先没有挑选过比赛用球，则裁判员有责任随机从一盒为比赛特别准备的商标、类型、颜色均符合要求的新球中拿一个进行比赛。

② 如果比赛中的球被损坏，应由比赛前选定的另外一个球来代替；如果没有赛前选定的球，则由裁判员从一盒大会指定的比赛用球中任意取一个球代替。如果这类事情发生，可以允许运动员用新球进行练习，但必须让运动员明白这样做仅仅是为了使他们能够适应这个球的特性，并不是让他们挑选比赛用球和要求替换比赛用球。

③ 裁判员有责任确保每场比赛用球的牌子、星级和颜色与指定的比赛用球相同。即使双方运动员都喜欢使用其他型号的球也不能允许，运动员任何企图用其他球替代指定用球的行为，可被认为是不良行为而按有关规程进行处理。

（2）对球拍覆盖物的管理。

① 在执行国际竞赛规程的比赛中，运动员所使用的球拍上的用于击球的覆盖物，应是国际乒联许可的品牌和型号，在其边缘必须附有清晰可见的商标型号及国际乒联（ITTF）的标记。运动员在黏合胶皮时，必须使这些标志清晰可见，以便于裁判员检查。

② 无论球拍的两面是否有覆盖物，都必须一面为鲜红色，一面为黑色；用来击球的拍面必须要有覆盖物。覆盖物必须覆盖底板的击球部分，但不得超出。裁判长必须决定这个覆盖物宽度的范围，并要求裁判员按照他的要求执行。在一般情况下，大多数裁判长允许的覆盖物宽限是 2 毫米。

③ 虽然只有符合现行规则和规程的材料才能允许使用，但也不是有许可标志的覆盖物就一定合法。例如，运动员用一块超厚的海绵层替代原有的海绵层，或胶水可能导致的覆盖物膨胀等，这些均不合法。因此，应该始终检查覆盖物的厚度。

④ 对裁判员和裁判长来说，对于球拍覆盖物的光泽问题是最难作出决定的。虽然这能用测光仪来测量，但这种设备在比赛中不经常具备，因而必须找出一些更实用的方法。例如，将一把量网器具以一个角度对着拍面时，看它上面的字母能否被清晰地识别出来，由此来认定这块拍面覆盖物是否光泽太亮。

⑤ 裁判员必须对照现行的获准可用的覆盖物清单来检查球拍的覆盖物。覆盖物上要求出现"ITTF"标记，但这并不是覆盖物被批准的证明，因此，可参照"ITTF"网页上最近许可的球拍覆盖物的列表。

（3）对球拍黏合剂的管理。

① 覆盖物可以用压敏黏合胶皮和液体黏合剂粘在底板上，必须不包含有害溶剂。组织者必须为运动员提供一个合适的、通风的粘贴处用于粘贴球拍。运动员不能在比赛大厅、更衣室、练习区域及观众席内任何其他地方使用液体黏合剂或溶剂。

② 一场比赛之后，比赛的球拍将进行违禁溶剂的检测。一块球拍的赛前检测内容主要是不合法黏合剂的水平。如果该水平超标，球拍将被没收，运动员将不得不使用其他通过检测的球拍；如果球拍没有时间在赛中发球前进行检测，或没有替换上来的球拍，将在赛后进行测试。经检查合格的球拍将注上标记，并交给在球台前当值的裁判员。

033

③ 如果一名运动员的球拍在赛后的检测中发现有不合法的黏合剂，或含量达到不能接受的水平，则该运动员将被取消比赛资格。但通常会给运动员更早的自愿测试的机会，这不会导致任何处罚。运动员可以选择在赛前或赛后测试，如果在赛前进行测试，那么测试后必须由测试人员把球拍直接交给当值的裁判员，且运动员在测试和比赛开始之前不能使用球拍；而在赛后进行测试，如果球拍不符合规定的话，运动员将被取消比赛资格。

（4）球拍的检查。

① 裁判员应该在运动员开始赛前练习时，对所用的球拍进行检查，尽可能避免在比赛开始时不必要的拖延。由于球拍损坏而不得不更换球拍时，裁判员必须尽快对球拍进行检查，而且也应该给对手检查球拍的机会。

② 如果裁判员认为球拍是不合法的，他应该解释原因，并指出问题在哪里。运动员可能会接受这样的处理，并更换使用的球拍；如果运动员不接受，裁判员必须报告裁判长，裁判长对球拍的合法性有最终的决定权。同样，如果对手提出反对，而裁判员认为合法的话，也必须报告裁判长，由裁判长最终作出决定。

③ 一名运动员在比赛期间不能更换球拍，除非球拍由于意外事故而损坏，以致不能使用。如果发现运动员在没有损坏的情况下更换了球拍，裁判员应立即中断比赛，并报告裁判长，而该运动员可能会被取消比赛资格。

④ 在每局比赛间歇时间内，运动员必须将球拍放在球台上。没有裁判员的特殊允许不能拿走；如果裁判员同意，运动员以任何理由在比赛的间歇时间内拿走了他的球拍，那么在下一局比赛开始之前，必须给裁判员和对手进行检查。

（5）对球拍损坏的处理。

① 比赛开始时合乎规则的球拍，在比赛中可能被损坏。如果运动员希望继续使用损坏的球拍，而裁判员怀疑继续使用是否合法，应立即报告裁判长。

② 在决定是否允许使用已经损坏的球拍时，裁判长必须考虑对对手产生的影响。例如，用已损坏的拍面击出的球可能反弹不规则，而要求继续使用已损坏球拍的运动员甘愿冒这个风险。此时，裁判长认为对手的回击可能会受到影响，则不能允许运动员继续使用已损坏的球拍，除非损坏是轻微的。当然，最好的办法还是要求运动员立即更换球拍。

3. 练 习

（1）在一场比赛开始前2分钟，运动员有权在比赛球台上练习。当然，在比赛中的正常间歇不能进行练习，只有裁判长才有权延长特殊的练习时间。

（2）在紧急中断比赛时，裁判长可允许运动员在任何球台上练习，包括比赛用的球台。

（3）运动员应有机会检查和熟悉将要使用的器材。在替换破球或损坏的球拍以后，运动员可练习少数几个回合，然后继续比赛。

4. 间 歇

（1）除了一方运动员提出要求外，比赛应该继续进行。

① 在局与局之间，应有不超过 1 分钟的休息时间。

② 每局比赛中，每得 6 分后，或决胜局交换方位时，应有短暂的时间用来擦汗。

（2）一名或一对双打运动员可在一场比赛中要求一次暂停，暂停时间不超过 1 分钟。

① 在单项比赛中，暂停应由运动员或指定的场外指导者提出；在团体比赛中，应由运动员或队长提出。

② 如果一名运动员或一对运动员与其指导者或队长对是否暂停有不同意见，那么在单项比赛中决定权属于这名或这对运动员；在团体比赛中，决定权属于指导者或队长。

③ 只有在球未处于比赛状态时才能请求暂停，且应用双手做出的"T"形来表示。

④ 在得到某方合理的暂停请求后，裁判员应暂停比赛并出示白牌，然后将白牌放在提出要求暂停一方运动员的台区。

⑤ 当提出暂停的一方运动员准备继续比赛或 1 分钟暂停时间已到时（以时间短的计算），白牌应被拿走并且立即恢复比赛。

⑥ 如果比赛双方运动员或是他们的代表同时提出要求暂停，应在双方运动员准备恢复比赛或暂停时间满 1 分钟时继续比赛。而且，在这场单项比赛中，双方运动员都不再有暂停的权利。

（3）不允许运动员延长休息时间和间歇时间。如果时间结束时，运动员还没有回到球台继续比赛，裁判员应召回运动员；所有的局间休息时间都必须限定在 1 分钟内；没有用完的一次局间休息时间不能移到下一次局休息；任何一方都可以要求局间休息，而不必征得对方运动员的同意。

（4）受伤。

① 如果由于事故或生病，运动员不能继续比赛时，裁判员应立即报告裁判长。裁判长可以在比赛期间紧急中断比赛，让运动员接受治疗或休息、恢复，只要中断没有给对方运动员造成不公正的影响，且运动员能够在短时间内恢复就可以继续比赛。

② 如果失去比赛能力的状态早已存在，或在比赛开始前就有理由可以预见，或这种状况是由于比赛的正常紧张状态而引起的，则不能允许中断比赛。哪怕失去比赛能力是由于运动员当时的身体状况或比赛进行的方式而引起抽筋或过度疲劳，也不能成为中断比赛的理由。只有因意外事故，

如摔倒受伤而丧失比赛能力，才能允许紧急中断。

③ 如果中断被批准，应该在尽可能短的时间内恢复比赛，且中断时间不能超过 10 分钟。但是，如果赛区内有人流血，则应立即中断比赛，在指导他接受了医疗救护并将赛区内所有血迹擦干净后再恢复比赛。

④ 如果裁判长认为中断比赛会给对方运动员造成不利，或者受伤的运动员不可能在短时间内恢复，他可以不允许中断比赛，而判对方运动员获胜。

（5）离开赛区。

① 除非裁判长允许，运动员在单项比赛中应留在赛区内或赛区附近；在局与局之间的法定休息时间内，运动员应在裁判员的监督下，留在赛区周围 3 米以内的地方。

② 在紧急中断比赛时，裁判长可以允许受伤的运动员为了治疗而离开赛区，也可以允许对方运动员或配对在紧急中断时离开赛区，或在一些球台上练习，包括比赛球台。一名有责任心的裁判员，应在运动员离开比赛区域时陪伴运动员。

（6）延误比赛。

① 在整场比赛中，除了法定的间歇外，要求比赛必须是连续的。但如果球到了比赛区域以外，在球被运动员捡回前，显然比赛不可能继续。规则的意图是防止有意拖延比赛时间。例如，在发球前不断地弹击球等，从而造成长时间的中断，或双打比赛中在发球前长时间地与同伴讨论等。

② 在比赛开始前练习 2 分钟后，运动员必须马上开始比赛，而不允许接受来自教练和指导者的建议和指导；如果他们的练习时间少于 2 分钟，仍然不允许他们接受场外指导。

（7）擦汗。

① 裁判员有责任尽可能地缩短整场比赛中任何原因的比赛中断时间，运动员也不能从任何额外休息时间或打乱比赛节奏中获利。现代乒乓球比赛的节奏，尤其是在炎热条件下的比赛，常常需要中断比赛来擦汗，但是规则规定擦汗只能在比赛的某些阶段进行，而不是随时均可擦汗。

② 运动员有权利在一局比赛每 6 分球后和决胜局交换场地时进行简短的擦汗。戴眼镜者可能有特别的问题，尤其是在炎热的情况下，裁判员可以允许他们在任何回合之间用简短的中断来擦干净眼镜片上的汗水。

③ 对擦汗的限制，目的是为了防止运动员将擦汗作为一种拖延比赛的战术来运用，以便从中获得额外的休息，或者打乱对方运动员的比赛节奏。但没有理由不允许运动员在并不拖延比赛的暂停时间擦汗，如运动员在球飞离比赛赛区，另一外运动员将球捡回的空当时间内擦汗。

（8）器材损坏。

① 比赛可能被暂停的另一个原因是比赛器材被损坏。如果比赛运动员的球拍被损坏，裁判员不能允许运动员暂停比赛去取新的球拍，而要求该名运动员在赛场内更换；如果运动员没有随身携带球拍，则要求其使用场外教练或运动员递进来的球拍继续比赛。在继续开始比赛前，裁判员和对方运动员应对其进行检查，之后可允许运动员在重新开始比赛前用新球拍练习几下。如果在该场比赛中该名运动员更换的球拍再次损坏，裁判员则必须中断比赛报告裁判长，由裁判长决定如何进行第二次更换。

② 如果在比赛进行中比赛用球损坏，那么不允许花费过多的时间更换破裂的比赛用球，但应允许运动员在重新开始比赛前用新的球练习几下。

③ 比赛区域内发生灯光损坏或其他可能延误比赛的严重干扰时，裁判员应立即报告裁判长。在可能的情况下，裁判长可将比赛调到另一张球台上进行。

5. 计 时

比赛计时员必须对练习的时间、局与局之间和任何法定的中断时间进行计时。在比赛期间，计时员应在明显的中断间歇时停止计时，并在下一回合一开始就重新启动计时器。中断间歇包括擦汗、决胜局交换方位、在赛区外捡球等耽误的时间。但在赛区内捡球，计时员不能停表。

第四节　乒乓球最新规则变化

一、国际竞赛规则部分

1. 发 球

（1）从发球开始到球被击出，球要始终在比赛台面的水平面以上和发球员的端线以外，而且不能被发球员或其双打同伴的身体或他们所穿戴

（带）的任何物品挡住。

（2）球一旦被抛起，发球员的不执拍手手臂应立即从球和球网之间的区域内移开。

（3）球和球网之间的区域由球和球网以及它的向上延长线来界定。

2. 比赛次序

（1）在单打中，首先由发球员发球，再由接发球员还击，然后两者交替还击。

（2）在双打中，首先由发球员发球，再由接发球员还击，然后由发球员的同伴还击，再由接发球员的同伴还击。此后，运动员按此次序轮流还击。

（3）在两名由于身体伤残而坐轮椅的运动员配对进行的双打中，发球员应先发球，接发球员应还击，此后，伤残双打中的任何一名运动员可还击。然而，运动员轮椅的任何部分不能超出球台中线的假定延长线。如果超出，裁判员将判对方得1分。

（4）由于身体残疾而坐轮椅的运动员在接发球时，出现下列情况应判重发球：球在触及接发球员的台区后，朝着球网方向离开球台；球停在接发球员的台区上；在单打中，球在触及接发球员的台区后，从其任意一条边线离开球台。

3. 一　分

在下列情况下，可判运动员得一分：

（1）对方运动员未能正确发球。

（2）对方运动员未能正确还击。

（3）运动员在发球和还击后，对方运动员在击球前，球触及了除球网装置以外的任何东西。

（4）对方击球后，球没有触及本方台区而越过本方台区或其端线。

（5）此后，每位运动员都轮发一分球，直至该局结束。如果接发球方进行了13次还击，则判接发球方得一分。

二、国际竞赛规程部分

1. 比赛服装

当双方运动员或运动队所穿的短袖运动衫类似且均不愿更换时，应由裁判员抽签决定某一方必须更换。

2. 比赛条件

（1）赛区空间应为长方形，且不少于 14 米长、7 米宽、5 米高，但四个角可用不长于 1.5 米的挡板围起。

（2）以下器材和装置应被视为每个比赛区域的一部分：球台及球网装置，裁判员桌椅，比分显示器，毛巾盒，台号，挡板，地胶，挡板上的队名牌或人名牌。

3. 粘　贴

（1）球拍覆盖物可由压力感应胶纸或不含有禁用溶剂的黏合剂粘贴在球板上。从国际乒联秘书处可得到禁用溶剂的清单。

（2）从 2006 年 9 月 1 日起，含挥发性有机溶剂的黏合剂不得在比赛场地使用。从 2007 年 9 月 1 日起，这类黏合剂将不再被使用。

（3）在世界比赛、奥林匹克运动会比赛和主要的巡回赛中将进行胶水检测，如果运动员的球拍被检测出含有违禁溶剂，则该运动员将被取消本次比赛的参赛资格并报告其所属协会。

（4）应提供一处通风良好的地方用于粘贴球拍覆盖物，比赛场地的其他任何地方不得使用液体黏合剂。

4. 广　告

（1）在赛区内，广告只能在规定的器材与装置上展示，而不能单独设置。这些器材与装置包括：球网装置、裁判桌椅、记分器、毛巾盒、人名牌、队名牌、地板格，等等。

（2）在奥运会中，比赛器材、比赛服装以及裁判员服装上的广告应符合国际奥委会条例的规定。

5. 报　分

当判得分时，裁判员应将靠近得分方的手臂举起，使上臂水平，前臂垂直，手握拳向上。

6. 间　歇

（1）除了一方运动员提出要求外，单项比赛应连续进行。

（2）在单项比赛的局与局之间，有不超过 1 分钟的休息时间。

（3）在单项比赛的每局比赛中，每得 6 分后，或决胜局交换方位时，可用短暂的时间擦汗。

（4）一名或一对双打运动员可在一场单项比赛中要求一次暂停，时间不超过 1 分钟。

（5）遵守规定的练习时间，一场团体比赛应连续进行。需要连场比赛的运动员有权在连场的比赛之间要求最多 5 分钟的休息时间。

7. 不良行为

（1）运动员和教练员或其他指导者应该避免那些可能不公平地影响对手、冒犯观众或影响本项运动声誉的不良行为，如辱骂、故意破坏比赛用球或将球打出赛区、踢球台或挡板和不尊重比赛官员等。

（2）任何时候，在运动员和教练员或其他指导者出现严重冒犯行为时，裁判员应该中断比赛，并立即报告裁判长。如果冒犯行为不太严重，且是第一次冒犯时，裁判员可出示黄牌，警告冒犯者；如果再次冒犯，则冒犯者将被判罚。

8. 精神面貌

（1）运动员、教练员和官员应保持本项运动的良好风貌。运动员应该尽力参加比赛，除生病、受伤外，不得退出比赛。

（2）任何运动员如不能遵守这项规定，将被处罚全部和部分奖金，并被（或）暂停国际乒联的比赛。任何有意未能遵守这项规定的运动员，将在有奖金的项目中被处罚全部或部分奖金和/或暂停参加国际乒联的比赛。如果任何指导者或官员被证实参与违反规定，相关国家协会也应对其进行处罚。

（3）国际乒联执行委员会将任命一个由 4 名成员和 1 名主席组成的纪律小组。该小组将根据执行委员会所作出的指令，确定是否有违反规定的行为，如有必要，可对违规者作出相应的处罚。受到处罚的运动员、指导者或官员，可在 15 天之内就纪律小组的决定向国际乒联执委员会提出申诉，执行委员会所作出的决定为最后决定。

9. 许　可

一名运动员或一个运动队如果被其所属协会或联合会暂停比赛，则不能参加国际比赛。

10. 分组循环赛

除非经仲裁许可，如果小组预选选出一人或一队，则该小组的最后一场比赛应在小组排列第一或第二位的选手或队之间进行；如果小组预选选出两人或两队，则该小组的最后一场比赛应该在小组排列第二和第三位的运动员或队之间进行，并依次类推。

11. 国际比赛资格

一名运动员只有拥有协会所属国家的国籍，才能代表该协会参赛。但在 2004 年 9 月 1 日前,根据先前的条例已合法代表另一个协会参赛的运动员，可以保留原来的参赛资格。

12. 世界级比赛和奥运会比赛规程

（1）主办者应免费接送参赛者往返驻地与比赛场馆。

（2）主办者应要求该国政府免收所有参赛者的签证费。

（3）主办者应在赛场为国际乒联提供办公室，并应其要求提供翻译、计算机、互联网、电话、传真和复印机等设备。

13. 资格和报名

（1）团体和单项的资格赛比赛方式，将由理事会在锦标赛开赛前 18 个月作出决定。

（2）每个协会最多只能提名符合资格的男、女各 4 名运动员。

14. 仲　裁

仲裁应包括国际乒联青少年委员会主席、国际乒联排名委员会主席、国际乒联规则委员会主席、国际乒联裁判员&裁判长委员会一名代表、国际乒联青少年项目经理、国际乒联竞赛经理、锦标赛竞赛主任（或他的同级）、组委会一名代表和裁判长。裁判长有发言权，但没有表决权。

15. 其　他

（1）在偶数年份将举行男、女团体赛；在奇数年将举行男、女单打，男、女双打和混合双打比赛。

（2）团体和单项的比赛方式，应由技术委员会提出方案，由理事会决定，并在锦标赛开赛前 3 个月（团体赛）或 6 个月（单项赛）告知所有协会。

（3）每个协会可派 5 名运动员参加单打比赛；拥有在锦标赛那一年国际乒联世界排名第一期前十名运动员的协会，可在相应的项目上增加相应的名额，每个单项比赛最多有 7 名运动员。

（4）主办协会可在混合双打项目中至多报 7 对运动员，在其他单项中最多报 7 名运动员。

（5）不同的运动员均可参加每项双打比赛。

（6）所有申请应由执行委员会审核，并连同比赛场馆等详细信息送交理事会，以便答疑。如有必要，理事会或执行委员会可以安排青少年委员会一名成员去申办协会考察，以便了解有关比赛各方面的筹备情况。考察的费用由该协会　承担。

第五节　裁判员手势和比赛用表格

一、裁判术语和手势

术语和手势是裁判员在执行规则时使用的技术用语和动作。比赛中，裁判员用术语和手势向运动员和观众表明判分的原因，使他们及时了解比赛的进行情况。特别是在国际比赛中，由于语言不通，或因比赛场内球台多、人声嘈杂，因而就更需要采用术语和手势来表达。术语和手势要精炼、明确、果断，动作要大方。对于明显的现象可以不用术语和手势，直接报分即可。

目前，乒乓球裁判员用术语和手势有以下几种（见图 2.1）：

暂停

发球

得分

阻挡

交换方位

出界

043

擦边

练习两分钟

图 2.1 裁判员用术语和手势

二、比赛用表格

1. 单项记分表

日期	场次号	阶段	轮次	组别	时间	台号

局分	运动员姓名、单位和号码	运动员姓名、单位和号码
1		
2		
3		
4		
5		
6		
7		

比赛结果＿＿＿＿＿＿＿＿　　　　获胜者签名＿＿＿＿＿＿＿＿

裁判员签名＿＿＿＿＿＿＿＿　　　　负方运动员签名＿＿＿＿＿＿＿＿

竞赛地点＿＿＿＿＿＿＿＿

2. 团体赛记分表

项目：

日期	场次号	阶段	轮次	组别	时间	台号

场次				每局成绩					结果
				1	2	3	4	5	
1	A		X						
2	B		Y						
3	C		Z						
4	A		Y						
5	B		X						

比赛结果＿＿＿＿＿＿＿　　　　获胜者＿＿＿＿＿＿＿队

胜方队长签名＿＿＿＿＿＿　　　负方队长签名＿＿＿＿＿＿＿

裁判员签名＿＿＿＿＿＿＿

竞赛地点＿＿＿＿＿＿＿

3. 乒乓球团体赛排名表

男子团体

＿＿＿＿＿队 对 ＿＿＿＿队

	运动员姓名	号码
A		
B		

队名＿＿＿＿＿　　签名＿＿＿＿＿

男子团体

＿＿＿＿＿ 队 对 ＿＿＿＿ 队

	运动员姓名	号码
X		
Y		

队名＿＿＿＿＿　　签名＿＿＿＿＿＿＿

女子团体 ＿＿＿＿队 对 ＿＿＿＿队

	运动员姓名	号码
A		
B		

双打	

队名＿＿＿＿＿＿ 签名＿＿＿＿＿＿

女子团体 ＿＿＿＿队 对 ＿＿＿＿队

	运动员姓名	号码
X		
Y		

双打	

队名＿＿＿＿＿＿ 签名＿＿＿＿＿＿

4. 女子团体赛记分表

＿＿＿＿队 对 ＿＿＿＿队　　　　日 期＿＿＿＿＿＿

阶段	组别	时间	台号

顺序	队	队	每局比分			每场结果	裁判员签 名
			1	2	3		
1	A	X					
2	B	Y					
3	双打	双打					
4	A	Y					
5	B	X					

比赛结果＿＿＿＿＿＿　　　　获胜者＿＿＿＿＿＿队

胜方队长签名＿＿＿＿＿＿　　　　负方队长签名＿＿＿＿＿＿

裁判员签名＿＿＿＿＿＿

竞赛地点＿＿＿＿＿＿

5. 男子团体赛记分表（一）

_____队　对　_____队　　　　日　期_____

阶段	组别	时间	台号

顺序	队	队	每局比分			每场结果	裁判员签名
			1	2	3		
1	A	X					
2	B	Y					
3	B/C 双打	X/Z 双打					
4	A	Y					
5	C	Z					

比赛结果_____　　　　获胜者_____队

胜方队长签名_____　　　　负方队长签名_____

裁判员签名_____

竞赛地点_____

6.男子团体赛记分表（二）

_____队　对　_____队　　　　　日　期_____

阶段	组别	时间	台号

顺序	队	队	每局比分			每场结果	裁判员签名
			1	2	3		
1	A	X					
2	B	Y					
3	C	Z					
4	A	Y					
5	B	X					

比赛结果_____　　　　　获胜者_____队

胜方队长签名_____　　　　负方队长签名_____

裁判员签名_____

竞赛地点_____

7. 2006 年"鲁能杯"中国乒乓球俱乐部超级联赛

_____子团体赛记分表

- 阶段、轮次、场次_____   - _____队对_____队
- 比赛日期_____ - 比赛开始时间_____比赛结束时间_____
- 比赛地点_____   - _____俱乐部主场_____体育馆

| 顺序 | ABC 方 | XYZ 方 | 各局比分 | | | | | 每场结果 |
			1	2	3	4	5	
1	A	X	:	:	:	:	:	:
2	B	Y	:	:	:	:	:	:
3	A（B）/C	X（Y）/Z	:	:	:	:	:	:
4	B（A）	Z	:	:	:	:	:	:
5	C	Y（X）	:	:	:	:	:	:

比赛结果_____：_____   胜方队长_____

裁判员_____   获胜队_____

负方队长_____   比赛监督_____

8. 2006年"鲁能杯"中国乒乓球俱乐部超级联赛

男子团体成绩记录

		A 陕西银河	B 山东鲁能	C 北京铜牛	D 浙江宁波海天	E 浙江海宁鸿翔	F 八一工商银行	G 辽宁锦州万通	H 无锡江南电缆	J 四川全兴	K 江苏中超电缆	积分	(各级胜负比例计算	名次
A	陕西银河													
B	山东鲁能													
C	北京铜牛													
D	浙江宁波海天													
E	浙江海宁鸿翔													
F	八一工商银行													
G	辽宁锦州万通													
H	无锡江南电缆													
J	四川全兴													
K	江苏中超电缆													

9. 2006年"鲁能杯"中国乒乓球俱乐部超级联赛

女子团体成绩记录

		A	B	C	D	E	F	G	H	J	K	积分	（各级胜负比例计算）	名次
		山东鲁能	广东佐川急便	北京首创	北京北大方正	辽宁鞍钢新轧	八一工商银行	江苏无锡山禾	廊坊百川燃气	四川川威劲力	河南佳佳亿			
A	山东鲁能													
B	广东佐川急便													
C	北京首创													
D	北京北大方正													
E	辽宁鞍钢新轧													
F	八一工商银行													
G	江苏无锡山禾													
H	廊坊百川燃气													
J	四川川威劲力													
K	河南佳佳亿													

第六节 常用临场英语用语

Before Entering the Match Area

1. Are you No. 401 from Japan?

2. What is your name?

3. Captain, come and toss, please.

4. Which side do you prefer, red or blue（black, white, yellow）?

5. You are right. （You won the toss.）

6. Which one do you prefer, A, B, C or X, Y, Z?

7. Fill in the list, please.

8. Hand me the list, please.

9. Take a look at the list of your opponent.

10. Which one is your choice?（Or: Which one do you choose?）Serving or receiving? This end or that end?

11. What is your number? Let me have a look.

12. You should wear shorts.

13. Players of the same team should be dressed uniformly. （Or: Players of the same team should wear the same clothes.）

14. The color of your clothing should be different. （Or: Your should wear different colors.）

15. Let me check your racket.

进场前

1. 你是日本队的 401 号运动员吗？

2. 你叫什么名字？

3. 队长，请来挑边。

4. 你要哪一边，红的还是蓝的（黑、白、黄）？

5. 你猜中了。

6. 你要 A、B、C 还是 X、Y、Z？

7. 请填写排名表。

8. 请把排名表交给我。

9. 请看一下对方的排名表。

10. 你选什么？发球还是接发球？这边还是那边？

11. 你的号码是多少？让我看一下你的号码布。

12. 你应该穿短衣短裤。

13. 同队服装应一致。

14. 你们双方服装的颜色应不同。

15. 让我检查一下你的球拍。

16. Please choose two match balls.

17. Is this one OK?

18. Follow me，please，You go behind him.

19. Take care of the towel，please.

Before Beginning to Play

20. Practice for two minutes.

21. Stop practicing.

22. Who will be serving first? Who will be receiving first?

23. First game，X to serve，love all.

24. Expedite system begins now.

During the Match

25. Fault

26. Let

27. Net

28. Side

29. Stop

30. Time

Score Indication

31. One

32. Two

33. Three

34. Four

35. Five

36. Six

37. Seven

38. Eight

39. Nine

40. Ten

16. 请挑两只比赛用球。

17. 这一只，你同意吗？

18. 请跟我入场，你走在他后面。

19. 请带好毛巾。

比赛开始前

20. 练习 2 分钟。

21. 停止练习。

22. 谁先发球？谁先接发球？

23. 第一局比赛，X 发球，0：0

24. 现在开始实行轮换发球法。

比赛进程中

25. 犯规

26. 暂停，重发球

27. 发球擦网

28. 侧面

29. 停

30. 时间到

报　分

31. 1

32. 2

33. 3

34. 4

35. 5

36. 6

37. 7

38. 8

39. 9

40. 10

41. Eleven	41. 11
42. Twelve	42. 12
43. Thirteen	43. 13
44. Fourteen	44. 14
45. Fifteen	45. 15
46. Sixteen	46. 16
47. Seventeen	47. 17
48. Eighteen	48. 18
49. Nineteen	49. 19
50. Twenty	50. 20
51. Twenty-one	51. 21
52. Twenty-two	52. 22
53. Twenty-three	53. 23
54. Twenty-four	54. 24
55. Twenty-five	55. 25
56. Thirty	56. 30
57. X to serve	57. X 发球
58. Game to X, 11：6	58. X 胜 11：6
59. Match to X, 3 games to 1	59. X 以 3：1 获胜
60. Change service	60. 交换发球
61. Change ends	61. 交换方位
62. First，1st	62. 第一
Second，2nd	第二
Third，3rd	第三
Fourth，4th	第四
Fifth，5th	第五
Sixth，6th	第六
Seventh，7th	第七

One Point	一　分
63. The palm was not flat.	63. 手掌未伸平。
64. Not stationary.	64. 未静止。
65. Not near vertical.	65. 未近乎垂直。

66. Less than 16cm.（centimeters）

66. 低于 16 厘米。

67. Inside the end line.

67. 端线内发球。

68. Beyond the farthest back.

68. 超过最远点。

69. Edge ball.

69. 擦边球。

70. The ball was below the playing surface.

70. 球低于台面。

71. Obstruction

71. 阻挡

72. Touched net

72. 触网

73. Hand on table

73. 手扶台面

74. Table moved

74. 台面移动

75. Double hit

75. 连击

76. Double bounce

76. 两跳

77. Outside

77. 出界

78. Wrong player

78. 发（接）球员错误

79. Penalize one point

79. 处罚一分

Let

重发球

80. Net service

80. 发球擦网

81. Not ready

81. 未准备好

82. Intrusion of a ball

82. 外界球进入场地

83. Broken ball

83. 球破裂

84. Wrong order

84. 次序错误

85. Wrong ends

85. 方位错误

86. Wrong score

86. 比分错误

87. Correct a mistake

87. 纠正错误

88. Accident

88. 意外事故

89. Expedite system

89. 轮换发球法

Warning

警 告

90. Do not give advice.

90. 请勿指导。

91. No toweling.

91. 请勿擦汗

92. No longer breaks.

92. 不能再休息了。

93. Continue playing.

93. 继续比赛。

94. Do not leave the playing area.

94. 请不要离开赛区。

95. Stop the offending behavior!

96. Do not delay the game.

97. Do not use the toxic glues.

98. Just a moment, I'll report to the referee.

After the Match Ends

99. Sign your name，please.
（Or: Please sign here.）

100. Here you are, the details （Or: score sheet） of the match.

95. 停止你的冒犯行为！

96. 不要拖延比赛。

97. 不能使用液体胶水。

98. 请等一下，我去报告裁判长。

比赛结束时

99. 请你签名。

100. 给你一份记分表。

第三章　乒乓球裁判员必备的素质

第一节　良好的道德品质和思想修养

　　裁判员在比赛中肩负着执法者和组织者的责任，对比赛有着举足轻重的作用。这就要求裁判员必须遵循"公开、公平、机会均等"的原则，必须具备优良的道德品质和思想修养。

一、道德品质

　　每一个行业都有各自的道德规范和标准。在竞技场上，作为执法官的裁判员在临场执法的过程中，会自觉或不自觉地受到各种各样的道德观念的影响。由于今天的体育竞赛已经带有一定的商业气息，因而裁判工作在某些时候、在某些人身上打上了商业烙印。经常有媒体披露，一些俱乐部与裁判相互勾结，实行暗箱操作，进行金钱交易，控制比赛结果，从而严重地玷污了竞技场上的纯洁，违背了奥林匹克精神。今天，人们在一些举世瞩目的重大国际比赛中，仍可看到个别颇有声望的裁判员的肮脏勾当。这种将神圣的裁判权当作个人专利品进行交易的行为，既损害了大众的利益，同时也毁掉了自己。裁判道德就是裁判人员在执法过程中的行为规范。它不等同于一般的伦理道德，后者是前者的基础，充实并制约着前者。裁判道德也不等同于其他职业道德，它有自身特定的道德规范和具体要求。一方面，人们不可能要求裁判员在执法时像计算机一般精确，像录像机那样客观；另一方面，裁判员的道德品质是正确地贯彻执行规则和裁判法的先决条件。

　　树立高尚的裁判道德观不是临场前听听动员报告、宣布几条规定所能解决的，而是需要特定的、科学的、法制的教育内容以及教育措施和教育影响，更需要裁判员本身自觉的愿望和行为。这里，我们概括地讨论一位优秀的裁判员应具备哪些基本的道德品质。

（1）客观、公正。客观公正是裁判员首先应该具备的道德品质。裁判员无论级别的高低或分工的轻重，都必须具备公正无私的道德品质。否则，临场中就不可能表现出严肃、认真、坚定和果断；一旦遭受到某些外界压力、干扰和困难，就会患得患失，凭借手中的权力作出错误的裁决，使运动队和运动员受到不可弥补的损失。裁判员只有具备大公无私和刚正不阿的品质，才能秉公执法。主要表现在：无论是对有声望的队还是对无声望的队，是对金牌运动员还是对无名小辈，是对本单位还是对外单位，是对国际比赛还是对国内比赛，都应一视同仁。

总之，大公无私是裁判员道德的基本要求。

（2）诚实是裁判员道德的基本原则。诚实在裁判工作中表现为坚持实事求是的原则。如果裁判在比赛中发现自己的判罚确实有误，应予纠正，而不要为了自己的脸面和虚荣心，固执己见，错上加错。

（3）谦逊是裁判员道德品质之一。裁判员必须清醒地认识到，对每一分、每一局、每一场的判决都直接关系到一个运动员（队）长期艰苦训练的成绩，关系到他们的切身利益，甚至关系到一个国家、民族的荣誉。所以，裁判员要尊重他们的劳动成果（即比赛结果），关心和爱护他们，虚心学习他们的优良品质和顽强拼搏精神。

（4）果断是裁判员道德品质的明显特征。果断要求公字当头，严格遵循竞赛规程和规则的要求，使运动员能够充分发挥技术水平，表现出无私无畏的精神。

（5）热情是裁判员道德品质的重要内涵。裁判工作要求既要分工又要合作，需要裁判员具有集体主义精神；在合作中，裁判员要表现出彼此之间的尊重，善于关怀和体谅别人，任劳任怨，不计名利，团结协作，热忱互爱，共同完成裁判任务。

二、思想修养

裁判员不仅要有高尚的道德品质，还要不断通过自我培养和自我砥砺，使道德意识和道德行为得到深化和强化，以达到更高的境界。

（1）谦和稳重，自尊自爱。裁判员在对待争议时，要保持冷静的态度，从容地发表看法。如果运动员（队）对争议裁决不能理解和接受，裁判员不宜强加于人，应及时报告裁判长，而不作无原则的争执，更不要从地位上和气势上压服别人；遇到不礼貌的现象，甚至是过激的言行，应保持理智的态度，以理服人。

（2）助人为乐，善于合作。裁判员基本上都是业余的，来自不同的地方，不同的职业。因此，裁判员在工作中要互相帮助，取长补短，存小异、求大同，善于团结他人，从而共同完成裁判工作。

（3）严肃认真，精益求精。对一个裁判员的评价，首先是看他的工作态度和工作效率，看其是否严格执行裁判规则。勇于负责，严于职守，勤于公务，重于信义，精通业务，高效率、高质量地完成任务的裁判员，必然会得到同仁的尊重与信任，必然会受到各方的好评。

（4）廉洁奉公，洁身自好。裁判员的行为关系到运动员（队）的成败胜负，所以他一般都会受到别人的敬重和注意。有些运动员（队）或俱乐部为了完成任务、升级或者是保级等，会对裁判员施以伎俩甚至收买。因此，裁判员必须要奉公守法、廉洁清正，保持高贵的尊严和高尚的人格。

综上所述，一名优秀的裁判员只有具备高尚的道德品质和思想修养，才能高质量地，公正、客观、准确地完成裁判任务。

059

第二节　良好的业务素质

裁判员（长）既要具有良好的思想修养和道德品质，也要具有过硬的业务素质，否则是无法胜任这项工作的。作为一名乒乓球裁判员（长），应具备哪些必备的业务素质呢？

一、裁判长应具备的素质

（1）公正、公平、透明、廉洁；

（2）理论水平突出、精通规则规程、业务能力全面；

（3）有出色的组织能力、协调能力和管理能力；

（4）顾全大局、知人善任、勇于承担责任；

（5）工作踏实，任劳任怨、善于总结经验；

（6）具有威信、威望和形象。

二、裁判员应具备的业务素质

（1）熟悉规则，融会贯通。一名乒乓球裁判员的工作，看似简单，实际上要当好一名裁判员是非常不容易的。其必须要精通规则、规程。例如，对发球犯规的规定，对服装、球拍的规定，对比赛连续性的规定，对教练员场外指导的规定以及对弃权的规定等；在对运动员的发球进行判罚后，运动员向你申诉时，你要立即说出理由，使之口服心服；在教练员在不该指导的时间里进行非法指导时，你必须应用规则和规程，予以立即处置，让别人心悦诚服。

（2）反应敏捷。裁判员必须要有清晰的思维、敏捷的反应，对场上出现的一切问题必须在第一时间里作出快速的反应，作出正确的处理。

（3）良好的亲和力。一名优秀的裁判员在严格执法的同时，特别需要具有亲和力。在发生了争执、争议时，裁判员应面带微笑，从容、镇定地处理好问题，而不是表现出呆板、不拘言笑、表情僵硬，以致最终激化矛盾。

（4）组织协调能力。裁判员的组织协调能力表现在工作上，就是要具有高效率，能够在工作中一环紧扣一环，作风果断，毫不拖拉；同时，要服从指挥，听从裁判长的调配，遵守纪律，团结协作。

（5）有较高的英语水平。乒乓球运动自诞生起发展到今天，已成为一项全球化的运动，全球各地之间有关乒乓球运动方面的交流也日益频繁。由此，乒乓球裁判也逐渐开始要与来自各国的乒乓球运动员打交道，这就使得他们需要用一种国际通用语言 —— 英语进行沟通。所以，乒乓球裁判员还需要具有较高的英语水平。

（6）熟悉计算机操作。乒乓球运动的飞速发展，对裁判员的要求也越来越高、越来越全面。现在在所有大型的乒乓球比赛中，抽签、编排、成绩的输入、打印成绩册等都是用计算机来操作的，因此，不了解、不熟悉计算机在乒乓球裁判方面的应用,显然不适合今天乒乓球竞赛发展的需要。

第三节　良好的心理素质

一、坚定的信心

信心是做好乒乓球裁判员的前提条件。乒乓球规则规定：裁判员就事实问题有最后决定权。因此，当裁判员坐上裁判椅时，必须要有信心去做好这场裁判，而不能患得患失。

二、把握大局、控制局面的能力

我们知道，每个裁判员在裁判过程中都会遇到一些困难，发生一些争执（包括同教练员、运动员甚至是观众等）。这时，裁判员特别需要冷静下来，并根据自己的判定来进行裁决，而不能人云亦云，受外界的干扰。

三、遇事不慌、处事不惊，镇定自若、独立作战

由于乒乓球裁判员执场时间长，注意力高度集中，因而容易出现大脑中枢神经系统疲劳，难免会出现一些小的疏漏。因此，出现了问题以后不要慌张、手忙脚乱，以致错上加错，而应该冷静地处理。

四、越是大赛，越是关键球，越要发挥出色

第四节　良好的身体素质

乒乓球裁判员不像篮球、足球裁判员那样有一个硬性的身体素质测试项目和标准，但由于乒乓球项目有自己的特点，有些比赛一天三节 ——

上午、下午、晚上连续作战，每一节还要求裁判员一人一团一贯制。而且，在遇到势均力敌的两队时，比赛要经过几个小时结束是常事。所以，乒乓球裁判员还必须具备良好的身体素质。

一、心脏的承受能力强、适应水平高

乒乓球运动速度快，球旋转强；比赛气氛紧张、激烈。因此，裁判员心脏的承受能力要强，适应水平要高。

二、灵敏的反应能力

裁判员在裁判的过程，必须要有灵敏、快速的反应。如果在几个回合后才反应过来，才叫停，就很有可能会产生争议。

三、有氧耐力水平高

乒乓球裁判员要在中小强度下持续工作若干小时，因此，他们只有具备良好的耐力，才能保质保量地完成任务。

第四章　乒乓球比赛的方法

　　我们知道，组织竞赛和临场裁判是乒乓球竞赛工作中裁判员的两项基本任务。裁判员不仅要精通规则，承担临场裁判工作，而且还应学习和了解竞赛的基本知识和方法。只有这样，裁判员才能满足乒乓球竞赛活动的需要。

第一节　竞赛组织的程序

　　乒乓球竞赛的组织工作大体可以分为赛前、赛期和赛后三个阶段。

一、赛前阶段的程序工作

1. 制定竞赛规程

　　竞赛规程一般由竞赛主办单位根据竞赛的目的、性质、规模、时间和场地设施等情况来制定。其内容主要包括竞赛名称、目的、日期、地点、竞赛项目、竞赛办法、报名资格、报名人数、报名截止时间、报到日期、录取名次、采用的竞赛规则以及其他补充规定，如参赛人员的资格等。竞赛规程要做到概念清晰、用语恰当、要求明确，并在比赛前尽早地发给个参赛单位，以便做好准备。竞赛规程一般应提早至少一个月发送到各参赛单位。

2. 准备场地器材

　　赛前要准备好场地、器材，且场地、器材应符合比赛要求。

3. 接受报名

报名表是抽签、编排工作的主要依据。报名表的内容填写是否正确，直接关系到抽签编排工作的进度和质量。报名表收到后，应逐项审核是否合乎规程和填表要求。如有问题，必须立即与有关单位联系解决。审核完的报名表应及时填入"报名汇总表"，并在报名表汇齐后迅速提供参加各项比赛的队（人）数、领队和教练员的姓名、运动员号码对照表，并将其作为抽签、编排比赛次序和编制次序册的依据。报名汇总表必须反复审核，做到准确。

如已经寄出报名单的单位，在抽签之前要求更换运动员或配对，应予同意。但应由该单位提出书面申请。在抽签之前提出变更申请时，应按乒乓球竞赛规则的"变更抽签"的条款规定处理。

汇总表实例如表 4.1 所示。

表 4.1　报名汇总表

排名顺序	队名	参加项目							参加人数		
		男团	女团	男单	男双	女单	女双	混双	总数	男	女
1											
2											
3											
4											
5											
6											
7											
8											
9											
10											
11											
12											
总　计											

4. 组织抽签

5. 编排竞赛次序

6. 印发次序册

次序册是各运动队参加比赛和各有关部门开展工作的主要文件依据。其内容一般包括竞赛规程，组织委员会名单，裁判员名单，领队、教练员名单及运动员姓名号码对照表，竞赛日程，团体比赛次序表，单项比赛次序表，场地平面图等。

7. 安排赛前练习

参赛者到达比赛场地后，一般对当地的气候、场地等比赛环境有一个适应过程。因此，竞赛的主办单位必须在规定的报到日期至比赛开始前的这段时间里安排练习场地，以供参赛者练习，适应比赛环境。一般的做法是：参赛者报到后，主办单位应立即发给赛前练习日程表，使之尽早参加赛前练习。赛前练习日程表，应尽早发给场地、交通、生活、竞赛等有关部门，或在练习场地宣告栏上张贴一份，便于各部门密切协作。

安排赛前练习时，应尽量使各参赛者练习机会均等（时间及球台），对各参赛者提出的某些合理要求也应尽可能予以满足。赛前练习时间安排，如打算每天按三节（上午、下午、晚上）六段安排时，则可只安排五段，留出一段时间作为机动，以备迟到者临时使用。例如：

上午：8：00～9：30；9：30～11：00

下午：14：00～15：30；15：30～17：00

晚上：19：00～20：30；20：30～22：00（机动）

每天可安排每个参赛者进行 2 小时（一次）或 3 小时（分为两次）的练习，并尽可能使每个参赛者练习的时间相等。原则上每两名选手可安排一张球台练习，不过，也可按代表队分配使用练习场地和球台，如表 4.2 所示。

表 4.2　练习场地和球台的分配

日期			市体育馆		活动中心	
			1～3 台	4～6 台	7～11 台	12～16 台
十月十六日	上午	8：00～9：30	江西	山西	江苏	北京
		9：30～11：00	广东	（机动）	上海	广西

续表 4.2

日期			市体育馆		活动中心	
			1~3 台	4~6 台	7~11 台	12~16 台
十月 十六日	下午	14：00~15：30	天津	四川	辽宁	湖南
		15：30~17：00	（机动）		新疆	青海
	晚上	19：00~20：30	北京	江苏	江西	山西
		20：30~22：00	广西	上海	（机动）	
十月 十七日	上午	8：00~9：30	湖南	辽宁	天津	四川
		9：30~11：00	（机动）	新疆	青海	广东
	下午	14：00~15：30	山西	江西	北京	江苏
		15：30~17：00	四川	天津	广西	上海
	晚上	19：00~20：30	青海	广东	湖南	辽宁
		20：30~22：00	（机动）		（机动）	

二、赛期阶段的程序工作

本阶段的主要工作是记录和公布成绩。

较大规模的竞赛应设立记录组。记录组的任务是负责审核记分表，并迅速公布比赛成绩和记录比赛结果。

三、赛后阶段的程序工作

1. 编印成绩册

成绩册是竞赛工作的重要资料，同时也可为今后举办竞赛提供依据和参考。成绩册的内容主要是各个竞赛项目的比赛成绩，其成绩应与记分表中的原始记录完全一致。

2. 竞赛资料归档

竞赛活动结束后，应及时将各种文件、通知、方案、表格等竞赛资料整理归档，以便总结工作，并为今后组织竞赛提供参考。

第二节 乒乓球竞赛的基本方法

组织乒乓球竞赛，必须深刻理解和十分熟悉乒乓球竞赛的办法。乒乓球竞赛一般采用单循环赛和单淘汰赛，根据实际情况也可采用其他竞赛方法。

一、单循环赛

参加竞赛的各队或运动员之间均相互比赛一次，这种方式的竞赛即为单循环赛。这种比赛方式的优点是，参加比赛的各队（人）都能得到比赛机会，因而有利于通过比赛全面地互相交流和学习；比赛结果的偶然性和机遇性少，能够比较准确地排出比赛名次。其缺点是场次多，比赛时间长；无法知道谁是冠、亚军；易产生打假球的现象。

067

单循环赛不仅是乒乓球竞赛的一种基本竞赛方法，也是其他球类竞赛所广泛采用的一种竞赛方法。在乒乓球竞赛的团体比赛项目中，一般采用或基本采用单循环赛的竞赛办法。目前，在乒乓球世界锦标赛、洲锦标赛团体比赛的第一阶段，职业巡回赛、世界杯、奥运会双打及单打比赛的第一阶段（2004 年雅典奥运会比赛的第一阶段方法有所变化）、世界锦标赛各单项比赛的预选赛均采用此法。

作为一种竞赛方法，单循环赛有着它自身的规律和矛盾。因此，在实际应用中，必须处理好以下几个方面的问题，即要合理地安排竞赛次序，有效地抑制打假球的问题；要科学、准确、及时地计算比赛名次；要有效地克服单循环赛应用范围的局限性。

1. 场数与轮数的计算

（1）比赛只有一组。

①"一轮"。在单循环赛中，各队或各选手普遍出场比赛一次，称为"一轮"。

②"一次"与"一场"。在团体赛采用单循环赛方式时，每两个队之间比赛一次称为"一次"；而每两个选手之间比赛一次称为"一场"。

③ 单循环赛，场（次）数的计算公式为：

$$场数 = \frac{n \times (n-1)}{2}$$

其中，n 为参赛者（队或人）数。

例：有 8 个人进行单循环赛，则共需场数 $= \frac{8 \times (8-1)}{2} = 28$（场）；

有 7 个队进行单循环赛，则有次数 $= \frac{7 \times (7-1)}{2} = 21$（次）。

轮数的计算方法是：当参赛者数为偶数时，总轮数为参赛者数减去 1；当参赛者数为奇数时，总轮数就等于参赛者 数。单循环赛的总轮数必定是奇数。例如，有 10 个队进行单循环赛，轮数为 $10 - 1 = 9$；有 11 个队进行单循环赛，轮数为 11。

（2）分组单循环赛。如果各组的队（人、对）数相同，轮数就等于一个小组的轮数；如果各组的队（人、对）数不同，轮数就等于组内队（人、对）数较多的一个小组的轮数。例如，18 个队参加比赛，分 4 组进行循环赛，那么 18/4 = 4 余 2，则两个小组共 4 个队，比赛轮数为 4 轮；2 个小组 5 个队，比赛轮数为 5 轮，因此，分组循环赛的轮数应按 5 轮计算。场（次）数等于各组场（次）之和。上例中次数为：4 个队组的比赛次数为 $4 \times (4 - 1) \div 2 = 6$ 次；2 个小组 4 个队的组为 $2 \times 6 = 12$ 次；5 个队组的比赛次数为 $5 \times (5 - 1) \div 2 = 10$ 次；2 个 5 个队的组为 $2 \times 10 = 20$ 次。因此，分组循环赛的总次数为 $12 + 20 = 32$ 次。

2. 单循环赛的比赛顺序

在单循环赛中，参赛的各方之间都要相互比赛一次，因而在比赛对手上保证了参赛各方机会均等。但是，单循环赛在竞赛次序安排上的机会不均等现象依然存在。比如，比赛进度的快慢问题、强弱对手相遇的先后顺序问题、关键性比赛前各方体力消耗的多少问题等。在竞赛次序的安排上，要绝对做到机会均等是不可能的。但在编排竞赛次序时应努力把这种机会不均等减少到最低限度，并侧重照顾某些因素，使整个竞赛获得最佳效果。

确定单循环赛的竞赛次序，可采用下列方法：

（1）逆时针轮转法。这种轮转法的具体做法是，当参赛的队数或人数为双数时，先排出第一轮比赛的次序，然后固定左上角的 1 号位置，其他各号每轮按逆时针方向轮转一个位置，即可排出下一轮比赛以至全部各轮比赛的次序。

例如，有 6 个队参加比赛，排法如下：

第一轮	第二轮	第三轮	第四轮	第五轮
1—6	1—5	1—4	1—3	1—2
2—5	6—4	5—3	4—2	3—6
3—4	2—3	6—2	5—6	4—5

当参赛的队数或人数为单数时，用"0"变成双数，然后按照逆时针轮转的方法，排出各轮次序。其中遇到"0"者，即为该场轮空。

例如，有 5 个队参加比赛，排法如下：

第一轮	第二轮	第三轮	第四轮	第五轮
1—0	1—5	1—4	1—3	1—2
2—5	0—4	5—3	4—2	3—0
3—4	2—3	0—2	5—0	4—5

采用逆时针轮转法安排竞赛次序的优点是，参赛各方的比赛进度能保持一致；各轮比赛的强弱搭配相当均匀，且最可能成为冠亚军决赛的最重要的一场比赛安排在最后一轮，从而使竞赛在最后阶段进入高潮；实力最强的"1"号选手，比赛对手的安排逐步由弱到强，体现了对理论上可能获得冠军的队或运动员的照顾。由于逆时针轮转法体现了竞赛的一些重要特点，因而其在竞赛中得到了广泛应用。

（2）顺时针轮转法。这种轮转方法的具体做法是，先确定最后一轮比赛的次序，然后固定左上角的 1 号位置，其他各号每轮按顺时针方向轮转一个位置，倒推出前面各轮比赛的次序。其目的是使实力接近的三场比赛（1—2、3—4、5—6）在最后一轮出现，使比赛达到高潮。

例如，有 6 个队参加比赛，排法如下：

第一轮	第二轮	第三轮	第四轮	第五轮
1—2	1—3	1—5	1—6	1—4
3—4	5—2	6—3	4—5	2—6
5—6	6—4	4—2	2—3	3—5

（3）大轮转、小调动。这种方法是在逆时针轮转法的基础上，根据竞赛的某种需要，对其中个别场次或轮次进行适当调整。比如，根据需要，可把某两轮比赛的顺序互相调换，也可把同一轮比赛中各场比赛的顺序加以调整。

采用"大轮转、小调动"的方法时，一定要注意可能导致的其他问题，以免顾此失彼，得不偿失。

3. 扩大单循环赛应用范围的基本方法

单循环赛要求比赛的场次较多，在实际应用中有很大的局限性。例如，第一届亚非拉乒乓球友好邀请赛有 80 个队报名参加团体比赛，如采用单循环赛的竞赛办法，需要进行 3 160 场比赛。如果用 20 张球台，每天比赛三节，每节每台安排 1 场团体比赛，那么将进行 52 天零 2 节。单项比赛的场次更多，如每队报 5 人参加男子单打，400 名运动员将进行 79 800 场比赛。如果每张球台每节安排 7 场比赛，20 张球台每天共进行 420 场比赛，79 800 场比赛需要 190 天才能打完！显然，一次竞赛要安排这样大数量的比赛场次是完全不可能的。所以，要使单循环赛成为一种实用的竞赛办法，需要采取某些措施来克服其应用范围上的局限性。

目前有以下几种变通的办法：

（1）分组循环赛。这种办法是把参赛单位分割成若干个互不相关、各自独立的平行组，各平行组的比赛一完毕，整个竞赛即告结束。

① 等级赛：按技术水平的高低，将参赛单位分成若干级别，比赛只在同一级别内进行。例如，有 20 个队参加全国锦标赛，分成甲、乙、丙三个级别，每个级别 10 个队，在同一级别内进行单循环赛。

② 分区赛：按地区或系统等的不同，将参赛单位分成若干赛区，每个赛区各自进行单循环赛。例如，有 32 个队参加比赛，分成 4 个赛区，每个赛区 7~8 个队，分区进行单循环赛。

（2）分阶段（分组）循环赛。这种办法是将参加比赛的队（运动员）在两个或者更多的阶段中分成若干个小组，分段分组进行单循环赛。所有参赛者虽然分组比赛，但最终相互之间都有联系的方法。在实际运用中，一般采取两个阶段或三个阶段分组循环赛的办法。

两阶段分组循环赛就是将整个竞赛分为两个阶段来进行。比如，有 32 个队参加比赛，第一阶段可将这 32 个队分成 8 个小组（可用蛇形排列法进行分组），每组 4 个队，分别进行小组循环赛，决出小组名次；第二阶段，将获得同名次的队再组成 4 个小组，分别进行小组同名次队间的循环赛，排除所有 32 个队的全部名次。第一阶段小组第 1 名所在的组产生第 1~8 名，第一阶段小组第 2 名所在的组产生 9~16 名，以此类推。

三阶段分组循环赛方法基本与两阶段相同，只是在分组的数量上有点差别。无论是三阶段还是两阶段，他们都有一个共同点，就是都以最后一个阶段的成绩为这次竞赛的最终成绩。此外，无论几个阶段的分组循环赛，都必然涉及分组方法的问题。在一般情况下，多采用蛇形排列法进行分组。例如，有 16 个队，要分成 4 组，具体分法如表 4.3 所示：

表 4.3　扩大单循环赛的分阶段分组表

第一组	第二组	第三组	第四组
1	2	3	4
8	7	6	5
9	10	11	12
16	15	14	13

在表 4.3 中，数字是各队的顺序号，是按各队实力强弱排列的。也就是说，顺序号越小，实力越强；反之，实力越弱。由于蛇形排列法中各队的位置是固定的，因而有时各队在考虑下届比赛分组情况时，会在此次比赛中不去积极争取胜利，甚至争输，以获得利于下届比赛分组的位置。因此，在实际分组时，人们又采用分批抽签的办法来随机分组。假如需分成两个组，就将每两个队作为一批进行抽签分组。

采用分阶段循环赛的竞赛办法，可以有效地克服单循环赛应用范围的局限性。但在克服其局限性的同时，又将随之引出前面在"单淘汰赛"中所讲到的不合理性、强机遇性等问题。因此，在采用分阶段循环赛的竞赛办法时，应像单淘汰赛一样，要设置种子，要进行抽签。

4. 单循环赛的名次计算

在单淘汰赛中，比赛的双方非胜即败，只有胜者可进入下一轮比赛，因而名次计算十分简单。单循环赛的情况则不同，一个队（运动员）的名次不仅取决于该队（运动员）同其他队（运动员）的比赛结果，而且要受其他队（运动员）之间比赛结果的影响，因而循环赛的名次计算是一个比较复杂的问题。而有的运动队（运动员）为了在第二阶段有一个较好的位置或让和自己关系好的队（运动员）出线，便利用这种复杂的、相互制约的关系，不认真比赛，甚至用打假球来左右形势。

单循环赛计算名次的步骤是：

（1）按积分确定名次，积分多者名次列前。积分按胜一场得2分、输一场得1分、未出场比赛或未完成比赛的场次为0分决定。

（2）如果小组中的两个或更多的队得分数相同，则他们有关的名次应按他们相互之间比赛的成绩决定。首先计算他们之间获得的场次分数，再根据需要计算个人比赛场次（团体赛时）的局和分的胜负比率，直至算出名次为止。计算方法分别如下：

$$场次比率 = 胜场数/负场数$$
$$局数比率 = 胜局数/负局数$$
$$分数比率 = 胜分数/负分数$$

（3）如果在任何阶段已经决出一个或更多队的名次后，其他队仍然得分相同，那么为决定相同分数队的名次，在根据上述程序继续计算时，应将已决出名次的队的比赛成绩删除。

（4）如果按照上述3条规定的程序仍不能决定某些队（人）的名次，则这些队（人）的名次将由抽签来决定。

例一：有9个队参加男子团体比赛，其比赛成绩如表4.4所示：

表4.4　比赛成绩表示例

	A	B	C	D	E	F	G	H	I	积分	比率	名次
A		3：2	3：1	3：0	3：1	3：0	3：1	3：2	3：0			
B	2：3		3：2	3：1	3：1	2：3	1：3	0：3	3：0			
C	1：3	2：3		3：1	1：3	3：2	0：3	1：3	3：1			
D	0：3	1：3	1：3		3：0	3：2	3：1	3：2	3：0			
E	1：3	1：3	3：1	0：3		3：0	3：1	2：3	3：2			
F	0：3	3：2	2：3	0：3			3：1	3：0	3：1			
G	1：3	3：1	3：0	1：3	1：3	1：3		3：1	3：2			
H	2：3	3：0	3：1	2：3	3：2	0：3	1：3		3：1			
I	弃权	0：3	1：3	0：3	2：3	1：3	2：3	1：3				

（1）计算各队的场次分数。根据积分可以确定：A 队 8 次比赛全胜积 16 分，为第 1 名；I 队 8 次比赛全负，其中一场弃权，积 7 分，为第 9 名；D 队胜 5 次、负 3 次，积 13 分，名列第 2 名；C 队胜 3 次、负 5 次，积 11 分，名列第 8 名；B、E、F、G、H 5 队都是胜 4 次、负 4 次，积 12 分，为第 3～7 名。具体见表 4.5。

表 4.5　比赛场次分数表

	A	B	C	D	E	F	G	H	I	积分	名次
A		3：2	3：1	3：0	3：1	3：0	3：1	3：2	3：0	16	1
B	2：3		3：2	3：1	3：1	2：3	1：3	0：3	3：0	12	3～7
C	1：3	2：3		3：1	1：3	3：2	0：3	1：3	3：1	11	8
D	0：3	1：3	1：3		3：0	3：2	3：1	3：2	3：0	13	2
E	1：3	1：3	3：1	0：3		3：0	3：1	2：3	3：2	12	3～7
F	0：3	3：2	2：3	2：3	0：3		3：1	3：0	3：1	12	3～7
G	1：3	3：1	3：0	1：3	1：3	1：3		3：1	3：2	12	3～7
H	2：3	3：0	3：1	2：3	3：2	0：3	1：3		3：1	12	3～7
I	弃权	0：3	1：3	0：3	2：3	1：3	2：3	1：3		7	9

（2）计算 B、E、F、G、H 5 队之间相互比赛的场次分数。F 队胜 3 次、负 1 次，积 7 分，列第 3 名；B 队胜 1 次、负 3 次，积 5 分，列第 7 名；E、G、H 3 队均为胜 2 次、负 2 次，积 6 分，列 4～6 名。具体见表 4.6。

表 4.6　比赛场次分数表

	B	E	F	G	H	积分	名次
B		3：1	2：3	1：3	0：3	5	7
E	1：3		3：0	3：1	2：3	6	4～6
F	3：2	0：3		3：1	3：0	7	3
G	3：1	1：3	1：3		3：1	6	4～6
H	3：0	3：2	0：3	1：3		6	4～6

（3）计算 E、G、H 3 队之间相互比赛的场次分数。三队均为胜 1 次、负 1 次，积 3 分，因而需要进一步计算他们之间的场数胜负比率。

（4）计算 E、G、H 3 队之间相互比赛的场数胜负比率。

根据场数胜负比率可以确定，E 队胜 5 场负 4 场，胜负比率为 1.25，为第 4 名；G 队胜 4 场、负 4 场，胜负比率为 1，为第 5 名；H 队胜 4 次、负 5 场，胜负比率为 0.8，为第 6 名。具体见表 4.7。

表 4.7　E、G、H 场数胜负比率表

	E	G	H	积分	场数胜负比率	名次
E		3：1	2：3	3	$\frac{5}{4}=1.25$	4
G	1：3		3：1	3	$\frac{4}{4}=1$	5
H	3：2	1：3		3	$\frac{4}{5}=0.8$	6

（5）最后比赛成绩如表 4.8 所示。

表 4.8　最后比赛成绩

	A	B	C	D	E	F	G	H	I	积分	名次
A		3：2	3：1	3：0	3：1	3：0	3：1	3：2	3：0	16	1
B	2：3		3：2	3：1	3：1	2：3	1：3	0：3	3：0	12	7
C	1：3	2：3		3：1	1：3	3：2	0：3	1：3	3：1	11	8
D	0：3	1：3	1：3		3：0	3：2	3：1	3：2	3：0	13	2
E	1：3	1：3	3：1	0：3		3：0	3：1	2：3	3：2	12	4
F	0：3	3：2	2：3	2：3	0：3		3：1	3：0	3：1	12	3
G	1：3	3：1	3：0	1：3	1：3	1：3		3：1	3：2	12	5
H	2：3	3：0	3：1	2：3	3：2	0：3	1：3		3：1	12	6
I	弃权	0：3	1：3	0：3	2：3	1：3	2：3	1：3		7	9

例二：男子团体赛的记分方法。表 4.9 是一个男子团体赛的记分表。

表 4.9　男子团体赛记分

	甲	乙	丙	丁	戊	己	积分	胜负比率	名次
甲		3：1	2：3	3：2	3：2	2：3	8		
乙	1：3		3：0	2：3	2：3	1：3	6		6
丙	3：2	0：3		0：3	3：2	3：2	8		
丁	2：3	3：2	3：0		3：1	2：3	8		
戊	2：3	3：2	2：3	1：3		3：1	7		5
己	3：2	3：1	2：3	3：2	1：3		8		

从表 4.9 可以看出，甲、丙、丁、己 4 个队的积分相同，为前 4 名；戊队积 7 分，为第 5 名；乙队积 6 分，为第 6 名。根据规则规定，去除已确定名次的队的成绩，再计算积分相同的队的名次。如表 4.10 所示。

表 4.10　甲、丙、丁、己 4 个队的积分情况

	甲	丙	丁	己	积分	胜负比率	名次
甲		2：3	3：2	2：3	4		
丙	3：2		0：3	3：2	5		
丁	2：3	3：0		2：3	4		
己	3：2	2：3	3：2		5		

从表 4.10 可以看出，甲、丁两队积分相同；丙、己两队积分相同，且丙、己两队的积分大于甲、丁两队的积分。去除积分不同队的成绩，得到表 4.11。

表 4.11　甲、丙、丁、己 4 个队的名次情况

	丙	己	积分	胜负比率	名次		甲	丁	积分	胜负比率	名次
丙		3：2	2		1	甲		3：2	2		3
己	2：3		1		2	丁	2：3		1		4

从表 4.11 可以看出，丙队的积分大于己队，为第 1 名；己队为第 2 名。甲队的积分大于丁队，为第 3 名；丁队为第 4 名。最后的比赛成绩如表 4.12 所示。

表 4.12　各队最后的比赛成绩

	甲	乙	丙	丁	戊	己	积分	胜负比率	名次
甲		3：1	2：3	3：2	3：2	2：3	8		3
乙	1：3		3：0	2：3	2：3	1：3	6		6
丙	3：2	0：3		0：3	3：2	3：2	8		1
丁	2：3	3：2	3：0		3：1	2：3	8		4
戊	2：3	3：2	2：3	1：3		3：1	7		5
己	3：2	3：1	2：3	3：2	1：3		8		2

例三：有一个小组有甲、乙、丙 3 个队进行单循环比赛，比赛的成绩如表 4.13 所示。

表 4.13　甲、乙、丙 3 个队的比赛成绩表

	甲	乙	丙	积分	胜负比率	名次
甲		2：3	3：2	3	1	2
乙	3：2		0：3	3	0.6	3
丙	2：3	3：0		3	1.661	1

从表 4.13 可以看出，甲、乙、丙 3 个队的积分完全相同。根据规则计算，他们之间的场数比率分别为：

甲 = 胜/负 = （2 + 3）/（3 + 2）= 5/5 = 1

乙 = 胜/负 = （3 + 0）/（2 + 3）= 3/5 = 0.6

丙 = 胜/负 = （2 + 3）/（3 + 0）= 5/3 = 1.66

因为：1.66 > 1 > 0.6

所以：丙为第一名；甲为第二名；乙为第三名。

二、单淘汰赛

1. 定 义

运动员（队）按排定的次序进行比赛，胜者进入下一轮，负者淘汰；最后一场比赛的胜者为冠军，负者为亚军。这种比赛方式称为单淘汰赛。以 16 人参加的比赛为例，单淘汰赛的比赛次序见表 4.14。

（1）单淘汰赛的优点。单淘汰赛的比赛双方具有强烈的对抗性，败一

次即失去继续比赛的资格。这种竞赛方式，需要比赛的场次很少；整个比赛是逐渐推向高潮的。就体育竞赛的特点来说，单淘汰赛是一种很好的竞赛方式。

乒乓球竞赛的项目多、人多、队多，如果不采用或基本上采用单淘汰赛，那么要在可能安排的、较短的时间内完成一次乒乓球竞赛任务是不可能的。仅拿男子单打一项来说，如果有 128 名运动员参加比赛，如果采用单淘汰赛，就只需 7 轮共 127 场比赛，运动员最多只有 7 轮比赛（冠、亚军获得者）；而采用单循环赛，则将进行 127 轮共 8 129 场比赛。每个运动员都要打 127 场比赛，显然是不可能的。所以，乒乓球竞赛的各个单项比赛，在绝大多数情况下都是采用单淘汰赛的竞赛方式。

表 4.14　比赛次序表

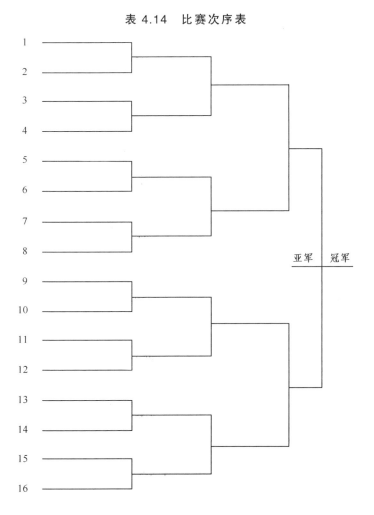

（2）单淘汰赛的缺点。作为一种竞赛方式，单淘汰赛在理论上存在一定的缺陷，即大部分运动员（队）的比赛场次少、合理性差、机遇性强以及具有不完整性。因此，在实际应用中应克服这些缺陷。

2. 克服单淘汰赛缺陷的方法

（1）采用设"种子"的办法，克服单淘汰赛的不合理性。单淘汰赛的竞赛方式是以小部分的比赛取代全部的比赛，运动员（队）赢一场即可胜一片。例如，在128人参加的单淘汰赛中，运动员在第一轮比赛中获胜，即进入前64名，赢1场就等于战胜了64名对手；运动员在第二轮比赛中获胜，即进入前32名，赢两场就等于战胜了96名对手；运动员在第三轮比赛中获胜，即进入前16名，赢三场就等于战胜了112名对手；……而这些获胜的运动员是否一定能够战胜那些未曾相遇的名次列后的运动员，这在理论上和实际上都是难以证明的。

单淘汰赛的比赛名次有固定的分布规律：冠、亚军必产生于两个不同的1/2区；前4名必产生于四个不同的1/4区；前8名必产生于八个不同的1/8区。

由上可见，作为一种竞赛方式，单淘汰赛的合理性较差。为了克服单淘汰的不合理性，避免强手（队）之间过早相遇，保证竞赛结果基本合理，在竞赛开始前确定竞赛次序时，必须先将参赛的全体运动员（队）中最优秀的一部分运动员（队）定为"种子"，并按其技术水平排列种子序号，把他们分别安排或抽进各个不同的"区"内，使这部分运动员（队）在比赛的最后阶段才可能相遇；最强的2名运动员（队），在比赛只剩下2名运动员（队）时才可能相遇；最强的4名运动员（队），在比赛只剩下4名运动员（队）时才可能相遇；最强的8名运动员（队），在比赛只剩下8名运动员（队）时才可能相遇；……

• 确定种子和种子序号的原则

种子和种子序号应根据技术水平来确定，而决定技术水平的依据是运动员（队）的比赛成绩。在考虑比赛成绩时，小比赛的成绩要服从大比赛的成绩；远比赛的成绩要服从近比赛的成绩；团体和双打比赛的成绩要服从单打比赛的成绩。

根据竞赛的不同要求，可对确定种子的原则作某些补充规定。

• 种子数目

单淘汰赛的种子设置应为2的乘方数，其具体数目应根据参赛人（对、队）数多少来确定。

如果参赛者少于 25 人（对、队），则应设 2 或 4 名（对、队）种子；如果有 25～40 人（对、队）参赛，则应设 4 或 8 名（对、队）种子；如果有 46～96 人（对、队）参赛，应设 8 或 16 名（对、队）种子；如果参赛者多于 96 人（对、队），应设 16 或 32 名（对、队）种子。

根据竞赛的类型，有时也可不设种子。

● 种子位置

单淘汰的种子，应按其序号合理地分布在各个不同的"区"内。前 2 名种子应分别在两个不同的 1/2 区，前 4 名种子，应分别在四个不同的 1/4 区；前 8 名种子，应分别在八个不同的 1/8 区；前 16 名种子，应分别在十六个不同的 1/16 区；……

单淘汰赛的种子位置，应按种子序号有规律地分布在各个相应"区"的顶部或底部。前 2 名种子的位置，应分别在整个号码位置的顶部和底部；前 4 名种子的位置，应分别在两个 1/2 区的顶部和底部；前 8 名种子的位置，应分别在四个 1/4 区的顶部和底部；前 16 名种子的位置，应分别在八个 1/8 区的顶部和底部；……

单淘汰赛的种子在比赛次序表中所处位置的号码，可从表4.15中查得。

表 4.15　种子位置表

1	256	129	128	65	192	193	64
33	224	161	96	97	160	225	32
17	240	145	112	81	176	209	48
49	208	177	80	113	144	241	16
9	248	137	120	73	184	291	56
41	216	169	88	105	152	233	24
25	232	153	104	89	168	217	40
57	200	185	72	121	136	249	8

查表的方法是：按竞赛所设种子的数目，依次逐行由左至右；摘出小于或等于比赛号码位置数的号码，即为种子位置号码。例如，有 50 人参加比赛，但有 64 个号码位置。如设 8 名种子，则依次从表中摘出小于或等于

64 的 8 个号码——1、64、33、32、17、48、49、16，这 8 个号码即为种子位置号码。其中，"1"为第一号种子的位置号码；"64"为第二号种子的位置号码；"33"、"32"分别为第三、第四号种子的位置号码；"17"、"48"、"49"、"16"分别为第五至第八号种子的位置号码。

（2）采用"抽签"的办法，克服单淘汰赛的强机遇性。乒乓球比赛的胜负不仅取决于运动员技术水平的高低，而且受打法类型、技术特点、球拍性能等因素的影响。一个运动员的水平很高，能击败参赛的绝大多数选手，但其很可能对某类打法、某个运动员或某种球拍性能很不适应。这个水平很高的运动员如果在比赛中正好遇上了他不适应的选手，就会遭到失败。因此，在采用单淘汰赛时，开始排定的竞赛次序将在相当程度上左右最后的竞赛结果。由此可见，单淘汰赛这一竞赛办法有很强的机遇性。

单淘汰赛的强机遇性，是由单淘汰赛"以小部分比赛取代全部比赛"的竞赛办法所决定的，因而是其自身所无法消除的。为了减缓单淘赛这种无法消除的强机遇性，一般采用"抽签"的办法来确定竞赛次序，以"机遇"对付机遇性，使运动员（队）在无法消除的强机遇性面前具有均等的"机遇"，从而保证竞赛的公平、合理。

如果抽签只是保证参加单淘汰赛的每个运动员（队）有同样的机遇，那么抽签将变得极为简单。但是，乒乓球单淘汰赛的抽签是有前提的。乒乓球竞赛规则规定，第一名（对）种子应安排在上半区的顶部，第二名（对）种子应安排在下半区的底部；第三、第四名（对）种子应抽入上半区的底部和下半区的顶部；第五到第八名（对）种子，应抽入单数 1/4 区的底部和双数 1/4 区的顶部；第九到第十六名（对）种子，应抽入单数 1/8 区的底部和双数 1/8 区的顶部；第十七到第三十二名（对）种子，应抽入单数 1/16 区的底部和双数 1/16 区的顶部。乒乓球竞赛规则还规定，同一个单位的运动员应按技术水平排列顺序，在抽签中按下列要求分开：第一、第二号（对）运动员应抽入不同的半区；第三和第四号选手被抽入没有本协会第一、第二号选手所在的另外两个 1/4 区；第五号至第八号运动员应尽可能均匀地抽入前四号运动员所不在的 1/8 区；第九号至第十六号运动员应尽可能均匀地抽入前八号运动员所不在的 1/16 区。以上规定可以归结为两点要求：一是种子选手要按种子序号合理分开，并使之最后相遇；二是同单位队员要按技术序号合理分开，并使之最后相遇。

乒乓球竞赛规则对抽签结果所作的两点要求，说明乒乓球的抽签不是完全随机的，而是有一定条件的。因此，我们既要用"机遇"的办法来克服单淘汰赛的强机遇性，又要用"控制"的手段来实现抽签结果的两点要求，使单淘汰更加合理。完全随意的抽签办法不可能保证所要求的抽签结果的实现，而过多的、不必要的控制，又会使抽签失去意义。因此，在抽签工作中要注意正确处理好"机遇"与"控制"这一对矛盾。

（3）采用"轮空"、"抢号"、"附加赛"等办法，克服单淘汰赛的不完整性。单淘汰赛的竞赛次序要求参赛人（对、队）数正好为2的某次乘方数，而每次竞赛的实际参加人（队）数却很少可能正好是2的某次乘方数，这反映出了单淘汰赛在竞赛次序上的不完整性。为使单淘汰赛成为一种实用的竞赛办法，可使一部分号码位置"轮空"或"抢号"，使第一轮比赛的号码位置数正好是2的某次乘方数，以克服其竞赛次序的不完整性。

单淘汰赛的竞赛结果只能确定冠、亚军的名次，不能具体排出其他名次的顺序，而竞赛本身却并不都只是要求决出最前面的两个名次。也就是说，单淘汰赛在竞赛结果上存在着不完整性的缺陷。要使单淘汰赛成为一种实用的竞赛办法，可采用"附加赛"办法，进一步排出竞赛所要求的名次顺序，以克服其竞赛结果的不完整性。

① 轮空。在单淘汰赛第一轮比赛中，当运动员（队）数少于号码位置数量时，没有安排运动员（队）的号码位置称为"轮空位置"；而没有比赛的运动员（队）则为"轮空"。

• 号码位置数的选择

采用单淘汰赛的竞赛办法时，应根据参赛的人（对、队）数，选择最接近的、较大的2的乘方数作为安排竞赛次序的号码位置数。

常用的号码位置数是：$2^4 = 16$；$2^5 = 32$；$2^6 = 64$；$2^7 = 128$，等等。

• 轮空数目的计算

当参加比赛的人（队）数不足号码位置数时，需要在第一轮比赛中设置一定数量的轮空位置，使参加比赛的人（队）数加上轮空位置数正好等于号码位置数，从而保证参加第二轮比赛的运动员人（队）数正好是2的乘方数，使第二轮以及随后各轮的比赛不再出现轮空。

轮空位置数 = 号码位置数 − 运动员人（对、队）数

• 轮空位置的确定

轮空位置应均匀地分布在各个区内。在种子和非种子运动员（队）之

间，种子优先轮空；在种子运动员（队）内部，序号在前的种子优先轮空。

轮空位置的号码，可从表 4.16 中查得。

表 4.16　轮空位置表

2	255	130	127	66	191	194	63
34	223	162	95	98	159	226	31
18	239	146	111	82	175	210	47
50	207	178	79	114	143	242	15
10	247	138	119	74	183	202	55
42	215	170	87	106	151	234	23
26	231	154	103	90	167	218	39
58	199	186	71	122	135	250	7
6	251	134	123	70	187	198	59
38	219	166	91	102	155	230	27
22	235	150	107	86	171	214	43
54	203	182	75	118	139	246	11
14	243	142	115	78	179	206	51
46	211	174	83	110	147	238	19
30	227	158	99	94	163	222	35
62	195	190	67	126	131	354	2

查表方法是：按轮空位置数目，依次（逐行由左向右）摘出小于比赛号码位置数的号码，此号码即为轮空位置号码。

例如，当有 50 名选手参加比赛时，就应将 64 作为此次淘汰赛的号码位置数，这样就有 14（64 - 50）个轮空位置。然后，从表 4.16 中找出 14 个小于 64 的号 —— 轮空号码，其出现的顺序是：2、63、34、31、18、47、50、15、10、55、42、23、26、39。又如，当出现 13 人参加比赛时，应选用 16 个号码，查表可知 2、15、9 这三个号码为轮空号码。因此，在制表时应特别注意，不安排运动员进这三个号码（见图 4.1）。

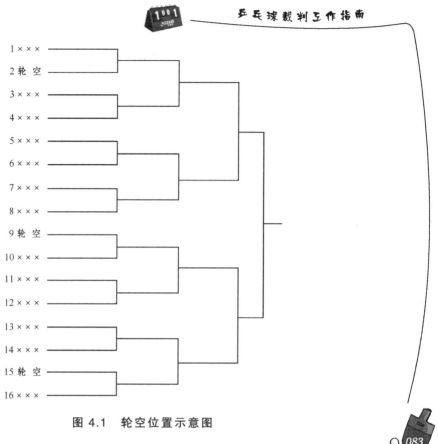

图 4.1 轮空位置示意图

② 抢号。如果在参加比赛的人（队）数稍大于 2 的某次乘方数的情况下安排轮空，则会导致空位太多，表格庞大，使用不便。在这种情况下，可不安排轮空，而采用"抢号"的办法。"抢号"就是在一个号码位置上同时安排两名（队）运动员，比赛的胜者抢得该号码位置，负者淘汰。经过一轮"抢号"比赛后，余下的运动员（队）数正好为 2 的某次乘方数。

• 号码位置数选择

在单淘汰赛中采用抢号的办法时，应根据参赛的人（队）数，选择最接近的、较小的 2 的乘方数作为号码位置数。例如，有 40 名运动员参加比赛时，应当选用 32 个号码位置数。

• 抢号数目的计算

抢号位置数 = 运动员人（对、队）数 – 号码位置数

例：40 名运动员参加比赛，抢号数 = 40 – 32 = 8。

• 抢号位置的确定

如果有 12 名运动员参加单淘汰赛，从分别采用抢号和轮空时的情况便

可以看出："抢号"和"轮空"丝毫没有实质性的区别，仅仅是在处理的技术方法上有所不同。

因此，抢号位置的号码可直接从"轮空位置表"中查得，只是抢号位置号码所使用的比赛号码位置数是比赛轮空位置号码时的低一次幂的乘方数。例如，136 人参加比赛，当选用 128 个号码位置数时，就有 8 个抢号位置；从"轮空位置表"中依次摘出小于 128 的 8 个号码——2、127、66、63、34、95、98、31，这 8 个号码即为抢号位置号码。

③ 附加赛。附加赛的比赛方法是：每一轮中的胜者与胜者、负者与负者之间进行比赛，直至排出竞赛所需要确定的名次顺序为止。例如，竞赛要求排出前 8 名运动员的名次顺序，在前 8 名运动员中安排附加赛，其比赛次序排法则如图 4.2 所示。

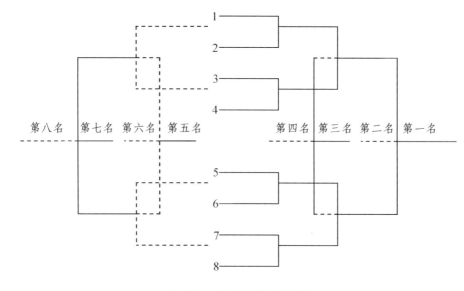

图 4.2 附加赛比赛次序

第三节 循环赛与淘汰赛的组合

"循环赛结合淘汰赛"是将单循环赛和单淘汰赛两种基本竞赛办法相结合而产生的一种竞赛办法。在乒乓球竞赛中，循环赛与淘汰赛相结合的竞赛形式主要有以下两种。

一、先循环后淘汰

采用"先循环后淘汰"竞赛办法的整个竞赛可分为两个阶段：第一阶段，先将参加比赛的队（运动员）分成若干小组，然后分组进行单循环赛；第二阶段，由各个小组同名次的队（运动员）进行单淘汰赛，决出部分或全部名次。这种竞赛办法，不仅可以有效地控制整个竞赛总量和各队（运动员）的比赛强度，而且能使竞赛在最后阶段逐步推向高潮。

例如，有60个队参加比赛。第一阶段，将其分成8个小组进行单循环赛；第二阶段，由各个小组的第1、第2名共16个队进行单淘汰赛，决出第1~8名。

二、先淘汰后循环

采用"先淘汰后循环"竞赛办法时，先用单淘汰赛的办法将大多数或绝大多数的队（运动员）淘汰，再在剩下的少数优秀队（运动员）中进行单循环赛。

这种竞赛办法，既可使少数优秀队（运动员）得到更多的锻炼，又有助于更好地对他们进行选拔。

例如，有127名运动员参加比赛。先进行4轮单淘汰赛，剩下8名运动员；然后，这8名运动员再进行单循环赛。

循环赛结合淘汰赛的竞赛办法，可以充分发挥单循环赛和单淘汰赛各自的优点，使竞赛形式更为丰富，使竞赛办法更为实用，因而这一竞赛办法在体育竞赛中得到了极为广泛的应用。但必须指出的是，循环赛结合淘汰赛的竞赛办法，虽然具备了单循环赛和单淘汰赛的优点，但也并存了他们的缺陷。因此，在实际应用中仍需采用相应的措施去克服这些缺陷。

第五章　乒乓球比赛的组织

第一节　乒乓球比赛的抽签

我们知道，单淘汰赛有很强的机遇性，因而必须采用"抽签"的办法确定竞赛次序，以"机遇"对付机遇性，使运动员（队）在无法消除的强机遇性面前有均等的"机遇"，以保证竞赛公平、合理。乒乓球的抽签不是完全随意的、无条件的，而是要采用"控制"的手段，保证达到"种子选手按种子序号合理分开，使之最后相遇；同单位队员按技术序号合理分开，使之最后相遇"两点基本要求。完全随意的抽签办法，是不可能保证抽签要求达到的；而过多地、不必要地进行控制，又会使抽签失去意义。抽签工作的任务，就是在保证达到乒乓球竞赛规则对抽签的两条基本要求的前提下，使每个运动员（队）在抽签过程中获得最大限度的"机遇"。

乒乓球竞赛的抽签，是一项难度很大的工作。因此，我们必须深刻理解抽签的理论，全面知晓抽签的方法。

一、抽签的准备工作

抽签准备工作做得充分与否，直接关系到抽签工作的成败。乒乓球抽签的准备工作主要有掌握报名情况，确定竞赛办法，确定号码位置、轮空位置或抢号位置，确定种子数量、名单、序号和位置，研究抽签方案，准备抽签用具，组织抽签班子，进行抽签实习等。

（一）掌握报名情况

接到报名单以后，我们首先应依据规程的规定对其认真进行审核，看其是否符合竞赛规程的规定。其中包括对报名资格审查，人数、项目核查，报名单排列顺序，等等。然后，汇总参赛的总人数和对数（双打），以便最终确定具体的抽签方案和编排方法。从汇总报名单上，要能清楚地看出每个参加单位在各个比赛项目中的队数、人数和对数，以及参加各个比赛项目的总队数、总人数和总对数。

（二）研究抽签方案

在核实了报名情况、明确了竞赛办法、选定了号码位置、解决了种子设置等问题的基础上，我们还要进一步研究各竞赛项目的具体抽签方案。在考虑抽签方案时，应认真分析矛盾，摸清规律，力求使抽签方案制订得科学、合理。

1. 确定抽签方法

根据各竞赛项目所采用的竞赛办法和各参赛单位的运动员人（对）数情况，可以采用不同的抽签方法。

（1）循环赛的抽签方法。乒乓球竞赛的团体比赛项目，通常采用分阶段循环赛的竞赛办法。这种竞赛办法的抽签比较简单，一般采用"直接分组定位"的抽签方法，即采用一次性抽签，将种子队和非种子队直接确定到各个组内。

（2）淘汰赛的抽签方法。乒乓球竞赛的单项比赛，通常采用单淘汰赛的竞赛办法。这种竞赛办法的抽签较为复杂，一般采用"先分区后定位"的抽签方法，即先采用一次性抽签，将各参赛单位的运动员分到号码位置的各个"区"内，使每个"区"内原则上达到每一单位只有1名（对）运动员（个别单位可能有2名或2对运动员）；在此基础上，再采用一次性抽签，将各个"区"内的运动员确定到具体的号码位置。

2. 确定抽签顺序

确定抽签顺序，可采用多种处理办法。既可以按参赛单位的人数和种子多少排列抽签顺序，又可以按参赛单位名称的笔画多少或字母顺序排列抽签顺序，还可以采用抽签的办法临时决定抽签顺序，等等。在通常情况下采用的办法是按报名的先后次序排列抽签顺序。这种办法有助于激励各参赛单位及时报名。

（三）准备抽签用具，进行抽签实习

1. 抽签用"签卡"

"签卡"可用一面有图案、一面空白的卡片制作。"签卡"有两大类：

一类是"名签"，一类是"号签"。名签和号签分别使用两种不同颜色的卡片。名签用于书写运动员姓名（种子运动员）、运动员的单位排列序号（非种子运动员）或参赛单位队名等；号签用于书写位置号、区号或组号等，如图 5.1 所示。

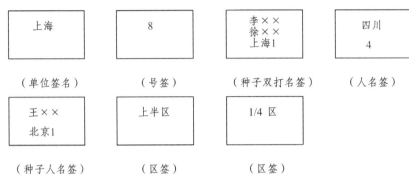

图 5.1　名签和号签

由于名签和号签的数量相当大，每个竞赛项目的队都各用自己的一套"签卡"，因而必须依照抽签的实际程序严格将其整理好，并在正式抽签前封存。

2. 分区控制表

在采用单淘汰的竞赛办法时，要根据实际抽签方法及参加竞赛的单位数和各单位的运动员人（对）数，绘制出相应的"分区控制表"（见表 5.1）。各个竞赛项目的分区控制表应专门制作，单独使用。在正式抽签前，表内各种符号和各项数字均应填好，并且核对无误。抽签完毕，应将抽签顺序填入表内。

表 5.1　分 区 控 制 表

抽签顺序			1	2	3	4	5	6	7	8	9	10	11	12	1/4 区				1/2 区			
1/2 区	1/4 区	号码													位置数	轮空数	固定数	机动数	位置数	轮空数	固定数	机动数
上半区	1	1～8																				
	2	9～16																				
下半区	3	17～24																				
	4	25～32																				

3. 抽签记录表

记录员应准备好各个竞赛项目的"抽签记录表"。在抽签时，应及时将抽签结果填入记录表中。抽签记录表不仅是编排竞赛次序的依据，而且是核对抽签结果的主要凭证。抽签记录表的设计应便于记录和核对。

由于抽签过程中可能会出现的某些变更和差错，因而需要准备一些抽签备用品。抽签备用品包括空白的签卡、分区控制表、抽签记录表、乒乓球竞赛规则，该次竞赛的竞赛规程，全部原始报名表与报名汇总表，种子名位及确定的依据，一些必需的文具用品等。

（四）确定竞赛办法

竞赛规程所规定的竞赛办法一般是原则上的。因为实际报名情况和比赛条件的变化与制订规程的主观设想常常会出现差距。如果规程对竞赛办法规定得太死板、太具体，就可能会给竞赛工作带来困难。正由于规程对竞赛办法的规定比较原则，因而更需要吃透规程的基本精神，并根据报名和比赛场地等情况，制定出具体的竞赛办法。

竞赛规程规定了"团体比赛采用分阶段循环赛的竞赛办法"，但对"如何划分阶段"一般不作具体规定。例如，有 45 个队报名参加男子团体比赛。根据比赛时间、场地设施等情况，应考虑采用三阶段单循环赛。第一阶段，将所有队分成 9 个小组，每组 5 个队，然后分组进行单循环赛；第二阶段，将在第一阶段比赛中获得同名次的各 9 个队再分成 3 个小组，每组 3 个队，然后分组进行单循环赛；第三阶段，将在第二阶段比赛中获得同名次的各 3 个队再分为为一小组，然后分别进行单循环赛，并排出 45 个队的全部名次。

（五）确定号码位置、轮空位置和抢号位置

采用单淘汰赛的竞赛办法时，需要确定比赛次序表的号码位置数。号码位置数应为 2 的乘方数。如果参加比赛的人（队）数小于或大于号码位置数，就应设置必要数量的轮空位置或抢号位置。轮空位置或抢号位置的号码，均可从"轮空位置表"中查得。

采用先循环后淘汰的竞赛办法时，第二阶段参加单淘汰赛的人（队）数，应尽量是 2 的乘方数。

（六）确定种子数量、名单、序号和位置

采用单淘汰赛的竞赛办法时，种子数目应为 2 的乘方数，一般在每 6 ~

12 人（队）中安排 1 名种子。种子名单和序号的确定，主要依据运动员（队）以往的比赛成绩。在考虑种子序号时，应以"分批"设置为宜。比如，需设 16 名种子，其序号不必从第 1 排到第 16，而应分批排列为：第 1 号、第 2 号种子，第 3 号、第 4 号种子，第 5～8 号种子，第 9～16 号种子。种子的位置号码，可以从"种子位置表"中查得。

采用分阶段循环赛和循环赛结合淘汰赛的竞赛办法时，需要根据实际报名的情况和具体竞赛办法确定种子的设置。一般的情况是按分组的数量设置种子，每组可设 1～2 名种子。

（七）组织抽签班子

抽签班子人员的多少，可根据竞赛的规模和级别而定。主要的工作人员及其职责分工情况如下：

（1）主抽人：是抽签工作的主要负责人，其掌握各种名签（队名签、人名签），组织实施抽签。由裁判长或副裁判长担任。

（2）号签员：掌握各种号签（区签、组签、位置签），配合主抽人进行具体抽签。

（3）控制员：掌握抽签控制表，记录种子进位和非种子进区情况，向主抽人提示对不同运动员所需进行的控制。

（4）记录员：正式记录各项抽签结果。

（八）进行抽签实习

竞赛无论规模大小，在正式抽签之前都必须进行抽签实习。通过实习，可以发现该项抽签的规律和抽签中可能发生的问题，以便及时分析研究，找出解决办法。

二、抽签的实施实例

（一）实例一：男子团体比赛

1. 抽签准备

（1）报名情况：45 个队。

（2）竞赛办法：三阶段单循环赛。第一阶段，将 45 个队分成 9 个小组，进行单循环赛；然后将第一阶段获得同名次的队各分成 3 个小组，进行第二阶段的单循环赛；将第一阶段获得同名次的各队，根据第二阶段的比赛成绩再行分组，并进行第三阶段的同名次单循环赛，然后决出全部名次。

（3）种子设置：9 个种子队；9 个副种子队。（种子队名和序号略）

2．实施抽签

（1）抽种子队。将第 1～3 号种子分别抽入第 1、4、7 组；将第 4～6 号种子分别抽入第 2、5、8 组；将第 7～9 号种子分别抽入第 3、6、9 组。

（2）抽副种子队。将 9 个副种子队一起抽入各个组内，每个组抽进 1 个队。

（3）抽非种子队。将 27 个非种子队一起抽入各个组内，每个组抽进 3 个队。

（4）抽比赛序号。将种子队定为各组的 1 号，将副种子队定为各组的 2 号。抽签决定非种子队在各组的比赛序号。

在团体比赛抽签分组时，号签员应根据主抽人的说明词，取出相应的组签，洗乱后摆放在桌面上（背面朝上）；主抽人同样将队名签洗乱，并随意盖放在摆好的组签上（背面朝上），然后依次揭开名签和组签，出示并宣布各队所抽进的组别。男子团体比赛的抽签程序到此结束，随即要对抽签结果进行复核、核对。

091

（二）实例二：男子单打比赛

1．抽签准备

（1）报名情况：A 队 7 人、B 队 6 人、C 队 5 人、D 队 4 人、E 队 3 人、F 队 2 人、G 队 1 人，共 7 个队、28 名运动员。

（2）竞赛办法：单淘汰赛。

（3）号码位置：选用 32 个号码位置。

（4）轮空位置：需设 4 个轮空位置，其位置号码是 2、31、18、15。

（5）种子设置：设 4 个种子。第 1 号种子 A_1，第 2 号种 B_1，第 3、4 号种子 C_1、A_2。种子位置号码是 1、32、17、16。

（6）分区控制表。

首先，用符号将运动员抽入抽签分区控制表中（见表 5.2）。

表 5.2　抽 签 分 区 控 制 表

抽签顺序			1	2	3	4	5	6	7	1/4 区				1/2 区			
1/2 区	1/4 区	号码								位置数	轮空数	固定数	机动数	位置数	轮空数	固定数	机动数
上半区	1	1～8	○	○	○	○				8	1	4	3	16	2	12	2
	2	9～16	○	○	○	○				8	1	4	3				
下半区	3	17～24	○	○	○	○				8	1	4	3	16	2	12	2
	4	25～32	○	○	○	○				8	1	4	3				

　　根据各队运动员人数的不同，可将运动员分为两种不同类型的选手：一个队中人数为 4 的整数倍的那部分运动员，称为"R"型选手；一个队中除了"R"型选手以外的其余运动员，称为"S"型选手。例如，有 8 名和 4 名运动员的队，全是"R"型选手；有 7 名运动员的队，其中有 4 名"R"型选手，3 名"S"型选手；有 6 名运动员的队，其中有 4 名"R"型选手，2 名"S"型选手；有 5 名运动员的队，其中有 4 名"R"型选手，1名"S"型选手；有 3 名、2 名和 1 名运动员的队，全是"S"型选手。"R"型选手用"○"表示，分别画入分区控制表的各个相应区的小格内。有 8 名"R"型选手的队，每个 1/4 区内画 2 个，有 4 名"R"型选手的队，每个 1/4 区内画 1 个。"S"型选手用"●"表示，将其画在 1/4 区或 1/2 区的交界线上。第三、第四两个 1/4 区的交界线和上、下两个半区的交界线上各画 1 个；有 2 名"S"型选手的队，在第一、第二两个 1/4 区的交界线和第三、第四两个 1/4 区的交界线上各画 1 个。只有 1 名"S"型选手的队，将其画在上、下两个半区的交界线上。

　　其次，计算出各区的机动数。

　　① 1/4 区机动数的计算。画入各个 1/4 区内的"R"型选手数，称为该 1/4 区的"固定数"。本例 28 名运动员中有 16 名"R"型选手，每个 1/4 区内各有 4 个固定数。各个 1/4 区的位置数减去该 1/4 区的轮空数和固定数，剩下的差数即为各个 1/4 区的"机动数"。本例中各 1/4 区的机动数均为 3，其和正好等于"S"型选手数。

　　② 1/2 区机动数的计算。1/2 区的固定数，包括该 1/2 区中两个 1/4 区内的"R"型选手数和 1/4 区交界线上的"S"型选手数。本例中上、下半

区的固定数均为 12。各个 1/2 区的位置数减去该 1/2 区的轮空数和固定数，即为各 1/2 区的机动数。本例中上、下半区的机动数均为 2，其和正好等于上、下两个半区交界线上的"S"型选手数。

2. 实施抽签

抽签过程分为种子运动员抽签和非种子运动员抽签两个部分。首先进行种子运动员抽签，然后进行非种子运动员抽签。

（1）种子运动员抽签。对种子运动员可分批抽签，一次"定位"。

首先，确定第 1 号和第 2 号种子的号码位置。第 1 号种子 A_1 进入 1 号位置；第 2 号种子 B_1 进入 32 号位置。

其次，确定第 3 号、第 4 号种子的号码位置。对第 3 号、第 4 号种子应采用抽签的办法分别将其抽入 16、17 号位置，如图 5.2 所示。

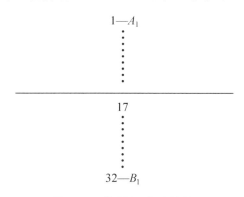

图 5.2　种子运动员抽签

由于 A_1 已进入 1 号位置，同单位的 A_2 应抽入没有 A_1 的另外一个 1/2 区，所以 A_2 不能进入 16 号位置，只能进入 17 号位置；C_1 也就只能进入 16 号位置。

至此，种子运动员的抽签结束。抽签结果如表 5.3 所示。

表 5.3　种子运动员抽签结果

上半区	1 号 16 号	A_1 C_1
下半区	17 32	A_2 B_1

在种子运动员抽签时，号签员应根据主抽人的说明词取出相应的号签，

洗乱后摆放在桌面上；主抽人取出种子名签，洗乱后随意放在号签上（一个号签上只能放一个名签），然后揭开名签和号签，出示并宣布抽签结果。

（2）非种子运动员抽签。非种子运动员的抽签分两步，先抽签"分区"，再抽签"定位"。

第一，抽签"分区"。

在非种子运动员的抽签分区时，"R"型选手的抽签与各区的机动数无关，抽"S"型选手时，凡确定 1 名 1/4 区交界线上的"S"型选手进入某个 1/4 区，均须将该 1/4 区的机动数减去 1；凡确定的 1 名 1/2 区交界线上的"S"型选手进入某个 1/4 区，均须将该 1/4 区以及 1/4 区所在的 1/2 区的机动数减去 1。当某区的机动数减为 0 时，剩下的"S"型选手就不能再抽进该区。

按照抽签顺序，逐队进行抽签分区：

抽 A 队。A 队有 7 名运动员。A_1、A_2 是种子运动员，已分别抽进第 1 和第 3 两个 1/4 区（以下凡 1/4 区均简称第 X 区；1/2 区则称上、下半区）。A_3、A_4 应分别抽入 A_1、A_2 所不在的第 2 和第 4 区，设 A_3 进入第 4 区，A_4 进入第 2 区。A_5、A_6、A_7 是"S"型选手。先将 A_5、A_6 分别抽入上、下两个不同半区的任何一个 1/4 区内，设 A_5 抽入第 3 区，第 3 区机动数减 1，尚剩"2"；设 A_6 抽入第 1 区，第 1 区机动数减 1，尚剩"2"；再将 A_7 抽入没有 A_5、A_6 的第 2 或第 4 区，设抽入第 2 区。第 2 区机动数减 1，尚剩"2"；上半区机动数亦减 1，尚剩"1"。至此，A 队抽签结束。

094

抽 B 队。B 队有 6 名运动员。B_1 是种子运动员，已抽进第 4 区。将 B_2 抽入上半区的任何一个 1/4 区内，设抽入第 2 区。B_3、B_4 抽入 B_1、B_2 所不在的第 1 和第 3 区，设 B_3 进入第 3 区，B_4 进入第 1 区。B_5、B_6 是"S"型选手，将其分别抽入上、下两个不同半区的任何一个 1/4 区内，设 B_5 抽入第 1 区。第 1 区机动数减 1，尚剩"1"；设 B_6 抽入第 3 区，第 3 区机动数减 1，尚剩"1"。至此，B 队抽签结束。

抽 C 队。C 队有 5 名运动员。C_1 是种子运动员，已抽进第 2 区。将 C_2 抽入下半区的任何一个 1/4 区内，设抽入第 3 区。C_3、C_4 抽入 C_1、C_2 所不在的第 4 和第 1 区，设 C_3 进入第 4 区，C_4 进入第 1 区。C_5 是"S"型选手，将其抽入任何一个 1/4 区内，设抽入第 2 区。第 2 区机动数减 1，尚剩"1"；上半区机动数亦减 1，降为"0"。至此，C 队抽签结束。

当某个 1/2 区机动数降为"0"时，主抽人应立即宣布：某半区机动数已满员，在随后抽签时，各单位在 1/2 区交界线上的"S"型选手不能再抽入该半区。

抽 D 队。D 队有 4 名运动员，无种子运动员。将 D_1、D_2 分别抽入上、下两个半区的任何一个 1/4 区内，设 D_1 抽入第 3 区，D_2 抽入第 1 区。D_3、D_4 抽入 D_1、D_2 所不在的第 2 和第 4 区，设 D_3 进入第 4 区，D_4 进入第 2 区。至此，D 队抽签结束。

抽 E 队。E 队有 3 名运动员，无种子运动员，且 3 名运动员都是 "S" 型选手。E_1、E_2 可分别抽入上、下两个不同半区的任何一个 1/4 区内，设 E_1 抽入第 2 区，E_2 抽入第 4 区。由于上半区的机动数已为 "0"，因而 E_3 只能进入下半区即 E_2 所不在的第 3 区或第 2 区、第 4 区。第 3 区机动数均减 1，下半区机动数亦减 1。至此，E 队抽签结束。

当某个 1/4 区机动数为 "0" 时，主抽人应立即宣布；某区的机动数已满员，在随后的抽签中，各单位的 "S" 型选手不能再抽入该区。

抽 F 队。F 队有 2 名运动员。无种子运动员，都是 "S" 型选手。将 F_1 和 F_2 分别抽入上、下两个不同的半区，设 F_1 抽入上半区，F_2 抽入下半区。第 2 区机动数已为 "0"，F_1 只能进人第 1 区，第 1 区机动数减 1，降为 "0"。第 3 区机动数已为 "0"，F_2 只能进入第 4 区。第 4 区机动数减 1，尚剩 "1"。至此，F 队抽签结束。

抽 G 队。G 队有 1 名运动员，是非种子运动员、"S" 型选手。此时，由于只有下半区的第 4 区剩 1 个机动数，因而 G_1 进入第 4 区。第 4 区机动数减 1，降为 "0"；下半区机动数亦减 1，降为 "0"。至此，G 队抽签结束。

非种子运动员抽签分区的结果如表 5.4 所示。

表 5.4 非种子运动员抽签分区结果

抽签顺序			1	2	3	4	5	6	7	1/4 区				1/2 区			
1/2 区	1/4 区	号码	A7（2）	B6（1）	C5（1）	D4	E3	F2	G1	位置数	轮空数	固定数	机动数	位置数	轮空数	固定数	机动数
上半区	1	1～8	○	○	○	○				8	1	4	3	16	2	12	0
	2	9～16	○	○	○					8	1	4	3				
下半区	3	17～24	○	○	○					8	1	4	3	16	2	12	0
	4	25～32	○	○	○					8	1	4	3				

在非种子运动员抽签分区时，号签员应根据主抽人的说明词取出相应的区签，洗打乱后摆放在桌面上；主抽人取出非种子名签，洗乱后随着盖放在某个区签上，然后揭开名签和区签，出示并宣布抽签分区结果。

第二，抽签"定位"。

在非种子运动员抽签"分区"之后，再用抽签的方法"定位"，即将运动员确定到各个具体的号码位置上。经过分区，在各个 1/4 区中，多数队只有 1 名运动员，少数队有 2 名运动员。在抽签"定位"时，必须先将同一单位的 2 名运动员分别抽入该 1/4 区的两个不同的 1/8 区的号码位置上，然后再将其余的运动员随意抽入剩下的各个号码位置上。

逐区进行抽签定位的步骤如下：

首先，抽第 1 区。第 1 区共有 6 名非种子运动员。

第一步，挑出在该区有 2 名运动员的单位的非种子运动员。他们分别是 A 队的 A_6（A_1 是种子运动员，已经定位），B 队的 B_4、B_5。

第二步，号签员将第 1 个 1/8 区的位置签洗乱后，摆放在主抽人桌面的左侧；再将第 2 个 1/8 区的位置签洗乱后，摆放在主抽人桌面的右侧。所有的号签均逐张分开放置，背面朝上。

第三步，主抽人先将 A_6 随意盖放在第 2 个 1/8 区的某一位置签上（因 A_1 在第 1 个 1/8 区），然后分别将 B_4、B_5 随意盖放在两个不同的 1/8 区的某一位置签上，以保证同单位的运动员分在不同的 1/8 区。

第四步，号签员将尚未盖放名签的位置签全部收起，重新合在一起洗乱，再逐张摆放在桌面上；主抽人将其余 3 名运动员的名签（C_4、D_2、F_1）洗乱后，随意摆放在各张位置签上。

第五步，主抽人逐张揭开名签和号签，出示并宣布运动员抽签定位的结果。

假设第 1 区的抽签定位结果如下：

号码位置	运动员
1	A_1（种子）
2	（轮空位置）
3	C_4
4	B_4
5	F_1
6	B_5

7	A$_6$
8	D$_2$

其次，抽第 2 区。第 2 区共有 6 名非种子运动员。采用与第 1 区同样的方法，先将 C$_5$ 抽入没有本单位种子运动员的另外一个 1/8 区，再将 A$_4$、A$_7$ 分别抽入两个不同的 1/8 区，最后将其余 3 名运动员分别抽入其他号码位置。

再次，抽第 3 区。第 3 区共有 6 名非种子运动员。采用与第 1 区同样的方法，先将 A$_5$ 抽入没有本单位种子运动员的另外一个 1/8 区，再将 B$_3$、B$_6$ 分别抽入两个不同的 1/8 区，最后将其余运动员分别抽入其他号码位置。

最后，抽第 4 区。第 4 区共有 6 名非种子运动员。第 4 区内各单位均只有 1 名运动员，因此，可直接将 6 名运动员一次性抽入号码位置。

至此，非种子运动员的抽签定位结束，男子单打比赛的抽签过程也到此结束。随后要对抽签结果进行复核、校对。

第二节　乒乓球比赛次序的编排

乒乓球竞赛的抽签，是根据实际报名情况和竞赛办法，按照竞赛规则提出的基本要求，采用机遇的办法，来排定参赛的运动队和运动员在竞赛中的位置。抽签结束后，每个运动队和运动员在各个竞赛项目中所处的位置便确定下来了。接下来就需要排出各个竞赛项目的竞赛次序。乒乓球竞赛编排工作的任务，就是将各个竞赛项目所要进行的全部比赛，科学、合理地安排在一定的时间内和一定数量的球台上，即确定全部比赛场次的日期、时间和台号，使整个竞赛有秩序地进行。

一、编排的任务和目的

（一）编排的任务

编排工作的任务是将各个项目所要进行的全部比赛，在一定的时间内，科学合理地安排在一定数量的球台上，按一定的次序进行比赛，也就是确定比赛的日期、时间、台号。

编排工作好比战役中的作战部署，编排方案会影响到运动队、裁判组、场馆、交通、住宿等各方面的工作。更重要的是，它在影响电视转播的同时，也影响着比赛的收益。编排工作的弹性是很大的，它是由裁判长根据各方面的情况和条件，用主观设想的方法来解决问题的。但其最终效果将由各方面的工作人员及其工作来综合检验。可见，编排工作十分重要，它是大会圆满完成的保证。

（二）编排的目的

（1）是为了考虑参赛者和观众的利益，最有效地利用时间和可供使用的球台。因此，在编排时，必须保证参赛者有一个较为合理的比赛时间表，在两场比赛间有足够的但又不过分的间歇，以便观众在他们方便的时间和情况下观看最精彩、最有趣、最感兴趣的比赛。编排的效率越高，能参加比赛的运动员就越多，完成比赛所用的总时间就越少。因此，科学、合理的编排，不但可以提高组织者在报名方面的收益，还可通过节省总比赛的天数来减少运动员食宿的开支。

（2）是为了考虑新闻媒体的需求。由于报纸有报道的截止时间，因而关键性的比赛不应该在一天中安排得太晚，以致比赛成绩赶不上当天报纸的报道。在可能的情况下，还必须将特别的比赛安排在能进行电视转播的时间以及特别的球台上进行。

特别需要说明的是，编排也常常用电脑来进行，因为电脑非常有助于计划的制订。然而，我们必须认识到，由于电脑没有人脑灵活，在编排时它不可能全面地考虑问题，也不会选择可能精彩和观众感兴趣的比赛，因此电脑编排可能没有人工编排好。例如，电脑不会预测到 A 和 Z 之间的比赛是一场精彩的比赛，因此，应该尽可能地将其安排在有尽可能多的观众观看比赛的时间和地点进行比赛；而 C 和 Y 之间的比赛可能是平淡无奇的比赛，因此，应该将其安排在不引人注目的地方以及在观众较少的时间段进行比赛。但电脑的对于那些需要多次重复的工作，办公效率高，且不容易出错，所以裁判长在条件允许的情况下应尽量使用电脑。那些必须注意的特殊情况和必须在特定时间、特定球台进行的比赛则要通过人工进行调整，以保证编排方案的合理和完美，使之尽量符合现场观众、电视观众和新闻媒体的要求。

裁判长应该充分了解编排的原则，至少在必要时能对电脑的编排方案进行修改。在不能使用电脑或使用电脑的结果不能令人满意时，必须由裁判长进行人工编排或人工调整。

二、编排工作的基本要求

乒乓球竞赛编排工作的基本要求是：符合竞赛规程的各项规定；竭力保证参赛各方机会均等；保持合理的比赛强度；努力适应观众的要求；科学合理地使用场馆；注意安排好各项决赛；节约竞赛的经费开支，从而有利于保证整个竞赛工作的顺利和成功。

1. 符合竞赛规程的各项规定

竞赛规程所规定的竞赛办法，是进行编排工作的基本依据，编排方案必须完全符合竞赛规程的各项规定。

2. 竭力保证参赛各方机会均等

对参赛的各运动队和运动员，无论其实力强弱、水平高低，都应一视同仁。在比赛进度、比赛强度、比赛场馆、比赛球台、比赛时间等方面的安排上，要力求机会均等。

3. 保持合理的比赛强度

在单项比赛中，未经运动员本人同意，不得在一天内安排其参加超过7场的七局四胜的比赛；不得在4小时一节的比赛中安排5场以上的五局三胜的比赛；不得在5小时一节的比赛中安排3场以上七局四胜的比赛。在团体比赛中，未经参赛队长同意，不得在一天的比赛中安排一个队超过3次的团体比赛。但由于编排方案仅仅是比赛前组织人员关于比赛的组织方案，而比赛本身又有许多东西是无法预测的，因此，在编排时一定要注意以下几点：

（1）由于比赛前对每个运动队和运动员在比赛中可能取得的成绩、对每一场比赛的胜负结果无法预料，因此不应以主观判断作为确定一天或一节比赛最大极限量的根据，而应立足于任何队、任何运动员在每个项目的每次比赛中均有可能获胜，并以这样的原则来确定运动队和运动员的最大极限量。否则，就有可能出现某个队、某个人、某对双打运动员在一天的比赛量超过规程规定的最大极限。

（2）除非比赛场馆离运动员驻地的路程在步行10分钟以内，否则运动员一般在比赛的间歇时间都留在比赛场馆内。因此，运动员在比赛场馆内的时间就是比赛时间加上等待比赛的时间，甚至还有等待车辆回驻地的时间。但是，无论如何，运动员在比赛场馆内都不能得到较好的休息，拖的时间过长会加重运动员的疲劳，甚至影响运动员的比赛成绩。因此，一个较好的编排方案应该是尽量降低运动员在比赛场地的停留时间。方案的效率可用下面的公式检验：安排效率＝运动员在场地的停留时间/运动员的比赛时间。运动员的安排效率值越小，说明比赛的编排方案搞得越成功。因此，组织者应尽量减少所有参赛运动员的安排效率值，并尽量让所有运动员的安排效率值接近，以保证比赛的公平、合理。例如，一名运动员在早上8点、11点，下午14：30、16点都有比赛，如果驻地离比赛场馆较远的话，这名运动员有可能整天都停留在比赛场馆中，从而造成运动员体力的浪费。因此，比赛组织者应尽可能地想办法在保证运动员不连场、重场的情况下，将运动员的比赛集中安排，以确保运动员能够得到较好的休息。相反，运动员来到比赛场地后，应在规则允许的范围内尽可能地让运动员多赛几场。因为，如果比赛场馆离运动员驻地较远的话，运动员在路上因交通等问题可能停留的时间较长，这不仅会影响运动员的体力，而且会给运动员的精神带来较大的损耗；如果比赛场馆发车较少，运动员无论有多少场比赛都必须一同出发、一同返回，这就造成运动员更大的精神损耗和体力的浪费。比如，一个运动员参加男子单打比赛，比赛采取小组循环赛，本组有运动员4名，比赛组织者最好的办法是让运动员在一个单位时间内，在不违反规则的情况下，尽快地将比赛打完，以避免运动员不必要的体力和精神损耗，保证运动员技术水平的正常发挥。但如果将比赛安排在不同的时间段，运动员就会因增加车程而造成体力和精力的损耗。总之，如果有可能，运动员驻地应尽可能地靠近比赛场馆，从而既给比赛组织者创造更大的编排空间，也能更好地保证运动员的休息时间，确保运动员在比赛中正常发挥水平。

（3）在乒乓球比赛中，由于大部分运动员都不会只参加一项比赛，可能在男女双打或混合双打中形成不同的组合，且不同项目要分别抽签，因而运动员在各个项目中就会处于极为分散的状态。因此，我们在编排时就不能存在侥幸心理，将同性别的单打和双打、男女单打和混合双打、男女双打和混合双打安排同时进行比赛，或连续进行比赛。如果这样编排，就有产生连场和重场的可能性。同时，连续比赛的场次越多，连场和重场的概率也就越大。因此，这类编排在乒乓球比赛中应该禁止。如果实在无法避免，也必须尽量减少比赛的场次，并进行必要的补救。为了减少产生连场的概率，首先应选择接单打比赛，而不是双打比赛；其次，由于接单打比赛连场的可能性最多只有两场球，因此，用八张球台的本次比赛，可采用下面的方法进行编排：

13：40　　混双决赛

14：30　　女单第 3 轮 1 至 8 台

15：10　　女单第 3 轮 1 至 6 台

这样，即使有两场单打与参加混双决赛的运动员相同，会出现连场，也可让运动员休息一场，在 15：10 再开始比赛，从而较好地解决了与混双决赛衔接的问题。

此外，由于同样的原因，在安排单项比赛时，对于有同一性别运动员参加的比赛，应按照竞赛规程的规定安排比赛量，以保证任何人抽入任何位置都不会出现一天的比赛量超过国际比赛的编排惯例。但目前国际竞赛规程中关于一天比赛的量已无明确规定。

（4）团体赛的编排也很重要。由于规程规定团体比赛应在单项比赛之前结束，因此运动员最好在团体比赛结束和单项比赛开始之间休息一天。团体比赛的编排虽然看似非常简单，绝对不会出现重场的现象，但如果编排不当，依然可能出现连场的情况，特别是在运动员性别单一的团体比赛中。如果比赛是男、女团体比赛，虽然有条件可以同时进行男、女团体比赛，而且这样的比赛由于观众能同时看到男子团体和女子团体比赛，精彩的比赛可能分布较均匀，赛场的气氛比较活跃和丰富，但由于各个球台比赛结束的时间可能相差较大，两个水平较高且接近的队进行比赛可能比水平悬殊的队比赛用时长 1～2 个小时，那么就可能产生不必要的连场，甚至出现重场的现象。因此，最好不要这样进行编排，而应将男、女团体比赛间隔进行：先进行男子团体比赛或女子团体比赛，再进行女子团体比赛或男子团体比赛，比赛依次序轮流进行。例如：

9：00　　　女子团体比赛

10：30　　　男子团体比赛

14：00　　　女子团体比赛

15：30　　　男子团体比赛

在一般情况下，这样的安排也可解决男、女团体只有一个教练的问题。

（5）如果比赛的场地不止一个，则应尽量避免一名运动员在较短的时间内在两个赛场均有比赛；如果两个赛场的距离较远，在一节比赛的时间内，不应让运动员在两个赛场均有比赛，以免因交通问题而耽误比赛，给比赛组织者带来不必要的麻烦。

4. 努力适应观众的要求

目前比赛的观众可分为电视观众和现场观众，编排人员主要应考虑现场观众。

（1）每一节比赛中都应安排优秀运动员比较"精彩"的比赛，而且应尽可能地将精彩的比赛分散安排在不同的时间段和不同的球台上，以照顾全场的观众；尽量避免将"精彩"的比赛都安排在比赛的同一个时间段。虽然随着比赛进程的延续，各球台同一时间的比赛也可能不会同时开始，但如果让"精彩"的比赛同时进行，就会造成让观众"目不暇接"的局面。相反，如果比赛的球台只有一张，在观众较多的时间段则应尽量不安排乏味的比赛。否则，一场低水平的比赛，将使观众失去兴趣。这样不仅效果不好，而且还有可能失去后几天比赛的观众。

（2）在一节比赛中要防止"清一色"，即只有男运动员或女运动员的比赛。因为到场的观众每个人的兴趣不同，观看比赛的目的也不相同。因此，在编排时，应考虑大多数观众的利益，尽量多地安排不同运动员、不同项目的比赛，以满足大多数观众的要求。但是，由于混合双打易产生"连场"的问题，因而其不宜与单打和双打衔接进行，更不能同时进行，否则将会造成"连场"或"重场"，违反编排原则。所以，混合双打应该单独安排在观众比较少的时段。

102

（3）应在晚上和节假日多安排一些重要的和精彩的比赛，特别是东道主的比赛。如果比赛时间较长，则最好不要将最精彩的比赛安排得太晚。因为，由于交通意外等情况，许多观众也许需要提前退场，而提前退场就不可能看到最精彩的比赛。这样的矛盾如果处理不当，就会使观众产生不满情绪，从而降低他们观看乒乓球现场比赛的兴趣。

（4）要防止发生全场"空场"的现象。如果有可能，尽量不要在场地上仅设一张球台，因为如果只有一张球台，那么一旦比赛发生什么情况，裁判长需要临时暂停比赛时，就会出现"空场"的现象。另外，由于观众过分关注球台上发生的事情，而许多观众可能并不熟悉规则，因而一旦发生什么事情，就会造成不必要的麻烦。而且，如果只有一张球台，在两场比赛之间的衔接时间，不管发生什么情况，都会出现"空场"的现象。而一场球台的比赛，无论什么原因，只要比赛出现延迟，都会使该节比赛的时间延迟。一旦比赛结束时间拖后，就不仅会给运动员、教练员带来不必要的麻烦，而且还会给现场的观众和比赛的组织者带来不必要的麻烦。如运动员、教练员连场时间过长，造成过量的体力消耗；比赛时间过长，影响了开放时间；比赛拖到了下节比赛开始的时间，本场比赛的观众还没退席，下一场比赛的观众又都到达场地，等等。

（5）目前，电视转播费用已成为比赛收入的主要组成部分，也是赞助商们投资主要考虑的因素之一，特别是对一些国际比赛的电视转播。国际比赛时需要转播的电视台并非来自同一国家，各个国家的观众口味也不相同，欣赏的明星也不尽相同，一般情况下他们都欣赏本国的运动员。例如，2004年在北京海淀体育馆举办奥运会亚洲区预选赛时，日本电视台每天都要求在日本的黄金时间播放有日本运动员福源爱参加的比赛，而这样的比赛大多需要临时调整比赛的时间和球台。要临时调整比赛的时间和球台，一般都要涉及比赛对手、原时间和原球台的运动员，而通知这些运动员又有一定的困难。如果在运动员到达比赛现场后再通知运动员的话，一旦运动员不同意调整比赛的时间、地点，就会给比赛的组织者带来经济上的损失。因此，每个裁判长都必须尽量处理好类似的问题。从目前来看，最好的办法就是在比赛场地设置1~2张备用球台，以备不时之需。此外，电视转播者和现场观众最大的区别就是：现场观众希望比赛连续不断地进行，而电视转播者则希望比赛之间有一定的时间间隔，以便能够有充分的时间插播广告，因为没有广告，就不会有收益。目前，对于国际上的比赛，在编排时一般宁愿将比赛的时间安排得紧凑一点，使比赛稍微推迟一些，以便使下一场的运动员都能达场地，等待比赛，也不愿意将比赛的时间安排得较松散。因为如果时间安排得松散，那么第一，相对地需要更多的比赛总时间，且会因此延长运动员、教练员、裁判员等人员的食宿时间，进而增加比赛经费；第二，比赛已经结束，但由于下一场的运动员还没有到达比赛现场，或下一场的运动员虽已到达比赛场地但不愿意提前开始比赛，因而会出现"空场"的现象。

 103

（6）防止出现"一头沉"的现象，即精彩的场次和早结束的球台全集中在场地的一侧。现在的编排大多数是在抽签之前进行，即使是在抽签后进行，也不可能完全预料到比赛的全部进程，特别是在比赛中常会有"黑马"出现。一旦出现这种情况，临场的裁判长应有预见地临时调动比赛球台，以照顾观众的情绪。

5. 科学合理地使用场馆

（1）球台的放置应有一定的科学性。比赛开始时，一般一个场地都应尽可能多地放置球台。球台放置时应注意：便于观众观看；便于运动员参加比赛；便于裁判员工作。例如，放置球台时，应尽量避免端线对端线的放置方法。因为这样放置容易使运动员把球打到相邻的比赛场地内。而根据规则，一旦外界球入场，裁判员应暂时停止比赛，待外界球出场后再恢复比赛。这不仅会造成比赛时间的不必要浪费，而且容易影响运动员的比赛和裁判员的工作。随着比赛的延续、运动员的减少，球台也需要不断地减少，但不应该使球台的数量经常发生变化，特别是不应该使球台突然发生变化。即使一定要调整球台的数量，也应事先将球台的变动情况报告场馆工作人员，以便事先准备好比赛场地。因为在变化球台时，不仅要花较多的时间搬运球台、调整球台，而且在此过程中也可能造成球台、球网和地板的损坏。因此，应有规律地变化球台数量，但在球台的数量暂时减少时，只要不影响比赛、不影响观众、不影响电视转播，就可以不改变比赛场内球台的数量。

（2）两节比赛的间隔时间应比较充分，特别是有观众的比赛，因为观众退场和进场都需要一定的时间。否则，上一场的观众还没有退场，下一场的观众就已在体育馆外等候，这样不仅拖延了观众退场、进场的时间，而且也容易造成退场和进场秩序的混乱和交通的拥堵。

目前，大多数国际比赛都将一天的比赛分为两节：第一节上午 10 点开始至下午 4 点左右结束，中间不休息，工作人员轮流吃盒饭；第二节晚上 7 点左右开始至 11 点前结束。

（3）在编排时，应避免尽可能多地使用球台，应在必要时交替使用部分球台或留下 1～2 张球台机动，以确保比赛及时结束。

（4）一次竞赛应充分考虑比赛和食宿的方便，最好将比赛的所有场次安排在一个场地进行。如果参赛运动员过多或比赛场馆不够大，则应尽量将比赛的大部分场次或主要场次安排在主场馆进行；如果同时进行比赛的场地之间的路程（徒步）超过 10 分钟的话，运动员就应该集中食宿；一次比赛如果是在没有中心场地的多场馆进行，且运动员的食宿又较分散的话，那么这对于比赛组织者来说将是一种考验，无论如何都应尽量避免这种情况发生。

6. 注意安排好各项决赛

（1）在重大比赛前，主办协会都会收到比赛指令，比赛指令中一般都较详细地指出了各个项目决赛的具体时间。比赛指令一般包含每个具体比赛项目的日期和时间，而这些具体的日期和时间都是和赞助商签好合同的，因此，决赛应严格按照比赛指令的要求进行。

例如，世界锦标赛混合双打的决赛一般都安排在比赛结束前的倒数第三天晚上；男子双打和女子单打的决赛安排在倒数第二天晚上；男子单打和女子双打的决赛安排在最后一天的晚上。这样既可以防止比赛安排发生"清一色"的现象，又可以避免比赛中出现"连场"和"重场"的情况。

（2）如果是没有比赛指令的比赛，应根据情况进行安排，在一般情况下，都应将团体比赛的决赛和单项比赛的决赛分开进行。决赛的时间应安排在观众最多的时段，一般情况下应该在晚上（但有的组织者希望在比赛结束时的那个晚上）。如果承办单位组织招待晚宴，那么决赛也可以安排在节假日的下午进行。

（3）如果比赛的时间的确很紧，五个单项的决赛必须在同一个晚上进行，那么比赛的编排就必须做到紧凑，且又不能"连场"。最好的办法是在次序册上仅仅写出决赛的日期和总的开始时间，而不标出具体的时间和台号。这样可以在五个单项比赛都打完半决赛，具体知道参加决赛的名单时，再排定具体的时间和台号，并在决赛前临时通知各个参赛队和参赛队员。一般来讲，双打决赛不如单打决赛精彩，同一单位（协会）的两名（对）运动员决赛不如两个不同单位（协会）的两名（队）运动员决赛精彩，两名（对）外单位（协会）运动员决赛不如一名（对）本单位（协会）运动员与一名（对）外单位（协会）运动员决赛精彩，女子项目的决赛不如男子项目的决赛精彩，有大家喜爱的明星决赛比没有的更能调动观众的情绪，会让观众感觉更精彩一些。因此，裁判长可以根据具体的情况，拟定一份决赛节目单，以保证决赛的顺利完成。

（4）在单项决赛中，如果有条件，则应将混合双打的决赛提前到比赛结束前一天晚上进行。因为从理论上讲，参加混合双打决赛的运动员，有可能也是参加其他四个单项比赛决赛的运动员，因而有可能发生"连场"的现象。一般的安排是晚上7：00进行女子双打决赛；7：40男子双打决赛；8：20女子单打决赛；9：00男子单打决赛。如果安排了电视转播，上述决

105

赛的时间就太短了，一般应安排 1 小时左右，以避免喜欢观看某一项比赛决赛的电视观众，按电视台预报的时间打开电视机时，所看到的比赛是其他项目的决赛。但如果每个单项的决赛都安排 1 小时，那么四个单项的决赛就需耗费 4 个小时；如果赛后还有颁奖仪式，那么就会使人感到时间太长了。况且，时间拖得太晚，对观众、组织者和新闻媒体都有一定的影响。如果出现这样的情况，决赛最好设两张球台，在能够避免连场时同时开始比赛，这样可以使比赛更紧凑、精彩、丰富。在无法避免"连场"时，两张球台可以轮流进行比赛，因为并不是所有的运动员都希望休息的时间越长越好，大多数运动员都不希望休息的时间太长，因为那样必须重新进行准备活动。有了第二张球台，当运动员感觉体力基本恢复、可以开始比赛时，组织者就比较主动，可以马上开始比赛，从而达到了压缩总比赛时间的目的。

7. 节约竞赛的经费开支

竞赛编排直接涉及竞赛的交通、场地等各个方面，因此，编排方案要尽量减轻交通压力，科学使用比赛场馆，采取各种有效措施节约竞赛的经费开支。

三、编排工作的主要内容

根据编排工作的任务和基本要求，编排工作的主要内容包括：设计编排方案、编排竞赛次序、编制比赛次序表、检查编排结果等。

（一）设计编排方案

设计编排方案，最重要的是搞好整体设计。在整体设计中，要妥善处理好各种矛盾，努力防止片面性。

1. 拟定竞赛日程

确定一个编排方案，首先是根据竞赛办法、比赛天数、球台数量，以及需要比赛的轮数、场数等情况，考虑整个竞赛的日程安排。

2. 安排比赛场次

根据排好的竞赛日程，将各个竞赛项目的全部比赛场次，合理地安排到每节比赛中去。在考虑各节比赛的场次安排时，可采用"表格式图案"进行方案设计。

在团体比赛中，可以采用一节比赛时间在一张球台上安排一场男子团体赛和一场女子团体赛的编排方法，也可采用一节比赛时间在一张球台上安排两场男子团体赛或安排两场女子团体赛的编排方法。男、女团体决赛应单独安排一节比赛时间，而不要与其他比赛同时进行。

在单项比赛中，要尽可能避免出现比赛"清一色"的情况。除混合双打比赛的连场问题较难解决，可以考虑在观众较少时单独安排一节时间，集中突击掉几轮比赛以外，每节比赛应注意合理安排男、女项目和单、双打项目，使比赛内容丰富多彩。五个单项的决赛应单独安排一节比赛时间进行；考虑到"连场"问题，也可以将混合双打决赛放在单、双打决赛的前一天晚上进行。

（二）编排竞赛次序

编排方案确定之后，就可以采用代号具体编排竞赛次序，即排定各场比赛的时间和台号。编排时，可用"A、B、C、D"等英文字母代表各参赛队，可用"Ⅰ、Ⅱ、Ⅲ"罗马数字代表比赛轮数，可用"1、2、3"等阿拉伯数字代表比赛场数。一旦抽签结束，即可用队名和人名替换代号。

1. 团体比赛的编排

在一节比赛时间中每张球台上安排男、女团体赛各一场，且各节比赛互相衔接的情况下，为了避免在两节比赛之间出现"连场"或"重场"现象，一般采用先女后男的编排方法，即每节比赛、每张球台一律"先女后男"，而不宜采用男、女项目交叉搭配编排方法。

在一节比赛时间中一张球台上安排两场男子团体赛或者两场女子团体赛，且各节比赛互相衔接的情况下，要注意避免出现前一节比赛在第二场，而后一节比赛在第一场的"连场"现象。

2. 单项比赛的编排

在一节比赛时间中安排有若干个竞赛项目时，为了防止"连场"，可采取男、女项目交叉和同项目同轮次衔接的编排方法。

无论是单打之间、双打之间或是单双打之间，只要男、女交叉编排，就不会出现"连场"。比如：

8：30　　　女双

8：50　　　男双

9：10　　　女单

9：40　　　男单

10：10　　　女双

10：30　　　男双

10：50　　　女单

11：20　　　男单

同项目同轮次比赛自我衔接，也不会造成"连场"。比如：

8：30　　　女单（第三轮）

9：00　　　女单（第三轮）

9：30　　　男双（第二轮）

9：50　　　男双（第二轮）

10：10　　　女双（第一轮）

10：30　　　女双（第一轮）

10：50　　　男单（第四轮）

11：20　　　男单（第四轮）

在一节比赛时间中，如果既有混合双打项目又有其他项目，那么混合双打比赛无论是和男、女项目还是和单、双打项目衔接，都有可能出现"连场"。因此，在编排竞赛次序时，混合双打比赛应挤靠两头，或者安排在一节比赛的开始，或者安排在一节比赛的末尾；混合双打比赛的场次应相对集中，不宜断断续续进行，要避免连续接双打项目，以减少"连场"几率。

（三）编制次序表

各个项目的竞赛次序编排好后，应将编排结果过渡到比赛次序表中。比赛次序表是次序册中最主要的内容。

1. 团体比赛次序表

团体比赛的基本方法是单循环赛，而单循环赛通常采用坐标式次序表，示例见表 5.5 和表 5.6。

表 5.5　男子团体比赛次序表

	1	2	3	4	5	积分	胜负比率	名次
1	☆							
2	11009 20 日② 10：30	☆						
3	11007 19 日① 13：30	11004 18 日① 15：00	☆					
4	11005 19 日① 9：00	11008 19 日② 13：30	11002 18 日② 10：30	☆				
5	11003 18 日② 15：00	11001 18 日① 10：30	11006 19 日② 9：00	11010 20 日① 10：30	☆			

表 5.6　比赛节目单

时　　间	1 台	2 台
18 日 10：30	11001	11002
18 日 15：00	11004	11003
19 日 9：00	11005	11006
19 日 13：30	11007	11008
20 日 10：30	11010	11009

2. 单项比赛次序表

单项比赛的基本方法是单淘汰赛，单淘汰赛的比赛次序表式样见表 5.7。

表 5.7 男子单打比赛次序表

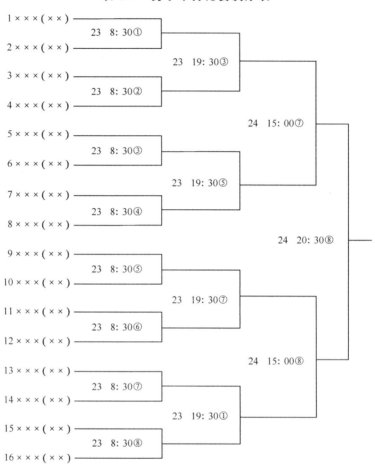

（四）检查编排结果

编排工作完成以后，须全面进行检查。检查编排方案是否完全符合竞赛规程的各项规定；检查参赛各方有无明显的机会不均等现象；检查各运动队和运动员的比赛强度是否适当；检查是不是较好地适应和满足了观众的要求；检查对场馆的使用情况是否科学合理；检查编排方案是否有利于节约经费开支等。

竞赛次序一经确定，必须迅速编印出该次竞赛的竞赛秩序册，以保证整个竞赛工作的顺利进行。

三、编排工作的具体实施

实例：

竞赛项目：男子团体、女子团体、男子单打、女子单打、男子双打、女子双打、混合双打。

报名情况：男子团体，16 队；女子团体，16 队。男子单打，64 人；女子单打，64 人。男子双打，32 对；女子双打，32 对。混合双打，32 对。

竞赛办法：团体比赛，均分为两阶段进行。第一阶段分 2 个小组，每组 8 个队进行单循环赛；第二阶段由各组的相邻两个名次的队进行交叉淘汰，排出全部名次。单项比赛，均采用单淘汰赛。

比赛日期：5 月 1 日～5 月 8 日，共 8 天。

球台数量：8 张。

比赛场馆：1 个。

（一）拟订竞赛日程

首先计算出各个竞赛项目的轮数和场数。

男子团体赛 16 个队，第一阶段先将其分成 2 个小组，每组 8 个队进行单循环赛，每组计 7 轮 28 场，2 组合计 7 轮的 56 场；第二阶段交叉淘汰，第一轮 8 场，第二轮 8 场，合计 2 轮 16 场。两阶段总计 9 轮 72 场。

女子团体赛的轮数和场数与男子团体赛相同。

男子单打 64 人，计 6 轮 63 场；女子单打 64 人，计 6 轮 63 场。男子双打 32 对，计 5 轮 31 场；女子双打 32 对，计 5 轮 31 场。混合双打 32 对，计 5 轮 31 场。单项比赛总计 219 场。男子单项，总计 16 轮（男单 6 轮＋男双 5 轮＋混双 5 轮）。

然后，根据竞赛办法、比赛天数、球台数量，以及需要比赛的轮数、场数安排整个竞赛日程。

团体比赛拟采用每天比赛三节，一节比赛时间一张球台安排男、女团体比赛各一场的编排方案。从比赛场数看，144 场比赛用 8 张球台，只需 9 节时间就可以打完；从比赛轮数看，每节时间只能打 1 轮，9 轮比赛至少要 9 节时间才能打完，且男、女团体决赛应单独安排一节时间进行，故需 10 节比赛时间。考虑到男、女团体决赛之前和团体赛两个阶段之间均需安排一节休息时间，故团体比赛拟用 4 天时间完成。

单项比赛总计 16 轮 219 场。从比赛场数看，219 场比赛用 8 张球台，只需 4 节时间就可打完（一张球台一节时间最大限度可安排 7 场 5 局 3 胜制比赛或 10 场 3 局 2 胜制比赛）；从比赛轮数看，16 轮比赛需要 7 节时间才能打完（16 轮比赛至少要用 5 节时间，且单项决赛应单独安排一节时间进行，单项决赛之前还需有一节休息时间）。显然，单项比赛的矛盾不在"场数"而在"轮数"上。考虑到运动员的比赛强度和"连场"问题，单独比赛拟用 3 天时间完成。

团体比赛 4 天，单项比赛 3 天，团体比赛与单项比赛之间休息 1 天，整个竞赛正好安排 8 天时间。

根据以上总体设计，可列出整个竞赛日程，见表 5.8。

表 5.8 整个竞赛日程

	上 午 （8：30 开始）	下 午 （14：00 开始）	晚 上 （19：00 开始）
5 月 1 日	男、女团体赛 （第一阶段）	男、女团体赛 （第一阶段）	男、女团体赛 （第一阶段）
2 日	男、女团体赛 （第一阶段）	男、女团体赛 （第一阶段）	男、女团体赛 （第一阶段）
3 日	男、女团体赛 （第一阶段）	休息	男、女团体赛 （第二阶段）
4 日	男、女团体赛 （第二阶段）	休息	男、女团体赛 决 赛
5 日	休息		
6 日	单项比赛	单项比赛	单项比赛
7 日	单项比赛	单项比赛	单项比赛
8 日	单项比赛	休息	单项比赛

（二）安排比赛场次

整个竞赛分为团体比赛和单项比赛两大部分。根据竞赛日程，将各个竞赛项目的全部比赛场次合理地安排到每节比赛中去。

1. 团体比赛场次安排

首先将各个阶段的全部比赛场次按轮次的顺序列出，然后按 8 张球台逐节进行安排。

男、女团体比赛的场次安排方案设计见图 5.3。

5 月 1 日，上午安排男、女团体第一阶段第一轮各 8 场共 16 场比赛；下午安排第二轮各 8 场共 16 场比赛；晚上安排第三轮各 8 场共 16 场比赛。

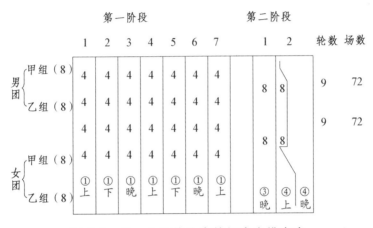

图 5.3　男、女团体比赛的场次安排方案

5 月 2 日，上午安排第四轮各 8 场共 16 场比赛；下午安排第五轮各 8 场共 16 场比赛；晚上安排第六轮各 8 场共 16 场比赛。

5 月 3 日，上午安排第七轮各 8 场共 16 场比赛；下午休息；晚上安排第二阶段第一轮各 8 场共 16 场比赛。

5 月 4 日，上午安排第二阶段第二轮中男、女团体各 7 场共 14 场比赛；下午休息；晚上安排男、女团体冠、亚军决赛。

2. 单项比赛场次安排

首先把各个项目的全部比赛场次按轮次的顺序列出，然后逐节进行安排。在考虑方案设计时，须通观全局，权衡利弊，妥善处理编排工作中的各种矛盾。

五个单项比赛的场次安排方案设计如下见图 5.4。

5 月 6 日，上午安排男单、女单，男双、女双第一轮的各半轮共 48 场比赛；下午安排混合双打第一、二、三轮共 28 场比赛；晚上安排男单、女单，男双、女双第一轮的各半轮共 48 场比赛。

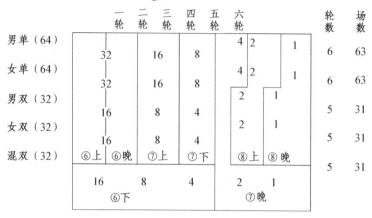

图 5.4　五个单项比赛的场次安排方案

5月7日，上午安排男单、女单，男双、女双第二轮共48场比赛；下午排男单、女单，男双、女双第三轮共24场比赛。

至此，五个单项均完成3轮比赛，一共剩下7轮（男、女相同）23场比赛。从上可以看出，比赛场数和轮数上的矛盾已经解决，现在的问题主要是如何安排好五个单项的决赛及处理好混合双打的比赛。下面采用由后向前的逆向设计：

5月8日，晚上安排男单、女单，男双、女双四个项目的决赛；下午休息；上午安排男单、女单，男双、女双半决赛共8场比赛。

5月7日，晚上安排混合双打决赛、半决赛和男、女单打第四轮共11场比赛。

各个竞赛项目的比赛场次全部安排结束。

（三）编排竞赛次序

编排方案确定之后，即可具体编排各个项目的竞赛次序。

1. 团体比赛的次序编排

团体比赛第一阶段采用分组单循环赛。先按照"逆时针轮转法"确定各轮比赛的具体场次，然后根据团体比赛的场次安排方案，逐节编排出各场比赛的日期、时间和　台号。

5月1日上午，进行男、女团体各组第一轮的四场比赛。各场比赛的具体时间和台号安排如下：

8：30 女子团体

　　　　　① 　　　③ 　　　⑤ 　　　⑦
女甲组　 A—H　 B—G　 C—F　 D—E
　　　　　② 　　　④ 　　　⑥ 　　　⑧
女乙组　 A—H　 B—G　 C—F　 D—E

10：00 男子团体

　　　　　① 　　　③ 　　　⑤ 　　　⑦
男甲组　 A—H　 B—G　 C—F　 D—E
　　　　　② 　　　④ 　　　⑥ 　　　⑧
男乙组　 A—H　 B—G　 C—F　 D—E

用 5 月 1 日上午同样的方法，将第一阶段的竞赛次序全部排出。

团体比赛第二阶段采用交叉淘汰方法，根据场次安排方案，逐节编排出各场比赛的日期、时间和台号。

5 月 3 日晚上，进行男、女团体第二阶段第一轮的 8 场比赛，其安排如下：

19：00　 女团 —— I —— 8
20：30　 男团 —— I —— 8

（注："I"表示比赛轮次；"8"表示比赛场数。下同）

根据情况，排出各场比赛的台号。

用 5 月 3 日晚上同样的方法，将第二阶段的竞赛次序全部排出。

2. 单项比赛的次序编排

五个单项均采用单淘汰赛。根据单项比赛的场次安排方案，逐节编排出各场比赛的日期、时间和台号。

5 月 6 日上午，安排了男、女单打和男、女双打第一轮的各半轮共 48 场比赛。采用男、女交叉的编排方法来解决连场问题：

8：30　　　 女单 —— I —— 8
9：00　　　 男单 —— I —— 8
9：30　　　 女双 —— I —— 8
9：50　　　 男双 —— I —— 8
10：10　　 女单 —— I —— 8
10：40　　 男单 —— I —— 8

5 月 6 日下午，安排了混合双打第一、二、三轮共 28 场比赛。因本节只有一个竞赛项目，故采用同轮次衔接和上、下半区的比赛轮流进行的编排方法，以避免"连场"问题：

14：00　　　混双——Ⅰ——8

14：20　　　混双——Ⅰ——8

14：40　　　混双——Ⅱ——8

15：00　　　混双——Ⅱ——8

15：20　　　混双——Ⅲ——8

15：40　　　混双——Ⅲ——8

5月6日晚上和5月7日上午的比赛，采用与5月6日上午相同的方法编排竞赛次序。

5月7日下午，安排了男、女单打和男、女双打第三轮共24场比赛。本节比赛虽场次不多，较好编排，但要注意合理使用球台数量，掌握好比赛时间：

14：00　　　女双——Ⅲ——4

14：20　　　男单——Ⅲ——4

14：50　　　女单——Ⅲ——4

15：20　　　男双——Ⅲ——4

15：40　　　女单——Ⅲ——4

16：10　　　男单——Ⅲ——4

5月7日晚上，安排了混合双打半决赛、决赛和男、女单打第四轮共11场比赛。因混合双打两轮不能自相衔接，故采用将混合双打挤靠两头的编排方法来解决"连场"问题：

19：00　　　混双——Ⅳ——2

19：20　　　男单——Ⅳ——1

19：50　　　女单——Ⅳ——2

20：20　　　男单——Ⅳ——2

20：50　　　女单——Ⅳ——2

21：20　　　男单——Ⅳ——1

21：50　　　混双决赛

5月8日上午，采用和5月7日下午相同的方法排出竞赛次序。

5月8日晚上，安排男、女单打和男、女双打四项决赛。次序表上只需注明8日晚即可，由裁判长根据具体情况，临时安排竞赛次序。

各个项目的竞赛次序全部编排结束。

（四）编排比赛次序表

将各项比赛的编排结果，过渡到比赛次序表中。

1. 团体比赛第一阶段

团体比赛第一阶段采用分组单循环赛，将各个组别比赛的次序，分别填入相应的比赛次序表内。

以男子团体甲组为例，将5月1日上午进行的第一轮4场比赛的日期、时间和台号场次号填入次序表内。采用男子团体甲组同样的方法，将男、女团体其他组别比赛的次序，分别填入相应的次序表中。

2. 团体比赛第二阶段

团体比赛第二阶段采用交叉淘汰赛，将男、女团体各轮比赛的日期、时间和台号分别填入次序表中。

以男子团体1~4名的决赛为例，比赛次序表见表5.9。

表5.9　男子团体赛第二阶段1~4名决赛

（1组1名）

3　20：30④

（2组2名）

4　10：00⑥　　　　　　4　20：00②

（1组2名）

3　20：30　⑧

（2组1名）

用男子团体1~4名决赛同样的方法，编制出团体比赛第二阶段的全部比赛次序表。

3. 单项比赛次序表

单项比赛均采用单淘汰赛，按照编排结果，将各个项目各轮比赛的日期、时间和台号，分别填入各个项目的比赛次序表中。

以男子单打比赛为例，第一个1/4区的比赛次序表如表5.10所示。

用第一个1/4区的方法，编制出男子单打整个比赛的秩序表。

采用男子单打比赛的方法，编制出女子单打、男子双打、女子双打和混合双打的比赛次序表。

至此，整个竞赛次序的编排工作全部完成。

表 5.10　男子单打比赛次序表

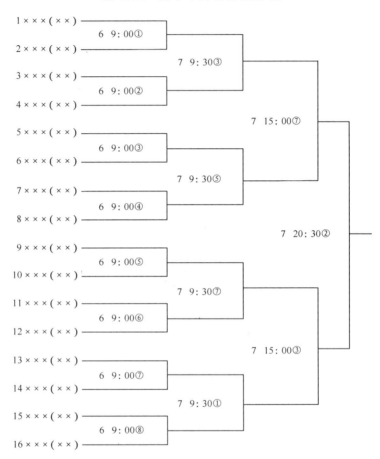

第六章　有关乒乓球裁判员技术等级标准的规定

第一节　国家体育总局对体育竞赛裁判员的管理办法

一、总　则

第一条　为加强裁判员队伍的建设，保证体育竞赛公正有序进行，根据《中华人民共和国体育法》，制定本办法。

第二条　国务院体育行政部门和地方各级人民政府体育行政部门，根据裁判员的技术等级和业务水平，对裁判员实行分级审批、分级注册、分级管理。

第三条　国务院体育行政部门授权全国性单项体育协会对本项目的国家级以上裁判员进行考核和注册；地方各级体育行政部门对本地区、本部门审批的裁判员进行考核和注册。

二、裁判员委员会

第四条　全国性单项体育协会成立裁判员委员会（以下简称裁委会）。裁委会在各单项体育协会领导下，学习研究、准确把握国际规则，并负责本项目裁判员的培训和管理工作。

第五条　裁委会由主任1人、副主任4~6人、委员若干人组成。裁委会成员必须是国际级或国家级裁判员，并由参加本项目裁判员代表大会的国家级裁判员选举产生，全国单项体育协会批准。裁委会主任、副主任名单须报国务院体育行政部门备案。

第六条　裁委会负责协助全国单项体育协会制订本项目裁判员发展规划；负责组织裁判员学习、考核、注册；按规定举办裁判员晋级考试；对本项目裁判员的奖惩提出具体意见；修订本项目裁判法和规则。

第七条　地方各级体育行政部门可以根据本地区、本系统裁判员规模成立裁委会。不具备成立裁委会条件的地区和部门，可以由本地区体育行政部门或单项体育协会代行裁委会职责。

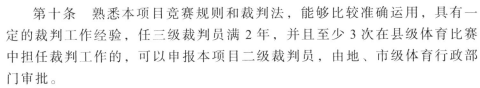

三、技术等级的申报与审批

第八条　裁判员的技术等级分为国际级、国家级、一级、二级、三级，另设荣誉裁判员。

第九条　掌握和正确运用本项目竞赛规则和裁判法，能够胜任裁判工作，经县级体育行政部门培训并考核合格者，可以申报三级裁判员，由县级体育行政部门审批。

第十条　熟悉本项目竞赛规则和裁判法，能够比较准确运用，具有一定的裁判工作经验，任三级裁判员满2年，并且至少3次在县级体育比赛中担任裁判工作的，可以申报本项目二级裁判员，由地、市级体育行政部门审批。

第十一条　熟练掌握和运用本项目竞赛规则和裁判法，具有丰富的临场执法经验和组织该项竞赛裁判员工作的能力，任二级裁判员满3年，并且曾2次担任省级以上比赛裁判员或至少2次在地、市级比赛中担任副裁判长以上职务的，可以申报本项目一级裁判员，由各省级体育行政部门审批。

第十二条　精通本项目竞赛规则和裁判法，并能准确、熟练运用，具有较高的裁判理论水平和丰富的实践经验，具有组织该项目竞赛的裁判工作能力，掌握本项目竞赛编排方法和外文规则，任一级裁判员满3年，并且曾2次任全国性比赛裁判员或至少2次在省级比赛中任副裁判长以上职务的，可以申报本项目国家级裁判员，由国务院体育行政部门审批。

第十三条　至少2次在全国性比赛中任副裁判长以上职务的国家级裁判员，经国务院体育行政部门批准后，方可申报国际级裁判员，由国际单项体育协会审批。

第十四条　中国人民解放军、全国性行业体育协会和国务院体育行政部门直属体育院校经国务院体育行政部门授权后，可以审批各项目或部分项目一级以下（含一级）裁判员。直属体育院校批准的裁判员应当报所在省级体育行政部门　备案。

第十五条　国家级裁判员或少数具有突出贡献的一级裁判员，从事裁判工作 20 年以（如有杰出贡献者，在符合其他申报标准的前提下，其申报年限可适当放宽）上，或积极参加该项竞赛裁判工作，在全国性比赛及国际比赛中未出现明显错判，至少 10 次在全国性比赛中任裁判员，年龄在50 岁以上，可以由省级体育行政部门推荐，全国性单项体育协会裁委会评议，报国务院体育行政部门批准，授予"荣誉裁判员"称号。

第十六条　各级体育行政部门不得跨地域、跨系统审批裁判员。一级以下（含一级）裁判员由于工作调动，可持审批单位证明和本人裁判员证书到所在地方相应的体育行政部门更换裁判员证书。国家级裁判员调离所在省份或系统，须报全国性单项体育协会备案。

第十七条　申报各级裁判员必须严格遵守技术等级制度的规定。全国性单项体育协会根据本项目的具体情况，并经国务院体育行政部门批准，可以将本项目国家级裁判员划分为若干档次，规定本项目各级裁判员申报年龄和临场裁判员的最高年龄。

第十八条　各级裁判员审批单位必须至少每 2 年举办一次裁判员晋级考试。通过考试者应当将裁判员等级申报表和本人裁判员证书一同交审批单位，并申报相应的裁判员技术等级、称号。

四、裁判员注册

第十九条　各级裁判员审批部门每 2 年必须对所批准的裁判员进行注册，荣誉裁判员可以不进行注册。每偶数年的 12 月 1 日至次年 2 月 5 日为各项目裁判员的注册期，全国性单项体育协会报经国务院体育行政部门批准后，可以根据本项目的特点另行确定裁判员注册期。

第二十条　国际级、国家级裁判员应当到全国性单项体育协会进行注册，每人交纳注册费 50 元；个别项目因特殊情况需要提高收费标准的，应当由全国性单项体育协会报国务院体育行政部门批准后施行。

第二十一条　一级裁判员由省级体育行政部门或国务院体育行政部门授权的单位进行注册，并报全国性单项体育协会备案。

第二十二条　二、三级裁判员由各地、县级体育行政部门进行注册，并报省级体育行政部门备案。

第二十三条　裁判员有下列情节者，暂停注册一次：

（一）受到赛区或审批单位处罚；

（二）考核不合格；

（三）两年内未担任裁判工作和未能参加裁判学习。

第二十四条　各级裁判员必须持有经过注册的"裁判员等级证书"方能参加全国体育竞赛裁判员临场执法工作；连续 2 次未经审批单位注册的裁判员，技术等级、称号自动取消，其裁判员证书失效。

五、裁判员选派

第二十五条　体育竞赛的主办单位负责选派和聘请该次比赛的裁判员。

第二十六条　全国性比赛，副裁判长以上职务由国家级以上裁判员担任，临场裁判员技术等级为一级以上；省级比赛，副裁判长以上职务由一级以上裁判员担任，临场裁判员技术等级为二级以上；地、县级比赛，副裁判长以上职务分别由一级和二级以上裁判员担任，地、县级比赛临场裁判员技术等级为三级以上。

第二十七条　裁判员的选派应当遵循公开、公正的原则。

全国单项竞赛就近选派裁判员，其数量不超过该次比赛裁判总数（不含辅助裁判）的 3/4，不足部分由承办单位按规定补充。

全国综合性运动会裁判员的选派，采取省级体育行政部门推荐，全国性单项体育协会审核，报国务院体育行政部门批准的办法，具体比例不受限制。

第二十八条　辅助裁判员的技术等级可以适当放宽，具体要求由主办单位与承办单位商定。

第二十九条　竞赛的主办单位应当责成总裁判长于赛前认真审核裁判员证书的注册登记情况。如裁判员未能出示符合规定的裁判员证书，竞赛组委会必须立即停止其裁判工作，所有费用赛区不予承担。

六、裁判员的权利和义务

第三十条　各级裁判员享有以下权利：

（一）参加全国各级各类竞赛裁判员工作；

（二）参加审批部门组织的裁判员学习的培训；

（三）监督本级裁判组织执行各项裁判员制度；

（四）接受体育竞赛主办单位支付的劳动报酬；

（五）对于本项目裁判队伍中的不良现象有检举权；

（六）对于本级裁判组织做出的技术处罚，有向上一级裁判主管部门申诉的权利。

第三十一条　各级裁判员应当承担下列义务：

（一）培养和坚持良好的职业道德，在竞赛工作中公正执法；

（二）钻研本项目规则和裁判法；

（三）培训和指导下一级裁判员；

（四）承担审批单位指派的裁判任务及担任下一级体育比赛裁判工作；

（五）配合裁判组织进行有关裁判员执法情况的调查。

七、裁判员管理

第三十二条　裁判员参加竞赛执法实行回避制度。从裁判员到赛区开始，就要遵守不与外界，特别是运动队联系的规定。条件成熟的项目，可以采用比赛开始前 30 分钟明确执场裁判员的办法，以保证裁判员公正执法。

第三十三条　各级裁判员审批单位至少每 2 年举办一次裁判员培训，并对本单位审批的裁判员进行考核。各级体育比赛的裁判长和副裁判长，应当对参加比赛裁判工作的裁判员进行考核，并在其裁判员证书内填写考核意见。

第三十四条　各级裁判员审批部门每 4 年举办一次优秀裁判员评选活动。国务院体育行政部门表彰国家级以上或有特殊贡献的优秀裁判员。各单项体育协会至少每 3 年举办一次本项目优秀裁判员评选活动，并对优秀裁判员予以奖励。

第三十五条　对裁判员的处罚分为：警告；取消该次比赛（合联赛）裁判资格；停止裁判工作 2 年；撤销技术等级、称号并终身停止裁判工作。

第三十六条　对裁判员的警告和取消该次比赛裁判资格的处罚，由竞赛组委会做出，并报该裁判员审批单位备案；裁判员被停止裁判工作 2 年，撤销技术等级、称号并终身停止裁判工作的处罚由竞赛组委会报该裁判员审批单位批准，由该审批单位发出通报。

第三十七条　受到赛区处分的裁判员，由该次比赛的裁判长在该裁判员证书内注明。在赛区工作期间，对不遵守赛区纪律或在临场执法中出现漏判、错判者，给予警告；凡在同一比赛中（含联赛）受到两次警告或在赛区酗酒滋事的裁判员，取消其该次比赛裁判资格；凡在比赛中执法不公，有意偏袒一方，妨碍公正执法者，停止其裁判工作 2 年。

第三十八条　凡裁判员有下列情节者，给予撤销技术等级、称号，终身停止裁判工作的处罚：

（一）行贿受贿，执法不公；

（二）在重要比赛中，出现明显错判、漏判，造成恶劣影响；

（三）触犯刑律，受到刑事处罚。

八、附　则

第三十九条　地方各级体育行政部门，可以依据本办法规定相应的管理办法和实施细则。

第四十条　本办法自颁布之日起施行。原国家体委发布的（81）体球字 238 号文件《裁判员技术等级制度》同时废止。

第二节　乒乓球裁判的考试与资格认定

一、国际级裁判长

（1）国际裁判长候选人必须是国际裁判员。

（2）在国际裁判长的考试中，国际乒联要综合考核和评价裁判长的实际工作能力和水平。在考试方法上同国际裁判员有些不同，国际裁判长的考试设笔试和口试。考试中的许多题的答案选择可能是双项的，甚至是多项的，没有一个唯一的正确答案。但只要你的回答有正确的判断、合理的理由，都是可以被接受的。

（3）在参加完笔试以后，有些洲和地区的参考者非常胜任裁判长工作，实际水平较高，但由于笔试考试不是使用自己的母语，所以成绩可能不理想，没有充分表达好自己的思想。基于这样的原因，国际乒联会给参考者口试的机会，同他们进行一次交流与讨论 —— 讨论他们的答案，充分给每一位参考者表达自己意见的机会。

（4）笔试卷包括两个部分。第一部分的问题涉及国际规则、排列种子、抽签和变更抽签。要求在规定的时间内答卷，不得使用参考书。第二部分是实际操作，对假设的比赛进行抽签和编排，这部分考试可以查阅参考书，时间也不受限制。

（5）实践评价也是考试的一个重要方面。因为候选人的数目可能总比参加资格考试的裁判员的数量少得多，所以那些通过了笔试的候选人将被提名去担任一次竞赛的裁判长，以便安排一名观察员去观察并报告他们的执行情况。

（6）实践评价包括规程的执行情况、比赛的管理、裁判员的监督、规则解释和选手与裁判员之间友好关系的建立。为全面考察裁判长的能力，候选人被提名担任裁判长的竞赛应该按国际比赛规程，用几天的时间，进行几个项目的比赛。有不同协会的选手参加更好。

（7）考试的目的是在每个洲建立一支由少量的合格的国际裁判长组成的队伍，他们能被应召在由国际乒联创立的各项世界性或类似的比赛中担任职务，以便提高全世界的裁判长水平。

二、国际级裁判员

（1）参加国际级裁判员考试的考生必须有 2 年以上的该协会国家级裁判员的资历。

（2）在参加国际级裁判员考试之前，应证明自己具备了一定的英文水平，起码能与运动员、教练员和其他官员交流。

（3）国际级裁判员考试试卷由 50 道题组成，每道题有若干个可能的答案。要求考生不借助参考书或其他人的帮助，在规定的时间内选择正确的答案。问题是实例（规则和规程）或问裁判员在特定的场合（临场）该如何办。这也就是为什么要求考生资历必须包括实践和理论培训的重要原因。

（4）国际级裁判员应具备较强的对规则和规程的理解能力、若干年的临场经历、有执法的自信心以及有与其他国家运动员、教练及其他官员英文交流的能力。

（5）一旦获得国际级裁判员资格，就有机会到其他国家的竞赛中上场执法。作为一名活跃的国际级裁判员，在各级别的国际性比赛中频频亮相是积累经验和获得自信的最重要的途径。

（6）每年在国际乒联指定的比赛中，合格的培训者和评估者将主持高级裁判员培训班，同时对上场执法的裁判员进行临场评估。高级裁判员培训班的目的是向所有的国际级裁判员传授国际乒联统一的操作程序。评估是为了及时将信息反馈给每一位裁判员，以利于改善和规范裁判员的技能，使其朝着统一和高水平的方向发展。

（7）国际级裁判员的评估并不是简单地看其是否通过评分系统，而是客观地评价裁判员在每次赛前、赛中、赛后所必须完成的任务。

（8）2002 年，国际乒联首次开始实施为国际级裁判员设立的更高水平的资格考试。通过参加国际乒联指定赛事中的高级裁判员培训班学习，通过国际乒联监督的高水平的笔试，多次完成在不同赛事中由不同考官主持的临场评估及通过口试的国际级裁判员，将获得下一级别的"蓝牌"证书。

（9）通过参加常规活动、评估而获得并维持"蓝牌"资格的裁判员，将有机会获得国际乒联裁判员和裁判长委员会的提名，并代表他们的协会担任世界级比赛的裁判。作为竞赛官员，优秀、一致性和自信的品质只能来自于资历和永不停止学习的开放心态。国际级裁判员执法的一致性是国际乒联裁判员资格考试的首要目的。

第七章　乒乓球裁判工作临场执法艺术性探讨

做好乒乓球裁判工作不仅应当精通规则、严格执行规则，而且应当研究如何更好地在不违背规则精神的前提下，提高执法水平和能力，做到既有原则性，又有适度的"灵活性"。在本章中，我们着重对裁判长与裁判员的临场工作进行一些探讨，以使裁判长、裁判员在临场工作中均能达到一种较为理想的状态和境界，高质量地完成任务。

第一节　裁判长的工作权限和临场执法的艺术性

一、裁判长的工作权限（职责）

裁判长是整个比赛的组织者、指挥者。总的来讲，裁判长的任务是制订竞赛工作方案，编制技术文书；调兵遣将，合理安排裁判员；亲临现场，处理临场工作中的突发事件和裁判员解决不了的问题。具体来讲，裁判长的职责是：

（1）主持抽签；

（2）编排比赛日程；

（3）指派裁判人员；

（4）主持裁判人员的赛前短会；

（5）审查运动员的参赛资格；

（6）决定在紧急时刻是否中断比赛；

（7）决定在一场比赛中运动员是否可以离开赛区；

（8）决定是否可以延长法定练习时间；

（9）决定在一场比赛中运动员能否穿长运动服；

（10）对解释规则和规程的任何问题作出决定，包括服装、比赛器材和比赛条件的可接受性；

（11）决定在比赛紧急中断时运动员能否练习，以及练习地点；

（12）对于不良行为或其他违反规程的行为采取纪律行动；

（13）经竞赛管理委员会的同意，当裁判长的任何职责托付给其他人员时，应将这些人员中的每个人的特殊职责和工作地点告知参赛者及队长；

（14）裁判长或在其缺席时负责代理的副裁判长，在比赛过程中自始至终应亲临比赛场地；

（15）如果裁判长认为必要，可在任何时间更换裁判人员，但不得更改被更换者在其职权范围内就事实问题作出的判定；

（16）从抵达比赛场地开始至离开场地，运动员应处于裁判长的管辖之下。

二、裁判长工作的总体要求和工作程序

（一）赛前：接受任务，周密安排

1. 了解、熟悉、理解竞赛规程

（1）竞赛规程的指导性：时间、地点、参加单位、参加办法、竞赛方法、名次录取等。

（2）竞赛规程的法律性：竞赛规程是比赛官员保证执行的行为规则。

（3）竞赛规程与乒乓球竞赛规则之间的关系是：乒乓球竞赛规则是竞赛规程中的一个组成部分。

2. 及时了解担任本次比赛裁判工作的人员情况

（1）副裁判长（助手）人选，高层领导班子相互间的配合、协调程度如何，是能否组织好一次竞赛的关键。

（2）骨干裁判力量如何。骨干裁判是竞赛裁判工作质量的基本保证。

（3）编排记录组人员的组成情况。编排记录组的工作直接影响到一次竞赛的组织水平，包括竞赛次序能否有条不紊地进行，比赛的名次是否正确。

3. 运动员的资格审查

（1）报名表就如运动员和组织者之间的一张契约，需要双方来服从包含在其中的任何条件。确保这些条件的付诸实施是裁判长的责任。例如，对少年比赛的运动员有特定的年龄限制，因此裁判长就必须确认运动员符合条件，而不得接受已被其协会中止或除名的运动员的报名。只有得到所属协会的允许，一名运动员才能参加国际公开赛。参加国际团体赛的运动员必须合法代表其所属协会。

（2）资格审查的难度。主要问题：冒名顶替、弄虚作假。资格审查的难度：a. 较难辨认；b. 法律有效（证明）文书是否齐全。

（3）采取的对策：依靠各方配合，妥善处理。

（4）由谁负责接受报名（竞赛组还是裁判长）。

因裁判长要负责审查运动员的参赛资格，因而其对接受报名工作或主要负责，或积极参与、配合，具体应视情况　而定。

4. 抽签、编排

（1）根据竞赛规程和比赛办法，统计好参赛队数、人数、各项目的轮次、场次数；

（2）根据组委会竞赛日程安排，考虑设计抽签、编排方案；

（3）根据竞赛规程中的比赛办法进行抽签；

（4）实施编排（兼顾各方、相对合理、多种预案、以备变更）。

129

5. 印制竞赛次序册

（1）固定部分：竞赛规程、补充规定、守则、比赛名次以外的评奖办法、组委会人员、裁判员、运动员名单、大会活动日程表等。

（2）活动部分：竞赛次序分项目、分阶段临时编印。由于某些特殊原因，总会发生一些意外情况，因而有时变更抽签也是允许的。

6. 检查比赛场地、器材

在可能的情况下，裁判长应在比赛开始前检查好比赛所用场地，以便提前纠正比赛条件的任何不足之处。

7. 运动队（运动员）的赛前练习安排

为保证各运动队（运动员）的赛前练习机会相对均等，裁判长应积极参与或直接负责运动队（运动员）的赛前练习安排。

8. 参加和组织有关会议

（1）参加组委会会议。

（2）参加（竞赛）新闻发布会。因为现代竞技体育只有新闻媒体的介入才具有生命力，才会体现一种价值，才能扩大影响，产生更大的商业效应。

（3）参加领队（或队长）教练员联席会议：a. 通报有关裁判组织工作的基本情况；b. 就竞赛技术管理工作中某些特殊问题作简要说明。

（4）组织召开裁判长工作会议：a. 制定工作程序；b. 安排工作任务。

（5）组织召开比赛官员（裁判员）动员、学习会，并进行赛前临场实习。

竞赛开始前，裁判长应召开一次裁判员会议，就任何新规则和规程的运用，以及服装和器材规格方面的可允许尺度进行指导，以提高裁判员业务水平，调动一切积极工作因素。

9. 参与和了解赛前的其他准备工作

（二）赛中：全力以赴，确保比赛

1. 佩戴明显标志，亲临比赛现场，明确所在位置

（1）裁判长（或授权代理人）在比赛期间必须亲临现场，并明确其所在位置。

（2）裁判长不必亲自处理所有职责范围内的事务，可授权于他人，但裁判长仍要负有责任。

2. 委派和监督比赛官员

（1）委派的信任度。比赛官员的委派应是慎重的（必须能完成任务）和完全信任的（用人不疑，疑人不用）。

（2）监督的方式。监督的方式应是观察与指导，以察看为主，指导、督促为辅。在任何可能的时候，裁判长应观察已被委派的裁判员，核查他们的能力，对任何不足之处及时给予指导，而这些不足之处他们是可以能够加以纠正的。要尽可能地避免未出问题前的单一（场外）监督，因为这样的监督方式往往会给临场裁判员造成不必要的心理压力（一种不信任感）。

（3）重要比赛场次裁判员的挑选。对要担任重要比赛场次（如半决赛和决赛）裁判的裁判员，应根据裁判员在竞赛期间的表现来确定，而不是完全依据其身份或资历来挑选，即"有身份（资历）论，不唯身份（资历）

论，重在实际表现（能力）"。

3. 解释规则、规程，并对裁判长职责范围内的有关问题作出决定

（1）一次竞赛的管理机构通常包括：一般比赛官员；裁判长及其代理人；管理委员会。

（2）各自的职责范围：a. 裁判员主要决定事实问题；b. 裁判长决定规则解释问题；c. 管理委员会决定规则所没有涉及的问题。

（3）规则包含比赛规则、国际乒联的国际比赛规程，以及组委会所决定的，在报名表上注明的任何特殊规程和　　条件。

（4）规则的宣读和解释。

a. 规则的宣读：只要对规则有所了解，监督比赛官员就能轻易完成。

b. 规则的解释：只有熟悉规则，并对规则条文有所理解的监督比赛的官员方能进行正确、规范的解释（分析、阐明或说明含义、原因、理由）。

（5）规则解释包括两个方面：

a. 裁决规则是如何执行的，尤其是未被规则文字明确表明的情况。

b. 执行某些规程所要求的判决（如服装、器材比赛条件、比赛能否紧急中断、对违反规程行为进行处罚等）。

（6）执法的一致性：裁判长在裁决规则解释方面的问题是，应考虑国际乒联的裁决和任何有关的先例，这将有助于执法的一致性。而这正是一名好的裁判长所必不可少的素质。

131

对于裁判长来说，持有一本"竞赛日志"不失为一个好方法，其中记录所处理的事件及所作出的决定。这不但有助于保持必要的连贯性，而且为抗议或申述提供了依据。

4. 监控比赛进度

绝对有序的比赛一般是不可能的，因为一场比赛的局分、比分和一分所消耗的时间不尽相同。裁判长应随时掌握比赛进度，及时调整，以保证比赛的相对有序进行。

5. 撤换裁判员

撤换裁判员的基本原则是：

（1）比赛无法继续进行：或由于执行规则过于僵化；或由于非临场裁判因素。

（2）可能影响比赛结果：或明显偏袒；或涉及中立问题。

（三）赛后：善始善终，认真总结

1. 宣布竞（比）赛成绩（名次）

裁判长应过问、审核或亲自计算竞（比）赛成绩，而后宣布竞（比）赛成绩（名次）。如由大会主席或其他人宣布竞（比）赛成绩（名次），则一定要得到裁判长的认可。

2. 及时编印竞（比）赛成绩册

竞（比）赛成绩册应在赛后及时发送或邮寄给有关部门、单位。主办协会在比赛结束后 7 天之内，应尽快将详细成绩和比分，包括国际比赛、洲和国际公开锦标赛的各轮成绩，以及全国锦标赛的最后几轮成绩，寄给国际乒联秘书长和有关洲联合会的秘书长。

3. 对比赛中的竞赛、技术管理工作进行总结

具体包括竞（比）赛工作主要特点、经验、教训、体会、改进办法等。

"历史的经验值得注意"。每次竞赛工作都会有成功之处，通过总结可为下次竞赛提供工作经验。

4. 负责向上级有关部门汇报竞赛工作情况

裁判长工作的具体工作程序如图 7.1 所示。

赛前

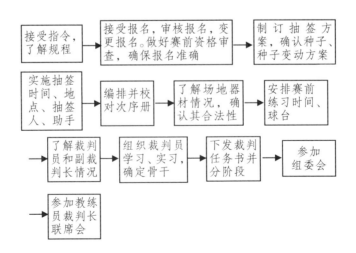

赛中

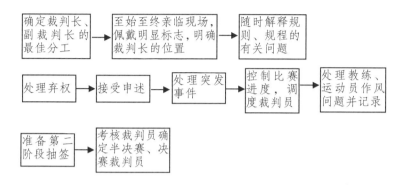

赛后

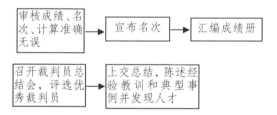

图 7.1　裁判长工作的具体工作程序

三、裁判长的工作艺术

1. 裁判长工作的特点

裁判长要在特殊的环境中、特定的氛围下，对突如其来的、自己看见或没有看见的全部事实（不可能每张球台都能看见）进行正确、及时的处理。因此，裁判长必须精通规则，积累经验，控制场面，熟练、巧妙地处理问题。

2. 裁判长工作的重点、难点

（1）对于临时变更难以处理。这就要求裁判长在短时间里作出快速反应，作出予以接受或不同意变更的决定。

（2）对于弃权要慎重。裁判长要以规则为根据，对弃权的时间要非常清楚；同时，要对一些特殊情况如堵车等运动员自身无法克服的意外情况灵活处理。

（3）对于撤换裁判员。在比赛中随时可能出现运动员或运动队与裁判员发生冲突，以致比赛无法顺利进行，运动员或运动队强烈要求更换裁判员的情况。因此，裁判长对此类情况必须慎重、妥善处理。只有在裁判员影响了比赛的公正性，且丧失了控制比赛局面的能力，致使比赛无法进行时，裁判长才能撤换裁判员。在通常情况下，不能轻易地撤换裁判员。

3．裁判长工作的处理艺术

（1）坚持原则，公正公平，适度灵活，一视同仁。

（2）了解事实真相，分析矛盾焦点，以规则为准绳、以事实为依据，积极妥善处理，公开处理结果。

（3）把握好处理问题的时机和节奏，切勿"四太"：太早、太迟、太快、太慢。调不宜高、话不宜多，冷静而稳健，快而不急。

（4）正确把握规则精神，绝不能掩盖矛盾、回避事实、听信谎言、态度暧昧，既不能激化矛盾，也不能扩大矛盾，而应正视事实，认真负责地按照规则要求处理。

（5）把握好监控原则。在运动员作风问题上，应对一般运动员、著名运动员一视同仁，不能患得患失。处理时应态度鲜明，尊重他人。

（6）具有良好的协调能力与沟通能力。裁判长既要对组委会、仲裁委员会负责，又要安排和使用好副裁判长、裁判员，对上对下都应保持良好的关系，以利于工作的顺利进行。

第二节　裁判员的工作权限和临场执法的艺术性

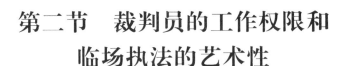

一、裁判员工作的权限

裁判员工作的总体要求是：确认事实，对照规则，作出判定。其工作权限是：

（1）检查比赛器材和比赛条件的可接受性，如有问题向裁判长报告。

（2）在进入赛区之前，运动员应有机会挑选一个或几个比赛用球，并由裁判员任意从中取一个球进行比赛；如果未能在运动员进入赛区前挑选比赛用球，则由裁判员从一盒大会指定的比赛用球中任意取一个进行比赛。

（3）主持抽签确定发球、接发球和方位。

（4）决定是否由于运动员身体伤病而放宽合法发球的某些规定。

（5）控制方位和发球、接发球的次序，纠正上述有关方面出现的错误。

（6）决定每一个回合得一分或重发球。

（7）根据规定的程序报分。

（8）在适当的时间执行轮换发球法。

（9）保持比赛的连续性。

（10）对违反场外指导或行为等规定者采取行动。

（11）副裁判员决定处于比赛状态中的球是否触及距离他最近的比赛台面的上边缘。

（12）裁判员或副裁判员均可判决：运动员发球动作不合法；合法发球在球越过或绕过球网装置并触及球网装置；运动员阻挡；比赛环境受到意外干扰，该回合的结果有可能受到影响；掌握练习时间、比赛时间及间歇时间。

（13）副裁判员或另外指派人员执行轮换发球法时，副裁判员或另外指派的一名裁判人员均可当计数员，计接发球方运动员的击球板数。

（14）裁判员不得否决副裁判员或计数员根据规则 3.3.2.5 和 3.3.2.6 条款所作出的决定。

（15）从抵达比赛区域开始至离开区域，运动员应处于裁判员的管辖之下。

二、裁判员临场管理的基本内容

（1）对比赛双方得失分的管理；

（2）对比赛器材的管理（球台、球网、球、球拍）；

（3）对比赛条件的管理（场地、灯光、挡板、记分器、队名牌、人名牌等）；

（4）对运动员服装的管理（服装式样、颜色、一致性等）；

（5）对比赛时间的管理；

（6）对场外指导的管理；

（7）对运动员行为作风的管理；

（8）对比赛运行机制的管理；

（9）对比赛技术文书的管理；

（10）对观众的管理。

三、裁判员临场工作流程（表 7.1）

表 7.1　裁判员临场工作流程

阶段	摘要	裁判员分工	
		裁判员	副裁判员
赛 前	报到	裁判员必须按次序册规定的时间提前 30 分钟到达比赛场地，做好执裁的准备工作	裁判员必须按次序册规定的时间提前 30 分钟到达比赛场地，做好执裁的准备工作，并领取名牌和器材
	挑球与记分表	比赛前15分钟应在指定的区域挑选好比赛用球和备用球，以保证比赛的连续性，并在比赛前 10 分钟拿到该场比赛的记分表	
赛 前	入场前的检查	一、将拿到的名牌与号码布与次序册进行核对，确保无误。 二、进行服装的检查，其内容有： 1. 服装的颜色（包括双方运动员的服装颜色，若出现双方所穿服装颜色类似且双方均不愿意更换的情况，应抽签决定其中一方必须更换）。 2. 服装的文字。 3. 运动员的装饰物。 4. 球台和球网。 三、检查球拍： （1）击球拍面的覆盖物必须是鲜红色或黑色； （2）覆盖物必须覆盖底板击球部分（宽限是 2 毫米）； （3）覆盖物必须有"国际乒联"标志。 四、检查运动员的号码布。 五、赛场必须整洁，清除与比赛无关的一切杂物。 六、裁判椅应稍高一点，若裁判椅不够高时，则可以站立。 七、检查大局记分牌、球台和球网，挂好队名牌和号码牌，并把赛区入口打开。 八、入场前应检查比赛所必需的器材是否备齐，如比赛用球、红黄白牌、挑边器、量网尺、笔、秒表、计分板	

续表 7.1

阶段	摘要	裁判员分工	
		裁判员	副裁判员
赛前	抽签	在团体比赛中，组织双方队长挑选主、客队。 1. 请双方队长到场，用掷挑边器的方式决定出主队与客队。 2. 由双方队长填写排名表，收回排名表后给双方队长过目并将其填写在比赛计分表中	
赛前	赛前交流	进入比赛前，裁判员与副裁判员应就比赛中所有可能出现的和比赛有关的任何问题进行交流，以便彼此之间能够相互了解、研究对策、明确分工，做好充分的心理和思想准备	
	裁判仪表和仪态	1. 坐姿：两腿自然分开，与肩同宽；女性着裙时必须两腿合拢，两手平放于腿或扶手上，切忌随意倚靠；身体微微前倾，注意力高度集中。 2. 站姿：身体直立而站，严肃、庄重。 3. 处理问题时应严肃认真、情绪稳定。 4. 正确佩戴裁判徽章	
	列队	在进入比赛区域前，应在指定地点集合整队并由裁判员带入比赛场地，副裁判员排在裁判员后面，运动员排最后	
	进场	根据指挥，队伍进入场地，步伐应整齐划一。到达指定位置后，面向主席台站立，于介绍后迅速就位	
前	练习前	1. 检查球拍： （1）击球拍面的覆盖物必须是鲜红色或黑色； （2）覆盖物必须覆盖底板击球部分（宽限是 2 毫米）； （3）覆盖物必须有"国际乒联"标志。 2. 用挑边器进行抽签，决定发球和方位。 3. 完成计分单上相关信息的填写。 4. 检查毛巾是否放在指定的位置，不允许挂在挡板上。 5. 指示副裁判员准备开始计练习时间	1. 检查网高和张度。 2. 将球台与地面清理干净。 3. 将名牌放在规定的位置，要摆正、摆好。 4. 根据裁判员的指示准备计练习时间。 5. 将记分器的场（局）分翻至 0
	练习	将球抛给发球员，宣布"练球两分钟"并做手势，然后回到裁判椅上就座	坐在副裁判椅上，开始计练球时间

137

续表 7.1

阶段	摘要	裁判员分工	
		裁判员	副裁判员
赛前	比赛开始	听到副裁判员宣布"时间到"后立即用手势宣布"停止练习",并将球收回;注意到接发球员准备好后,将球抛给发球员,宣布比赛开始;用手势指向发球员宣布"××发球,0 比 0"	1. 当练习时间到时,举起手臂宣布"时间到"。 2. 主裁判员报"0 比 0"时将比分翻至"0 比 0"。 3. 发球员发出第一个球时开动计时器,并宣布比赛开始
赛中	报分	1. 一个回合结束后,应立即做出手势并报分。 2. 先报发球方所得分数,后报接发球方得分数。 3. 报分声音应清晰、洪亮	
	计时		根据裁判员指示计比赛时间
	发球	1. 发球时,应注意发球是否合法以及接发球是否符合次序。 2. 注意发球是否擦网,若发现球擦网,应果断用手势示意。 3. 对明显的发球犯规,应直接判分。 4. 应注意发球高度与是否斜抛	1. 监督并确保发球合法。 2. 注意发球次序,避免出现发球次序混乱,同时应注意观察擦网球与发球高度
	擦边球	球触及球台的上边缘时为合法的擦边球,若触及台面上边缘以下部分则为出界	与裁判员默契配合
	台面移动	发现球台移动时应立即中断比赛,做出球台移动手势,并做手势判得分,然后调整好球台及球网并示意继续比赛	根据裁判员的判断应立即停止计时并翻分,并协助裁判员调整场地
	双打比赛	1. 双打时,应注意第一发球员和第一接发球员,若发现接发球次序错误,应立即暂停比赛,纠正好次序后恢复比赛。 2. 在决胜局中,当一方先得 5 分时,接发球方应交换接发球次序	1. 注意接发球次序,必要的时候暗示裁判员。 2. 决胜局交换方位时,应即时地停止计时和开始计时

138

续表 7.1

阶段	摘要	裁判员分工	
		裁判员	副裁判员
赛 中	轮换 发球	1. 当听到副裁判员叫"时间到"时，应立即中断比赛并宣布"现在开始实行轮换发球法"，本局比赛所余部分和以下各部分比赛均实行轮换发球法。 2. 在宣布中断比赛时，若该球处于比赛状态由原发球员发球；若该球未处于比赛状态，则由原接发球员发球。 3. 听到副裁判员或计数员报出"13"时，若该球是合法还击，应判接发球员得一分	1. 一局比赛进行到 10 分钟仍未结束(双方都已获得至少 9 分除外)，应宣布"时间到"。 2. 实行轮换发球时，应及时停止和开始计时
	意外 干扰	在比赛中受到意外干扰，且对比赛的结果可能有影响时，应立即暂停比赛，待消除外界干扰后立即恢复比赛	意外干扰发生时，应立即停止计时，待消除外界干扰后立即恢复计时，开始比赛
	暂停	1. 每场比赛每方运动员可要求一次不超过一分钟的暂停，暂停也可由教练员提出。 2. 暂停时，裁判员出示白牌	1. 叫"暂停"后及时停止计时。 2. 在球台上将 T 牌放在提出暂停的一方。 3. 将小 T 牌放在提出暂停方的比分侧，暂停结束后立即收回大 T 牌，并开始计时
	运动 员的 行为	1. 当裁判员认为运动员在比赛区域的行为可能不公平地影响对手或影响本项运动的声誉时，应出示黄牌警告运动员，并要求其停止冒犯行为，否则将被判罚。 2. 当运动员受到警告后第一次再犯，裁判员可出示红、黄牌，判对方运动员得一分。 3. 裁判员实施判罚后应立即通知裁判长，但比赛仍继续进行。 4. 如运动员被判罚后仍有不良行为发生，裁判员应立即中断比赛，并报告裁判长	裁判员出示黄牌后，应将黄色标志物放在翻分器该运动员的得分处

续表 7.1

阶段	摘要	裁判员分工	
		裁判员	副裁判员
赛中	场外指导	1. 随时监督并确保裁判员的指导合法。 2. 发现有人非法指导，且为第一次时，应出示黄牌警告非法指导者。 3. 在团体比赛中，若一人被警告，视为指导席上的所有人均受到警告，再有非法指导者时，应出示红牌将其逐出比赛场地	提示裁判员注意某教练员的非法指导行为
	连续性	1. 确保比赛连续进行，即使阻止在非规定时间里暂停、擦汗。 2. 及时阻止故意拖延比赛时间的行为。 3. 有人在赛区内受伤流血时，应即时处理，待血迹擦干后再恢复比赛	有人在赛区内受伤流血时，应协同裁判员将赛区里的血迹擦干净
	球拍	在局与局之间，应确保运动员的球拍放在球台上	
	一局比赛结束	1. 宣布胜者姓名以及该局比分。 2. 收回比赛用球，置于台上。 3. 在计分单上记录比分。 4. 在休息时间到后立即组织比赛开始	1. 控制好休息时间。 2. 一局比赛完成后应将比分保留。 3. 在下一局比赛开始前调整比分和局分
	宣布结果	在比赛结束后，在计分单上填写最后一局的比分，同时宣布比赛结果	1. 显示和保留最后一局比分和前一局局分。 2. 整理比赛场地和比赛器材，收回比赛用球。 3. 将记分器调整到无任何显示状态
签名	签名	1. 填写计分表并请双方签字。 2. 复核无误后裁判员签字	协助裁判员复核计分表
	退场	1. 与裁判员在裁判椅前会合，排队退场。 2. 左手拿计分单在副裁判员之前退场	1. 与裁判员在裁判椅前会合。 2. 跟随在裁判员后退场
	交计分单	将计分单交给裁判长席	归还名牌和比赛器材
	就地观赛	在执裁完比赛后，不应在赛区内逗留；如果要观看比赛，应该去指定的区域或观众席	
	小结	1. 所有出现在比赛区域的裁判员应该统一穿制服，注意形象。 2. 言行举止应得体，不应对运动员评头论足。在解释执法的依据时应有理有据，不得挑起与比赛无关的话题。 3. 裁判员应尊重当地的风俗习惯，并恪守规范	

四、裁判员临场执法的艺术性

（1）裁判员的基本职责是确认事实，对照规则，作出判定；要正确处理好事实与认识的矛盾。裁判员如不能确认事实或确认的不是事实，就不是称职的裁判员。

（2）正确理解"最后决定权" —— 正确处理好执行与报告的矛盾：该报告裁判长而不报告 —— 错误（越权处理）；不该报告裁判长而去报告 —— 错误（矛盾上交）。

（3）合理分配注意力 —— 正确处理好集中与分散的矛盾。

乒乓球体积小，在运动过程中速度快，旋转强，变化多。这就要求裁判员的注意力高度集中，若出现神情恍惚、注意力分散等情况就容易出现差错。如果裁判员出了错误后，仍陷入一种回想、琢磨的状态，那么就会错上加错。然而，是否注意力越集中越好呢？并非如此。在执法过程中，眼睛一直盯着球，除了球以外什么都不看也是不行的，长时间高强度地盯着球看，必然会导致视觉疲劳、反应迟钝，甚至体力不支，从而导致错误出现。

一个优秀的裁判员应正确处理注意力集中与分散的问题，应具有"眼观六路、耳听八方"的能力，合理分配注意力，坚持注意力集中与分散相结合，以集中为主；根据时机（如运动员局间休息时）适度放松和调剂注意力。

（4）正确处理好"快"与"慢"的矛盾。

乒乓球比赛速度快、节奏快、变化快，因此裁判员对比赛的处理也相应地要快。也就是说，裁判员反应要快、判断要快，在结果出来之前应有所预料，应做到心中有数。当然，这种快不是越快越好；而是要以快为主、快慢结合，做到快而不急、慢而不怠。

那么，什么情况下要快呢？

① 判发球违例要果断、要快（裁判员从开始发球起，就要注意发球方是否合乎规则要求，如不符合，应立即以"发球违例"，判对方得一分）。

② 判连击和两跳要快（一旦发现此类情况应立即叫"停"，不让球继续来回运行）。

③ 发现错发、错接（主要是双打错发、错接）时判"停"要快，并迅速纠正。

④ 对明显的犯规，如不执拍手触及台面、移动台面、运动员或其穿戴物触及球网，应果断、及时判定。

⑤ 对球是否擦边、是擦边还是"侧面"、发球是否擦网（尤其是轻微、不明显的），应迅速、果断、清楚地判定。

⑥ 对副裁判员在其职责范围内作出的判定应立即认可，并迅速作出相应判定。

什么情况下应慢一些呢？

① 发球擦网，但尚未落在对方台面时，要注意看球擦网后的变化：如出界，判失分；其他情况应判重发球。

② 发现擦边时，不要马上喊"擦边"，而要看这个球对方能否还击。

③ 外界球进入场地时，不马上叫"停"；如正处在一方得分之际，可慢一点叫"停"。

④ 一方运动员正在还击时，如受到外来客观影响（如对方冲撞、球拍脱手，或挡板被邻台选手撞倒等），则不要马上叫"停"；如其还击合法，则得分仍有效（若因受到影响而无法合法还击，则应判重发球）。

⑤ 轮换发球法，记数员数到"13"时，不要马上叫"停"，而应看球是否落入对方台面。

⑥ 对副裁判员一侧的球是否擦边，要根据副裁判员的反应或示意判定。

（5）裁判员要保持执行规则的尺度一致性。

如果裁判员在对双方执行规则时尺度不一致，那只有两种结果：一种是"正确＋错误"；另一种是"错误＋错误"，结果都是错误。具体地说，执行规则的尺度一致性表现在：

① 时间一致。要在每一局、每一场、每一次、每一节、每一天，甚至整个比赛中保持尺度一致，要有稳定的统一性，能做到前后一致、始终一致，而不能先紧后松或先松后紧、时紧时松。否则，教练员、运动员会提出质疑：为什么我昨天这样打不算犯规，今天就是犯规呢？

② 空间一致。在所有的球台上，所有的裁判员都要保持尺度一致，做到左右球台之间、裁判员之间全体一致。不要你判我不判，在 1 号台打时判，在 2 号台打时不判。

③ 理论与实践一致、执法行为与规则条文一致。

（6）对发球犯规的处理 —— 正确处理好判与不判的尺度。

一个裁判员要在比赛中做到公正、准确、不偏不倚，使双方运动员完全在公平合理的状态下展开竞争，首先必须吃透规则，融会贯通。只有这样，在临场中才能果断、准确地处理发生的问题。笔者认为，一个裁判员无论级别多高、规则如何熟练，只要他在临场裁判时，当断不断、该罚不罚，就都不是一个称职的裁判员。在临场中，如果个别运动员发球明显犯规而裁判员不予理睬，或产生恻隐之心，同情弱者，或在关键球时放之任之，估计利害关系，患得患失，那么这种"仁慈"，实质上就是对另一方的"残忍"。但对于发球犯规，如果裁判员自己拿不准，则应以不判为好。

（7）临场执法的公开性 —— 正确处理好场上与场下的 矛盾。

（8）赛场局面的控制能力 —— 正确处理突发事件。

在乒乓球比赛的临场执法中，难免会遇到一些突发事件。这就需要裁判员冷静分析，正确处理好问题，否则会使比赛局面混乱，失去控制。裁判员在处理问题的过程中，要避免下列情况的出现：

① 执法太认真；

② 扩大矛盾；

③ 不善于抓住处理问题的时机；

④ 掩盖矛盾；

⑤ 寻找"无解"。

（9）正确理解和掌握规则的精神实质 —— 正确处理规则的学习与适应规则修改变化的矛盾。

143

（10）在临场中处理权属、权限问题 —— 正确处理主裁判与副裁判之间在关系、职责、权限方面的矛盾。

第八章　乒乓球裁判员考试试题范例

国际乒乓球裁判员考试辅导资料一

1. 比赛进行时，教练员不停地进行指导。裁判员先对其进行警告，然后将该教练员驱逐出比赛区域。之后，该教练员买了一张门票进入看台，并继续进行非法指导。此时，裁判员、裁判长应如何处理？

2. 两名运动员上场比赛了，裁判员宣布练习 2 分钟。其中一名运动员不愿意练习，另一名运动员坚持要练习。裁判员应如何处理？

3. 一局比赛进行了较长时间，其中一名运动员提出是否该实行轮换发球法了。这时，副裁判员发现计时表上才 1 分钟，而且已经停了。裁判员应如何处理？

4. 一对双打运动员来自不同的协会，有两名场外指导。其中一名指导者在第一局中因非法指导而受到黄牌警告，第二局中第二名指导者又进行非法指导。裁判员应如何处理？

5. 在一场双打比赛中，一方运动员认为这个球擦边了，但另一方运动员认为没有擦边。主裁判员因视线被挡就去问副裁判员，副裁判员说没看见。此时应如何处理？

6. 在比赛中，副裁判员曾先后两次判一名运动员发球违例。当第三次判他发球违例时，运动员要求说明原因，副裁判员说他是在边线延长线以外发球的。这显然是由于对规则的误解而造成了错判。此时应如何处理？

7. 在一场单打比赛前，一方运动员告诉裁判员他的教练员是许先生。比赛开始后，有两位教练员分坐在场地两侧进行指导。当第三局开始时，另外一个人来了，裁判员走过去阻止，来的人说他是许先生，刚才那位是暂时顶替的。裁判员应如何处理？

8. 在比赛中，运动员连续出现无谓的失误，他很生气，就自己把球拍弄断了。他对此进行了道歉，又从包里拿出另一块球拍，并拿给裁判员和

144

对方运动员检查。这时裁判员应如何处理？

9. 比赛的指定用球是"红双喜"球。第一局结束裁判员收球时发现不是"红双喜"球，他就去问 A 运动员，A 运动员说我不喜欢"红双喜"球，自己带了一个球。此事该如何处理？

10. 在一场决胜局的比赛将要结束时，副裁判员突然流鼻血。他说这是最后一局了，他可以坚持。此事裁判员应如何处理？

11. 有一名教练员是两个相邻场地比赛运动员的场外指导。在第一局中，他因非法指导而受到黄牌警告；当第二次非法指导时，裁判员出示红牌要把他驱逐出比赛场地，他说他还在指导另一场地比赛的运动员，不能离开。此事应如何处理？

12. 比赛中一名运动员的眼镜落在本方台面上，而此时对方击过来的球正好落在眼镜上。此球该如何处理？

13. 在一个回合中，球击在了球网上，然后顺着球网往前滚，停在球网一端的网柱上。此球该如何判？

14. 在比赛中，轮到某运动员发球时，他总是站在球台旁不停地拍球。此时裁判员可否采取行动？若在前四局比赛时未采取行动，在决胜局中，随着比赛的紧张、激烈，这名运动员拍球的次数更多了。这时，裁判员该怎么办？

15. 在比赛中，用执拍手手腕以下部位将球击中对方台面，这可以吗？两个手执拍的，手腕以下部位击球可以吗？

16. 在第二局比赛中，裁判员发现一名运动员现使用的球拍不是赛前检查过的球拍，因此对其进行了检查，并确认现使用的球拍是不合法的。裁判员、裁判长该如何处理？

17. 在比赛中，运动员击球时由于用力过猛，球拍覆盖胶皮的部分折断后落地，只有拍柄仍在手里握着。对方击球后，他还能击球吗？裁判员应如何处理？

18. 一名运动员在第一局中因用球拍敲打台面已受到黄牌警告，而在第二局比赛刚结束时，他又有不礼貌的行为。这时，裁判员该怎么办？罚分可以延续到下一局比赛吗？若是团体赛，罚分可以延续到同一运动员的下一场比赛吗？

19. A/B 和 X/Y 是团体赛的双打运动员，双打中 B 被黄牌警告。在下一场单打比赛中，A 用球拍敲击台面，裁判员该如何处理？

20. 在一场双打比赛中，A/B 方失分后，两人相互指责、争吵、骂人。

此时，裁判员应怎么办？此后若 A 又一次骂 B，裁判员又应如何处理？

21. 在单打比赛中，A 运动员说 B 运动员发球抛起不够 16 厘米，裁判员说 A 运动员发球抛起也不够 16 厘米，双方没占任何便宜。就此事教练员向裁判员提出了申诉。你认为该如何处理？

22. 在一次团体赛中，一方运动员的教练员向裁判员提出对方运动员发球超过了身体的最远点，但裁判员无法看清，因此，当这个运动员发球时，裁判员就走到他身旁去看他发球。这么做可以吗？

23. 在第一局比赛中，一方运动员的场外指导要求暂停，裁判员已举白牌，而运动员不愿暂停。比赛到第三局时，这个运动员又要求暂停，裁判员该怎么办？

24. 赛前检查球拍是合法的，当比赛进行到最后一局时，一运动员提出对方的球拍上有汗水，可对方运动员擦来擦去擦不掉。此时，运动员、裁判员发现他球拍的胶皮和海绵之间有气泡。裁判员应如何处理？

25. 在比赛中，如果裁判员确定这个球是擦边球，但双方运动员都说未擦边。这时裁判员应怎么办？

26. 某运动员上场比赛时，担心球网的高度不标准，他总是带着自己的量网尺，亲自将球网量一下。你认为这样做可以吗？

27. 一场老年人的比赛进行了很长时间还没有结束。裁判长过去一看，发现裁判员坐在裁判椅上睡着了。裁判长该怎么办？

28. 一名运动员上场比赛时有些咳嗽，随着比赛的进行，咳嗽越来越厉害；第三局比赛后，他说他喘不上气了，要求休息片刻。裁判员、裁判长应如何处理？

答案：

1. 裁判员应去处理，并告知"你这样会影响比赛 ——"，不听则报告裁判长。

2. 单项比赛立即开始，团体和双打可以同同队队员练习。

3. 征求另一队员，同意则实行；不同意则继续开始比赛。

4. 红牌警告，驱逐出场。

5. 主裁判员一定要有个说法或意见。

6. 重发，前面比分有效。

7. 遵循从一而终的原则，真的许先生不得指导。

8. 报告裁判长。

9. 亮黄牌；换回原球；比分有效。

10. 中断比赛处理；血不止则报告裁判长，换裁判员。

11. 出示红牌，让其离远些。

12. 阻挡失分；若是胶皮碎片则重发。

13. 重发，"在运动员不得触球的前提下，裁判员拿掉球"。

14. 裁判员要有预见性，早处理。

15. 可以。

16. 报告裁判长，裁判长应取消其资格。

17. 不合法还击。

18. 从第 3 局 0∶1 始，只要比赛未全部结束就可以延续。

19. 警告（不株连）。

20. 黄牌警告；出示红黄牌，并判失 1 分。

21. 比分有效；对事实不可申诉，对解释规则规程可申诉。

22. 可以。

23. 不可再使用"暂停"，裁判员用过后可再用。

24.（此问题有争议）在某些地方如巴黎，要求更换。我们认为应视情况进行判断。

25. 尊重双方意见。

26. 不可以。裁判员检查比赛条件，裁判长决定比赛条件的可接受性。

27. 更换裁判员。

28. 不可以休息，再有异议则报告裁判长。

国际乒乓球裁判员考试辅导资料二

棘手问题一（Knotty problems 1）

1. A coach is sent away for persistently giving advice during play. He goes to sit in the front row of the spectator seats, from where he continues to call out instructions to his player.

1. 比赛进行时，一名教练员由于不断地进行指导而被驱逐出比赛区域。他进入观众席后坐在前排，继续大声叫喊，给他的队员指导。

2. Two players come to the table for a match and one refuses to practice. The other player insists that he is entitled to 2 minutes' practice before the match starts, and asks if he can practice with a friend.

2. 两名运动员来到球台进行比赛，一名运动员拒绝练习，另一名运动员坚持他有 2 分钟赛前练习的权利，并要求是否能与他的同伴进行练习。

3. With the score 8 : 7, a player asks the umpire if the time limit has been reached. Assistant umpire didn't restart the clock after a ball left the playing area.

3. 当比分为 8 : 7 时，一名运动员询问裁判员是否时限已到。当球飞离比赛区域时，助理裁判员忘记重新开表，表上显示 2 分钟。

4. A doubles pair with players from 2 associations nominates 2 advisors. One is warned for giving advice during play and later in the same match the other does the same.

4. 一对来自两个协会的双打配对运动员有两名指导者，一个在比赛期间因给予指导而被警告；之后在同一场比赛中，另一个指导者出现同样的问题。

5. In a doubles match, there is a dispute whether a ball touched the edge of the playing surface at the end of the table. The umpire's view was obscured by a player who was between him and the possible point of contact, and the assistant umpire was watching the coach and did not see what happened.

5. 在一局双打比赛中，对关于一个球是否接触到球台底线比赛台面的边缘产生了争论。裁判员的视线由于受到一名运动员的遮挡而未能看到可能的触球点。副裁判员因看着教练员而没看清发生了什么。

6. As a player serves, the assistant umpire calls "fault" and the umpire awards a point to the receiver. The same happens on the player's next service and when it happens for the third time the player ask why the service as illegal. The assistant umpire explains that it was because the ball was struck outside a continuation of the side lines, and that this is not allowed.

6. 当一个运动员发球时，副裁判员叫"违例"，裁判员判接发球方得分，这同样发生在运动员的下一个发球。当发生第三次时，运动员问为什么发球是不合法的，副裁判员解释这是因为这个球是在边线的延长线外被击出的，是不允许的。

7. A player nominates his coach as his advisor and a man sits on the chair provided and advises the player after the 1st and 2nd games. After the 3rd game another man arrives and is about to change places with the first man when he is challenged by the umpire. He explains that he is the person who was nominated but that the previous advisor was his assistant, who was temporarily taking his place while he was busy advising a player in another match.

7. 一名运动员指明他的教练员为他的指导者，教练员坐在指导者的椅子上提供指导。第一、二局之后，在第三局比赛中，另一个人到了，他想和开始的人换位置。当他被裁判员质疑时，他解释他是那个被指明的人，而那个先前的指导者是他的助手，在他忙于另一场比赛的指导时，助手是临时代替他的。

8. After missing an easy return, a player, in anger, deliberately strikes the table so hard with his racket that the racket handle breaks off. The table is not damaged. He immediately apologizes and fetches another rather from his bag and offers it for inspection.

8. 当丢失了一个容易回击的球时，一个运动员生气了，狠狠地用他的球拍敲击球台，使得球拍断裂。球台没有损坏。他立即抱歉，从包里拿出另一块球拍，并提供给裁判员检查。

9. When the umpire collects the ball at the end of the 1st game he notices that it is not of the type specified for the tournament. When questioned, one of the players says that he does not like that type of ball and that he different ball

which he had with him.

9. 在第一局比赛后，裁判员拿回球，他注意到这不是锦标赛指定牌子的用球。当询问时，一名运动员说，他不喜欢这种牌子的球，他用他带来的不同牌子的球替换了。

10. During the final game of a match, the assistant umpire's nose starts bleeding slightly, but he says that it does not trouble him and that he can continue until the end of the match.

10. 在一局比赛的决胜局中，副裁判员开始轻微地流鼻血，但他说他没问题，他能坚持直到比赛结束。

11. The same person is nominated as advisor to 2 players on adjacent tables, and he sits the junction of the two playing areas. He is warned by one umpire for giving advice illegally and when he does so again that umpire tells him to go away, but he says that he must remain so that he can advise the player in the other match.

11. 同一个人被任命为相邻球台两名运动员的指导者，他坐在两个比赛场地的连接处。因给予不合法指导被一名裁判员警告，当再犯时，裁判员将他驱逐出去。但他说，他必须继续，因为他要为另一场比赛的运动员作指导。

12. The ball returned by A bounces at an unexpected angle and X misses it. It is then discovered that the ball had struck a small chip of wood which had fallen from the blade of X's racket. X claims that the return was not good because the ball did not touch the playing surface, and A says that the point should be his because X obstructed the ball.

12. A 的回击球打在 X 意料不到的角度上，X 没接住。之后，发现这个球被击中了从 X 球拍的拍面上落下的小木片，X 称没有合法还击，因球没有触及比赛台面。A 说自己应得分，因为 X 阻挡了球。

13. During a rally the ball hits the top of the net, rolls along the net-cord and comes to rest on the top of the net-post.

13. 在一个回合中，球击中球网的顶部，沿着网向前滚，停在网柱的顶端。

14. A player presents for inspection a racket which is covered on both sides with authorized sandwich rubber, but the panel showing the marker's brand and the type is not at the edge near the handle but along one side.

14. 一个运动员将一块两边黏着合法海绵胶皮的球拍提交检查，但制造者商标、型号不在握拍的边缘附近，而是沿着拍面一边。

15. Each time before serving, a player bounces the ball on the floor exactly 12 times. When the opposing player sees that the umpire is not trying to prevent this, she does the same. This slows down the progress of play so much that when the time limit is reached the score is only 4 : 3.

15. 每次发球前，一名运动员将球在地板上弹击 12 次，当对手看见裁判员没有尽力去阻止，他也如此，致使比赛的进程慢了很多。当时限到时，比分仅为 4 : 3。

16. When playing backhand, a player holds the racket handle with the right hand and the top of the blade with his left hand. During a rally, he deliberately returns the ball by striking it with the left hand while it is holding the racket blade.

16. 当用反手击球时，一名运动员用右手抓住拍柄并用左手握住拍的顶部。在一个回合中，他故意用左手握着拍的顶部将球击出。

17. As he makers a good return a player's racket breaks at the junction between the handle and the blade falls to the floor. He makes his next return by striking the ball with the handle.

17. 当一个运动员回击球后，他的球拍在拍面和拍柄的连接处断开，拍落在地板上。他用拍柄回击下一次来球。

151

18. During the 2nd game of a match the umpire notices that a player is using a racket which is different from the one he showed at the start of a match. When the umpire inspects. It is found that the covering is too thick.

18. 在一场比赛的第二局中，裁判员注意到一名运动员所用的球拍与比赛开始时出示的球拍不一样。当裁判员检查球拍时，他发现胶皮太厚。

19. A serves at the start of a match. In the 2nd game, X is warned for bad behavior and during the game the expedite sytem is introduced. After losing that game 14 : 12, X hits the table with his racket and the umpire awards a penalty point. Who serves first in the 3rd game?

19. 在一场比赛开始，A 发球。在第 2 局，X 因不良行为被警告，而且比赛实行轮换发球法。当 X 以 14 : 12 丢了那局之后，他用球拍敲击球台，裁判员因此判对方得一分。第 3 局开始时，谁先发球？

20. after a careless return allows the opposing pair to score an easy point,

both players of a doubles pair start swearing at each other at the same time.

20. 一个不小心的回击使对手很容易得了一分之后，这对双打运动员彼此争吵了起来。

棘手问题二（Knotty problems 2）

21. An umpire shows a yellow card to a coach. When he shows the yellow card，the coach takes the card from his hands and throws it to the floor.

21. 一名裁判员给了教练员一张黄牌。当裁判员出示黄牌时，那个教练员从他手上拿走了黄牌，并扔在地板上。

22. One player makes obscene movements intended to the opponent's coach，but the umpire doesn't see them. The offended coach asks the umpire to penalize the player for bad behaviour.

22. 一名运动员向对方的教练员做下流的动作，但裁判员没有看见；而被冒犯的教练要求裁判员对该运动员的不良行为进行处罚。

23. A tosses the ball high in service. The ball goes above the light level without touching anything. His opponent fails to make a good return and said that he could not see the ball during a part of the service.

23. A 发球时，将球高抛至灯光的水平线之上，但没碰到任何东西。他的对手没能合法还击，并说他在发球过程中，没能看清球。

24. When A tossed the ball in service it touches an insect that was flying above his head，he then makes a good serve，but X failed to make a good return.

24. 当 A 发球抛球时，球触及了正在他头上飞行的昆虫，他的发球在此后成为好球，但 X 没能合法还击。

25. Players and umpires arrive at a table. The umpire soon observes that one of the players is dressed in a t-shirt that for the umpire seems too white. The umpire asks the player to change. "Why?" the player answers，and adds，"This morning I wore the same t-shirt without problems."

25. 运动员和裁判员到达比赛桌前不久，裁判员立即发现其中一名运动员的 T 恤衫看起来太白了，裁判员要求运动员去更换。运动员问："为什么？"并补充说，"今天上午我穿着同样的 T 恤，没有问题。"

26. A pen-holder player presents a racket with a support for his fingers. It is 4cm high and 2.5cm in diameter.

26. 一个直握球拍的运动员出示了一块有手指支撑物的球拍，这个物体高 4 cm，直径为 2.5 cm。

27. A player damaged the cover of his racket during the first game. He replaced the racket immediately with another. During the second game, his friend brought back his original racket after replacing with legal covering. The player wants to use this original racket.

27. 一名运动员在第一局比赛中，球拍的覆盖物被损坏，他立即更换了另一块球拍。在第二局比赛中，他的朋友拿回了原来的已换上合法覆盖物的球拍，这名运动员想要使用原来的球拍。

28. A player is ready to serve with the ball laying on the flat part pf the palm. He does a "double-pump" on his serve. The first and second times the opponent does not complain, but when he serves again like this later in the same game, the opponent complains that the service is distracting and illegal.

28. 一名运动员准备发球，将球放在手掌平面上。在他发球时，他发了一个两跳的球，第一次和第二次对手没有抱怨。但当他在同一局比赛中再次像这样发球时，对手抱怨说，他的发球有干扰和不合法。

29. Player A called out an obscene word at the end of the first game. The umpire had not heard the obscenity. The assistant umpire brought it to the attention of the umpire immediately.

The umpire should...

29. 运动员 A 在第一局比赛结束后，大声叫喊了冒犯的话。裁判员没有听见这句冒犯的话,而副裁判员立即提醒裁判员去注意,裁判员应该……

153

30. During service, a player throws up the ball and catches it with his free hand just before striking it and protests that the opponent's coach is giving advice.

30. 在发球时，运动员向上抛球，在击球前，他用不执拍手抓住了球，并抗议对方教练员正在给予指导。

31. During a team match, a player sitting on a bench receives a yellow card for giving advice. Later in the same team match, this same player, while playing, shows a bad behaviour. The umpire should...

31. 在一场比赛中，坐在长凳上的运动员由于非法指导收到了一张黄牌。以后在同一场团体赛中，当这名运动员出现不良行为时，裁判员应该……

32. After a rally, the ball went outside of the playing area. It took a few seconds for the players to find it. The umpire stayed at the players' side for the duration of the search. Upon returning to play, the assistant umpire was not there.

32. 一个回合后，球离开了比赛区域。运动员为了找到它花了一些时间。在寻找过程中，裁判员站在运动员这边的区域；将要恢复比赛时，副裁判员不在岗位上了。

33. In a doubles match, X returned the ball which struck the table very close to the edge. The assistant umpire, on whose side of the table the ball had struck, called "Side" and the umpire awarded a point to A/B, X/Y protested that the ball had struck the playing surface and A/B agreed. However, the assistant umpire was adamant the ball had struck the side and refused to change his call.

33. 在双打比赛中，X 回击球时，触及副裁判员一边球台非常近的边缘，裁判员叫了"侧面"，并判 A/B 得一分。X/Y 抗议，认为球触及了比赛台面，而 A/B 这时也同意了，可副裁判员坚持认为撞击了球台侧面，拒绝去改变判罚。

34. In a doubles match, A/B against X/Y. A serves to X. X signals that the service struck the left court by putting his hand up, but still made a good return. B catches the ball. The umpire thinks that the service was good but was not sure. A/B say that the service was good, but suggest a "Let". The assistant umpire did not see the service properly.

34. 在双打比赛中，A/B 对 X/Y。A 发球给 X，X 举手示意，球触及了球台的左半台，但他仍做了一个合法还击，B 抓住球。而裁判员认为这个发球是好的，但不是很确定。A、B 说发球是好的，但建议判"重发"，副裁判员未看清整个发球。

35. A serves hiding the ball by the shoulders and partially by the arm. The umpire calls "Fault". X declares that he saw the ball during the entire service. A discussion ensues. The coach of X says that his player saw the service but could not return it. and therefore a "Fault" should not have been called.

35. 一个发球被肩部和手臂的一部分遮挡，裁判员叫"犯规"。X 称在整个发球过程中，他看见了球。双方开始争执，X 的教练员说，他的运动员看见了发球，但没能回击它，因此"犯规"不应该叫。

36. Two opponents call for a time-out exactly at the same time.

36. 两名运动员在同一时间叫暂停。

37. There are tables which do not have a continuous centre line to the net. What if the ball touches this area in a service during a doubles game?

37. 几个球台没有连续中线至球网。在双打比赛中，如果发球触及了这些区域，应如何处理？

乒乓球裁判员考试模拟真题一

一、判断题

（　　　）1. 球拍底板的大小、重量不限。

（　　　）2. 没有握拍的手叫"非执拍手"。

（　　　）3. 不用来击球的拍面，可以是除白色以外的任何颜色。

（　　　）4. 正规的乒乓球台长 274 cm、宽 152.5 cm、高 75 cm。

（　　　）5. 运动员在一场比赛中只能使用一块球拍。

（　　　）6. 用来击球的拍面可以是一层普通颗粒胶，且颗粒向外。

二、填空题

1. 一张球台的赛区空间应不少于长_____、宽_____、高_____。

2. 用来击球的拍面，颗粒向外的覆盖物连同黏合剂的厚度为_____。

3. 一个回合结束后，有可能出现几种_____结果。

4. 轮换发球是指_____

_____

_____。

5. 阻挡是指_____

_____

_____。

6. 球从_____开始进入比赛状态。

7. 乒乓球台长_____、宽_____、高_____，球网高度_____，乒乓球重_____克。

三、选择题

1. 实行轮换发球时，计算员应计算的击球数为（　　　）。

　　A. 发球员的还击次数，从 1 到 12

　　B. 接球员的还击次数，从 1 到 12

C. 发球员的还击次数，从 1 到 13

D. 接球员的还击次数，从 1 到 13

2. 发球时，球被抛起（　　）。

　　A. 离开发球员手掌后，至少上升 16 cm

　　B. 至少升高到发球员肩的高度

　　C. 至少升至网高以上 16 cm

　　D. 所升高度不限，但必须垂直上升

3. 在单打比赛中，双方运动员打成 2∶2，各胜 2 局。此时，甲方运动员向裁判员提出休息 2 分钟再打，裁判员应（　　）。

　　A. 同意他休息 2 分钟

　　B. 不同意

　　C. 征求双方运动员的意见

　　D. 请示裁判长

4. 在双打中，甲₁发球后，球从本方右半区越网落到对方左半区；乙₁将球还击过去后，甲₂一记重板扣杀，使乙₂还击下网。此时应判（　　）。

　　A. 甲方得分　　　B. 乙方得分　　　C. 重发球

　　D. 判重发球，但必须征得副裁判员的同意

5. 在比赛中，X 方拉了一高吊弧圈球，球触及对方端线上边缘。主裁判将此球判为"擦边"，X 得分；副裁判则认为没有"擦边"。这时应（　　）。

　　A. 以副裁判的判决为主　　　B. 问一下 Y 运动员

　　C. 请示裁判长　　　　　　　D. 以主裁判决为主

 157

6. 执行轮换发球时，在甲发球后还击乙击来的第 13 次球时，球擦网后落在网柱上跳了两下，然后掉到乙方台面，乙还击下网。此时应（　　）。

　　A. 判甲得分　　　　　　　B. 判乙得分

　　C. 由计数员判定　　　　　D. 请示裁判长

7. 比赛开始前，双方运动员抽签，中签者选择了方位，那么该让谁接发球？（　　）。

　　A. 未中签者选择　　　　　B. 中签者选择

　　C. 未中签者决定　　　　　D. 中签者决定

8. 当运动员 A 还没有站稳时，B 即把球发出，A 在仓促之中还击了一板，使球下网。此球应（　　）。

　　A. 判重发球，因 A 未准备好

　　B. 判 B 得分

C. 与副裁判商量后再判

D. 征求双方运动员的意见

9. 运动员 A 发了一个下旋球，球落到对方 Y 台面后，由于强烈旋转而返回过网；此时，Y 立即向前移动准备还击，但球已触及 A 方台面并向上弹起，Y 扣杀成功。裁判员对此球应（　　　　）。

A. 判 A 得分　　　　　　　　B. 判 Y 得分

C. 判重发球　　　　　　　　D. 与副裁判商量后再判

10. 运动员 X 在还击时因身体前冲过猛而将整个球台撞出几十厘米，但球击在 Y 方台面上，Y 击球出界。裁判员对此球应如何判定和处理？（　　　　）。

A. 判 X 得分　　　　　　　　B. 判 Y 得分

C. 判重发球　　　　　　　　D. 请示裁判长

11. 在一场双打比赛中，A、B 为一方，X、Y 为另一方。A 发出合法球后应 X 接发球。此时，X 的同伴 Y 因感到不执拍手的手心有汗，将手放在台面左半区左角处擦了两下，X 还击后 B 扣杀出界。裁判员对此球应如何判定？（　　　　）。

A. 判 X 方得分　　　　　　　B. 判 B 方得分

C. 判重发球　　　　　　　　D. 请示裁判长

12. 甲使用直拍，球拍一面的覆盖物为黑色海绵正胶，没粘覆盖物一面的拍面为鲜红色。由于接发球时常"吃转"，当乙再发一旋转球时，他改用红色的拍面搓球，乙还击时球出界。裁判员对此球应如何判定？（　　　　）。

A. 判甲得分　　　　　　　　B. 判乙得分

C. 判重发球　　　　　　　　D. 请示裁判长

四、问答题

1. 18 个队参加比赛，第一阶段分四个组进行单循环赛，请排出全部比赛轮转表。第二阶段各组的前 2 名用单淘汰赛并增加附加赛决出 1~8 名，请计算共打几场几轮球，并画出决前 8 名的比赛位置表。

2. 计算名次（写出计算步骤）。

	A	B	C	D	E	F	得分	名次
A		3：1	3：2	1：3	0：3	3：1		
B			2：3	0：3	3：2	2：3		

C				3：0	2：3	3：1		
D					3：2	1：3		
E						3：1		
F								

乒乓球裁判员考试模拟真题二

1. 检查球拍时，两面颜色为一红一黑，但红的一面没有"许可"标记，裁判员不准运动员使用这块球拍。请问这对吗？是否需要报告裁判长？

2. 规则对双方运动员的服装有什么规定（不包括广告大小要求）？裁判员认为 A 的运动服不符合规则规定，坚持不让 A 比赛，这种做法对吗？

3. 双打比赛前进行抽签，X/Y 方中签，选择了方位。那么，发球方应该是 A/B 方，还是 X/Y 方？

4. A 发球，将球高高抛起后，认为对方没有准备好，于是用不执拍手接住球，并对裁判员说明对方未准备好。裁判员对此应如何处理？

5. 在双打比赛的第二局，应由谁来决定一对接发球方的第一接发球员？

6. 在双打比赛中，应 A 发 X 接，但当 A 发球后，X 的同伴 Y 前去接发球，裁判员在 Y 接发球时已发现接发球次序错误，此时应该判重发球还是判 X/Y 方失分？

7. 实施轮换发球后，在接球员第 13 次把球击出后，突然从邻台飞进一球。裁判员对此应如何处理？有几种可能出现的情况？

8. 规则对合法发球的规定比合法还击的规定多得多的原因是什么？

9. 发球时，球拍触球前及触球的一瞬间，规则对球拍和球的空间位置有什么规定？

10. 就规则解释和服装器材合法性等问题，在什么情况下裁判员应向裁判长报告；在什么情况下不应向裁判长报告？

11. 有 131 名运动员参加比赛，使用 128 个位置号码进行单淘汰赛，并增加附加赛决出 1~8 名，共需进行_____轮_____场比赛；第 5 号种子选手可以抽入的位置号码是_____，第 3 个抢号位置是_____。

12. 有 25 个队参加男子团体赛，第一阶段分 4 个组进行单循环赛，其中 3 个组各有_____队，1 个组有_____队，共需进行_____轮、_____场比赛；最多使用球台_____张，最少需要_____节才能打完比赛。

13. 淘汰赛抽签的结果，必须符合的两条基本原则是：

（1）_____；

（2）_____。

14. 计算名次

	A	B	C	D	E	F	得分	胜负比率	名次
A	＊	3：2	1：3	1：3	0：3	3：1			
B		＊	3：2	3：2	3：2	2：3			
C			＊	3：1	0：3	3：0			
D				＊	3：2	3：0			
E					＊	3：2			
F						＊			

15. 128 名选手参加单淘汰赛，前 8 名种子选手的顺序为：A_1、D_1、E_1、A_2、E_2、D_2、A_3、G_1。试写出可能出现的抽签结果：

号码位置	种子选手	种子选手	种子选手	种子选手	种子选手	种子选手
1						
32						
33						
64						
65						
96						
97						
128						

16. 淘汰赛的主要优点是什么？缺陷是什么？采取的对策是什么？

17. 淘汰赛抽签有哪 3 种基本方法？并简述它们分别在什么情况下使用。

18. 某次比赛，女子单打报名人数如下：

单位	A	B	C	D	E	F	G	H	I
人数	8	6	3	2	5	6	5	3	7

（1）应采用的控制法是 _____。

（2）请绘制一张抽签平衡表。

19. 参加五个单项淘汰比赛的人（对）数如下：

项　目	男子单打	女子单打	男子双打	女子双打	混合双打
人（对）数	61	50	30	24	45

比赛从 5 月 1 日至 3 日进行，用 7 节时间赛完，最多使用 8 张球台，五个单项比赛均采用五局三胜制。试设计一个编排方案。

（1）在下表中设计出编排方案：

	第 1 轮	第 2 轮	第 3 轮	第 4 轮	第 5 轮	第 6 轮
男单 61						
女单 50						
男双 30						
女双 24						
混双 45						

（2）按编排方案，排出比赛次序：

节	时　间	5 月 1 日	5 月 2 日	5 月 3 日
上午	8：00	（不安排）		
	8：30			
	9：00			
	9：30			
	10：00			
	10：30			
	11：00			
下午	14：00			（不安排）
	14：30			
	15：00			

续表

节	时 间	5 月 1 日	5 月 2 日	5 月 3 日
下午	15：30			
	16：00			
	16：30			
	17：00			
晚上	19：00			
	19：30			
	20：00			
	20：30			
	21：00			
	21：30			
	22：00			

乒乓球裁判员考试模拟真题三

一、选择题（请在你认为正确的一个答案前打上"○"记号）

1. 球处于比赛状态，是从：

    a. 裁判员报分开始。

    b. 球在发球员手中向上抛起前静止的最后一瞬间开始。

    c. 发球时球被击的一刹那开始。

    d. 球离开发球员手掌的一刻开始。

    e. 球击中发球员台区的一刻开始。

2. 比赛前，裁判员组织双方运动员用抽签的方式，决定发球、接发球和方位的选择。X 中签后却谦虚地提出让未中签者 A 先行选择：

    a. A 应先行选择，因为要求对方先行选择是 X 的权利。

    b. X 应先行选择，因为 X 是中签者。

    c. A 若同意，可由 A 先行选择。

    d. A 若不同意，则仍应由 X 先行选择。

    e. 双方若都不愿先行选择，可由裁判员决定。

3. 如果在到达比赛球台后，双方运动员仍不能就提供的 10 只球中的哪一只用于比赛达成一致意见，他们应该：

    a. 抽签决定由哪一方选择。

    b. 接受由裁判员任意取出的球。

    c. 接受由裁判长任意取出的球。

    d. 再商量 5 分钟，过时达不成协议便被取消比赛资格。

    e. 从另外 10 只球中选取。

4. 在一场比赛前，运动员有权练习：

    a. 一分钟，如果他们当天已在该球台上比赛过。

    b. 一分钟，无论当天他们有没有在该球台上比赛过。

    c. 两分钟，如果他们当天已在该球台上比赛过。

    d. 两分钟，无论当天他们有没有在该球台上比赛过。

    e. 时间不限，由裁判员决定。

5. 在双打比赛中，运动员在首次使用某一球拍之前，应该：

    a. 只允许对方一名运动员检查球拍。

    b. 只允许对裁判员及对方一名运动员检查球拍。

    c. 允许裁判员，但不允许对方运动员检查球拍。

    d. 允许裁判员及对方两名运动员检查球拍。

    e. 允许对方两名运动员，但不允许裁判员检查球拍。

6. 裁判员怀疑 A 的球拍覆盖物超过了规定的限度，但他没有检测手段。对此，裁判员应：

    a. 不采取行动，因为不能证明球拍不合规定。

    b. 如果 X 不抗议，不采取行动。

    c. 不立即采取行动，但该场比赛后向裁判长报告。

    d. 立即向裁判长报告。

    e. 在 A 证明球拍合乎规则以前，不让 A 参加比赛。

7. 在一场比赛中，运动员球拍损坏后想到更衣室去换拍：

    a. 只要对方运动员同意，比赛中随时可以去。

    b. 只要裁判员同意，比赛中可以去。

    c. 只要裁判长同意，比赛中可以去。

    d. 不需特殊准许，但只能在局与局之间去。

    e. 上述任何情况都不允许。

8. 有关发球的规则是否可因运动员有残疾而放宽：

    a. 裁判员决定即可。

    b. 裁判长允许才行。

    c. 对方运动员同意才行。

    d. 在对方的运动员也享有同样的放宽待遇时才行。

    e. 任何情况下都不行。

9. 在世界锦标赛团体赛中，队长就副裁判员对发球规则的解释：

    a. 可以向裁判员提出申诉。

    b. 可以向裁判长提出申诉。

    c. 可以向仲裁委员会提出申诉。

    d. 可以向国际乒联规则委员会提出申诉。

    e. 不能向任何人提出申诉。

10. 在双打比赛开始时，A 发球给 Y，第二局开始时：

    a. Y 应发球给 A。

b. X 应发球给 B。

    c. X 或 Y 发球，A 和 B 则决定谁接球。

    d. 应由 X 发球给 A，或由 Y 发球给 B。

    e. 应由 X 发球给 B，或由 Y 发球给 A。

11. 在双打比赛的最后一局中，比分打到 9：5 时，A 发球给 X，X 没有接住。这一回合刚结束，下一回合还未开始，规定的时间用完了，接下去应由：

    a. X 发给 A。

    b. A 发给 Y。

    c. X 发给 B。

    d. Y 发给 A

    e. Y 发给 B。

12. 一件蓝色短袖运动服上除了制造厂家的商标外，还有两个广告。广告之一是一黄色方块，面积为 30 平方厘米，内有一水果饮料生产厂家的标志；广告之二是三行白色的标志，上面写有某保险公司的字样，面积也为 30 平方厘米。这件短袖运动服：

    a. 不合规则，因为广告的字是白色的。

    b. 不合规则，因为广告与乒乓球产品无关。

    c. 不合规则，因为几个广告的颜色不一致。

    d. 不合规则，因为除商标外还有两个广告。

    e. 合乎规则。

13. X 脱下上身红色长袖运动服，穿着同样颜色的短袖运动服打比赛。在比赛中，X 的衣服不慎挂到台角上，撕得不成样子，他提出马上换一件随身带来的红色长袖运动服。这时，应：

    a. 允许 X 立即更衣。

    b. 如果 A 对 X 的衣服颜色没有异议，允许 X 立即更衣。

    c. 允许 X 更衣，须等到该局结束。

    d. 要 X 穿红色长袖衣继续比赛，这样不会改变衣服颜色。

    e. 要 X 穿着破运动服打完该场比赛。

14. 在单打比赛的最后一局中，比分打到 8：5，球正处于比赛状态时，裁判员突然想起双方运动员在这一局还没有交换方位：

    a. 等到该回合结束后要运动员交换方位，在现有比分上继续比赛。

b. 中断比赛，要求运动员交换方位，即在一方运动员先得 10 分的比分上继续比赛。

    c. 中断比赛，要求运动员交换方位，从 8∶5 开始比赛。

    d. 中断比赛，从 0∶0 重新开始比赛。

    e. 不采取行动，因为双方运动员都已接受了这一错误。

15. 在一场五局三胜制的单打比赛中，双方运动员在第三局结束后有权要求休息：

    a. 2 分钟，不论双方同意与否。

    b. 2 分钟，但须征得对方同意。

    c. 5 分钟，不论对方同意与否。

    d. 5 分钟，但须征得对方同意。

    e. 5 分钟，由裁判员决定。

16. X 在一场比赛的头一局以 2∶9 落后，他抗议说，照明度不够，他看不清来球：

    a. 如果该场地以前使用过，并没有人抱怨过，那么不采取行动。

    b. 立即向裁判长报告。

    c. 不立即采取行动，但在该局比赛结束后向裁判长报告。

    d. 如果 A 也支持 X 的抗议，立即向裁判长报告。

    e. 认为双方机会均等，不采取行动。

17. 在又暖又潮的环境里比赛时，X 每打两三个回合便停下来擦眼镜片，Y 抱怨说应该打五分球才允许这样停止一次。这时，裁判员应：

    a. 警告 X，如果他不及时改正便向裁判长报告他的行动。

    b. 警告 X，如果他不及时改正便取消其比赛资格。

    c. 裁判员如果认为擦眼镜片是合理的，并不影响比赛的连续性，便可允许 X 在回合间擦镜片。

    d. 允许 X 在回合间擦镜片，但告诫他，他因此在局与局之间便不能要求休息。

    e. 告诉 X 他在回合间也可以要求暂停，以便擦汗。

18. 裁判员认为 A 连击，但又不十分肯定，并判了 X 得分；A 提出抗议，说那次击球没有连击：

    a. 裁判员在任何情况下都不改变原判。

    b. 如果观众支持 A，且 X 不表态，那么可以改变原判。

    c. 如果观众支持 A，即使 X 说 A 连击，也要改变原判。

d. 如果 X 也同意原判有错，可以改变原判。

e. 判重发，因为对原判有疑问。

19. 在一个回合中，A 企图还击，但球碰到他执拍手手背后，越过了球网，在 X 方台面靠近球网处弹起，击球球拍碰到比赛台面；X 击球后，球过了网，在 A 的台面弹起：

    a. 判重发球，因为球触及 A 的执拍手。

    b. 判 X 得分，因为球触及 A 的执拍手。

    c. 判重发球，因为 X 的球拍触及比赛台面。

    d. 判 A 得分，因为 X 的球拍触及比赛台面。

    e. 不采取行动，因为球仍处于比赛状态。

20. A 发出一个好球后，把球拍从右手移到左手；X 接发球，球飞过比赛台面，没有触台，被 A 用右手接住：

    a. 判 X 得分，因为 A 拦击了来球。

    b. 判 X 得分，因为 A 阻挡了来球。

    c. 判 A 得分，因为 X 还击失误。

    d. 判重发球，因为裁判员确定不了哪一只是 A 的执拍手。

    e. 判重发球，因 A 的行动可能干扰了 X。

21. 在一场双打比赛的第二局，A 和 B 很快输掉了 10 分，接着很容易地开始得分。X 和 Y 提出抗议，指责 A 和 B 使用与比赛开始时不同的球拍；A 和 B 解释说他们不过是相互交换了球拍而已。对此，裁判应：

    a. 不采取行动，因为球拍还是原来的球拍，尽管使用者不同。

    b. 坚持要 A 和 B 在剩下的比赛中各自用原来的球拍，并在现有的比分上继续比赛。

    c. 坚持要 A 和 B 在剩下的比赛中各自用原来的球拍，从 10：0 开始继续比赛。

    d. 警告 A 和 B 未经宣布即行换拍；允许 X 和 Y 再次检查球拍，然后从现有比分开始比赛。

    e. 警告，并报告裁判长。

22. 在一回合正在进行时，一只球从旁边球台慢慢地滚进比赛场内。此时，裁判应：

    a. 不采取行动，因为双方均可能受到影响。

    b. 不采取行动，直到该回合结束，再判断结果是否受到影响。

    c. 判重发球，如果裁判员能肯定至少有一名运动员已注意到这个球。

d. 判重发球，但只在比赛双方有一方提出要求时。

    e. 判重发球，因为该回合的结果可能受到影响。

23. 如果一名法国的裁判员在日本主持一场世界锦标赛，场上是瑞典的运动员对中国运动员，裁判员的报分：

    a. 必须用日语，即组织比赛协会的语言。

    b. 必须用瑞典语或汉语。

    c. 可以用裁判员选择的任何语言。

    d. 必须用英语。

    e. 在裁判员和运动员同意的情况下，可用法语。

24. 在实行轮换发球法时，计数员应计算的击球数为：

    a. 发球员的还击次数，从 1 到 12。

    b. 接球员的还击次数，从 1 到 12。

    c. 发球员的还击次数，从 1 到 13。

    d. 发球员的还击次数，不算发球，从 1 到 13。

    e. 接球员的还击次数，从 1 到 13。

25. 一场比赛的第二局打到 18 平时开始实行轮换发球法，该局以比分 25：23 结束。第三局第一个发球员应是：

    a. 该场比赛首先发球的运动员。

    b. 该场比赛首先接发球的运动员。

    c. 第二局比赛最后发球的运动员。

    d. 第二局比赛最后接发球的运动员。

    e. 实行轮换发球时，第一个接发球的运动员。

169

26. 女子单打比赛第三局，当比分是 4：5 时，A 提出要实行轮换发球法，但 X 不同意；可是当比分到 19：19 时，X 却同意。此时，裁判员应：

    a. 立即实行轮换发球法。

    b. 不予置理，继续比赛。

    c. 征求 A 的意见，如同意，即可执行。

    d. 一局未满 15 分钟，不能实行。

    e. 报告裁判长。

27. A 在比赛开始时有轻微咳嗽，比赛期间咳嗽加剧，因为呼吸有困难，他要求休息片刻。此时，裁判应：

    a. 无论 X 是否同意，都允许 A 休息片刻。

    b. 如果 X 同意，允许 A 休息片刻。

c. 判 X 此局获胜,在规定的局与局之间的休息时间之后继续比赛。

d. 不同意休息,继续比赛。

e. 立即向裁判长报告。

28. 在一场电视转播的双打比赛中,X 意外地撞到裁判的桌子,同时撞伤了腿,裁判长允许比赛暂停,以便 X 包扎伤口;A 和 B 想保持体温,便要求在暂停期间练球。但电视台不愿意比赛球台被用来练球。那么,在什么情况下,他们可以在厅内的另外一张球台上练球:

a. 裁判长允许才行。

b. 裁判员允许即可。

c. Y 同意即可。

d. 不需特别许可。

e. 任何情况下都不允许。

29. 在男子单打比赛中,运动员 A 因扑救短球,右腿不慎在球台角上撞伤,他因此请求中断比赛,以便休息一下。对此:

a. 裁判员可允许休息不超过 5 分钟。

b. 裁判长可允许休息不超过 5 分钟。

c. 裁判员可允许休息不超过 10 分钟。

d. 裁判长可允许休息不超过 10 分钟。

e. 不能允许休息,必须继续比赛。

30. 在什么情况下,运动员将自动失一分:

a. 球在比赛台面上方触及运动员的执拍手。

b. 球在比赛台面上方触及运动员的拍柄。

c. 球绕过比赛台面没有触及比赛台面,却触到了运动员的执拍手。

d. 球在比赛台面上方触及运动员球拍底板边上的镶边。

e. 球在比赛台面上空,却触到了邻台飞过来的球。

二、 规则部分

1. 谈谈比赛中对常见的发球违例的判定和处理原则。

2. 作为裁判员,应从哪些方面着手来保证比赛连续进行?

3. 回答规则中规定裁判员在什么情况下应使用红、黄牌,并写出使用方法和程序。

4. 裁判员在什么情况下应报告裁判长?请分别写出裁判员应报告和不应报告的 5 件事例。

5. 请阐述"机会均等"在规则中的体现。

6. 任命你担任一次全国乒乓球比赛的裁判长，请制定出裁判长工作流程。

三、抽签编排部分

（一）

1. 竞赛抽签的实质是_____。
抽签的结果必须符合的两条基本原则是_____
_____。

2. 位置应按照_____安排，在第一轮中尽可能_____。

3. 由不同协会的选手组成的男子双打或女子双打配对，应被视为属于_____协会；混合双打配对，应被视为属于_____协会。

4. 在单项比赛中，未经选手同意，不得安排其在 4 小时一节内参加_____的比赛;或安排其在 5 小时一节内参加_____的比赛；在团体赛中，未经队长同意，不得安排一个队在一天内参加_____的比赛。

5. 67 人参加淘汰赛并增加附加赛，排出前 6 名名次共需进行_____轮_____场比赛。

6. 22 个队参加团队赛，第一阶段分 4 组进行小组循环赛，第一阶段共进行____轮____场比赛；最少需____节赛完，最多使用_____张球台。

7. 用 64 个号码位置进行淘汰赛，设 8 名种子，请分别写出他们必须进入或可能抽入的位置号码。

种子序号及种子	必须进入或可能抽入的位置号码
第 1 号种子 A_1	
第 2 号种子 B_1	
第 3 号种子 A_2	
第 4 号种子 C_1	
第 5 号种子 A_3	
第 6 号种子 C_2	
第 7 号种子 C_3	
第 8 号种子 D_1	

8. 画出前 8 名增加附加赛决出 1~8 名的次序表。

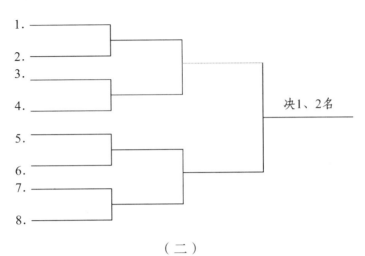

决1、2名

（二）

5 个队参加循环赛：

（1）用"1 号位固定不动的逆时针轮转法"写出他们的比赛次序。

（2）用 4 月 1 日、2 日的 5 节时间，使用 2 张球台，请将他们之间的比赛日期、时间、台号填入比赛次序表。

	A	B	C	D	E	得分	名次
A	★						
B		★					
C			★				
D				★			
E					★		

某次大赛五个单项的比赛（全部为五局三胜制），在 4 月 1 日~4 日进行，用 9 节时间赛完，最多使用 4 张球台，决赛安排在两个晚上。

（1）请在下表中用划块方式设计出编排方案。

	1	2	3	4	5
男单 31 人					
女单 30 人					

男双 16 对					
女双 16 对					
混双 16 对					

（2）按上表的设计，安排出每节的比赛场次。

		4 月 1 日	4 月 2 日	4 月 3 日	4 月 4 日
上午	08：30	混双 1-4			
	09：00	混双 1-4			
	09：30	混双 2-2			
	10：00	混双 2-2			
	10：30	混双 3-1			
	11：00	混双 3-1			
下午	14：00				
	14：30				
	15：00				
	15：30				
	16：00				
	16：30				
晚上	19：00				
	19：30				
	20：00				
	20：30				
	21：00				
	21：30				

A 队 1 人、B 队 1 人、C 队 2 人、D 队 3 人、E 队 4 人、F 队 5 人、H 队 7 人参加男子单淘汰赛，第 1 号种子为 F_1，第 2 号种子为 C_1，第 3、4 号种子分别为 C_2、A_1。

（1）请绘制出他们的抽签平衡控制表，并在表中标明每个选手的"进区"结果。

1/2 区	1/4 区						1/4 区				1/2 区			
							位置数	轮空数	固定数	机动数	位置数	轮空数	固定数	机动数
1	1													
	2													
2	1													
	2													

（2）将已抽入各"区"的选手，再抽入各号码位置。

（3）用 4 月 1 日早、晚两节时间排出他们的比赛次序，球台数自定。

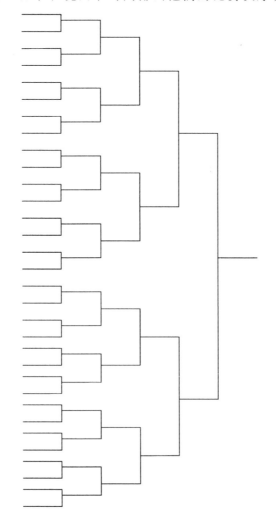

4. 改正下列记分表中的错误并将表格填写完整。

女子团体

山　西　　　　　　　　　　　　日期　<u>1997.8.21</u>

场次号	阶段	组别	时间	台号
2015	1	A	下午2：00	3

山　东

顺序	A/B/C/ 山东		X/Y/Z 山西		每局比分			每场 结果
					1	2	3	
1	A	俞红英	X	陈继芳	21/15	16/21	21/18	2：1
2	B	朱　芳	Y	高玉珍	18/21	21/19	21/15	2：1
3	C	王秀芳	Z	李　红	17/21	18/21		0：2
4	A	俞红英	X	高玉珍	17/21	21/15	21/19	2：1
5	B		Y					

比赛结果：　<u>3：1</u>　　获胜队：<u>山　东</u>

胜方队长签名：<u>李　红</u>　　负方队长签名：<u>俞红英</u>

裁判员签名：　　　　　　竞赛地点：中国北京

5. 有7个队进行循环赛，比赛成绩如下表所示。请按现行规则，计算各队名次，并写出简要的计算过程（表中"W-O"表示胜队，"W/O"表示弃权）。

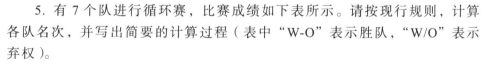

	A	B	C	D	E	F	G	得分	名次
A	★	3：2	1：3	W/O	2：3	1：3	3：0		
B	2：3	★	3：2	2：3	3：1	3：0	3：1		
C	3：1	2：3	★	1：3	3：0	3：2	3：2		
D	W-O	3：2	3：1	★	2：3	3：1	2：3		
E	3：2	1：3	0：3	3：2	★	3：2	W		
F	3：1	0：3	2：3	1：3	2：3	★	1：3		
G	0：3	1：3	2：3	3：2	L	3：1	★		

四、口试题

1. 试述规则、规程中裁判人员的管辖权的实质,以及它们之间的关系。

2. 试述规则规程中申诉的完整概念。

乒乓球裁判员考试模拟真题四

在你认为正确的答案前画"○"。

1. 实行轮换发球法时：

    a. 只能由裁判员计击球板数。

    b. 由裁判员或副裁判员计击球板数。

    c. 只能由副裁判员计击球板数。

    d. 由副裁判员或另一名裁判人员计击球板数。

2. 比赛前的法定练习时间：

    a. 在得到裁判长的同意后可以延长。

    b. 在得到裁判员的同意后可以延长。

    c. 在得到双方运动员协商同意后可以延长。

    d. 在任何情况都不能延长。

3. 运动员可以接受场外指导的时间：

    a. 只能在局与局之间。

    b. 在局与局之间和最后一局交换方位时。

    c. 只能在局与局之间和批准中断的时间内。

    d. 在任何时候，只要在比赛的连续性不受影响的情况下。

4. A 和 X 同意在比赛一开始执行轮换发球法，在第一局比赛结束后，A 要求是否在剩下的比赛中能在正常比赛条件下进行，可能被接受的情况：

    a. 只要 X 同意。

    b. 只要第一局比赛没有超出比赛的时限。

    c. 在任何情况下都不可以。

    d. 由裁判员决定。

5. 裁判员应出示红牌，表明：

    a. 因不良行为而判罚 1 分。

    b. 因不良行为而取消运动员的资格。

    c. 因不良行为而判罚 2 分。

d. 因场外指导的不正确指导而被驱逐出赛区。

6. 由于比赛场馆太凉，运动员可穿长运动服进行比赛：

a. 只要得到裁判员的同意。

b. 只要得到裁判长的同意。

c. 只要得到对方的同意。

d. 在任何情况下都不许可。

7. 助理裁判员遇到哪种情况，可使用黄卡提出正式警告：

a. 怀疑运动员发球动作的正确性。

b. 对场外指导的非法指导。

c. 对运动员的不良行为。

d. 不能对任何人。

8. 在团体赛前两场单打比赛中，A因辱骂对方而受到警告，而B因同样的行为被判罚1分。之后当A和B一起参加本团体赛的双打比赛时，A在还击时失误并有意将球击出赛场外：

a. 判A/B失2分，因为B已被判罚了1分。

b. 判A/B失1分，因为A受到了警告。

c. 就其不良行为警告A，因为他前一次警告仅限于其单打比赛。

d. 将A和B连续不断的不良行为向裁判长报告。

9. A在还击中，球碰到了他执拍手手背，越到X方台面靠近球网处弹起。当X向前击球时，他的执拍手碰到了比赛台面，正在这时，球触到球拍，再次弹起过网进入A的球台：

a. 不采取行动，因为球仍处在比赛状态。

b. 判重发球，因为球被A的执拍手击中。

c. 判X得分，因为球被A的执拍手击中。

d. 判A得分，因为X的执拍手触及到了比赛台面。

10. 在国际公开锦标赛中：

a. 对阵双方必须穿明显不同颜色的上衣。

b. 选手必须穿一种或两种固定颜色的上衣。

c. 上衣的任何部分都不能穿与球一样的颜色。

d. 双打选手必须穿一致的服装，鞋子和袜子可以除外。

11. 一场团体赛包含4场单打和一场双打，B在打完第一场单打比赛后，要求休息10分钟再打下一场的双打比赛，裁判员应该：

a. 允许休息10分钟。

b. 不允许休息因为比赛必须要连续进行。

c. 如果对方的队同意，可以允许休息 5 或 10 分钟。

d. 无论对方的队是否同意都允许休息 5 分钟。

12. 比赛中，A 不小心将球拍撞到了球台的边上，球拍覆盖物出现了一个洞。他说他没有备用板，希望继续使用损坏的球拍，裁判员应该：

    a. 允许 A 继续使用损坏的球拍因为你确定这并不会给 X 带来什么不利影响。

    b. 告诉 A 不能使用损坏的球拍，允许他有 5 分钟时间去更换。

    c. 告诉 A 不能使用损坏的球拍，如果他不马上去更换便取消他的比赛资格。

    d. 报告裁判长。

13. X 在生气中用球拍狠狠地将球拍砸向球台，使得球台表面的一角出现一个裂缝。裁判员应该：

    a. 警告 X 然后继续比赛。

    b. 停止比赛报告裁判长。

    c. 判对方得一分；更换球台继续比赛。

    d. 要求把比赛移到另一张球台进行。

14. A 发球，球第一下跳到了网柱上再跳到他自己这边的球台，由于旋转又跳过了网。在球没有弹到 X 方比赛台面之前，X 就已经把球抓住了：

    a. 判 A 得分，因为 X 阻挡了。

    b. 判 X 得分，因为 A 未能合法发球。

    c. 判 A 得分，因为 X 使 A 未能合法发球。

    d. 判重发球，一个除了擦网外便合法的发球被阻挡了。

179

15. 单项比赛中，教练员示意暂停，而运动员不愿意：

    a. 必须暂停，双方运动员可以接受指导。

    b. 必须暂停，因为教练员有决定权。

    c. 不能暂停，因为运动员有决定权。

    d. 象征性地已经暂停，运动员必须马上重新回到赛场，继续比赛。

16. 当 A 沿着台边跑动回击在球网附近弹起的球，他跌倒，摔倒在地板上，他在地板上身体阻止了 X 回击球，X 没有回击好这个球。裁判员应：

    a. 宣布重发球，因为 A 的意外地阻碍了 X 好的回击。

    b. 判 A 得 1 分，因为 X 没有回击好球。

    c. 判 X 得 1 分，因为 A 阻止了他回击好球。

d. 宣布重发球，因为由于事故，A 不能继续。

17. A 和 X 到达比赛的球台时没有选过球，并要求选球，裁判员应该：

    a. 挑边，由中签者在桌上选一个球。

    b. 同意他们，给他们几分钟,在球桌上选一个球。

    c. 任意挑选一个规定类型的球，坚持使用它。

    d. 离开比赛区域，给他们几分钟选球。

18. 在双打比分 0：0 时，A 应该发球给 X，由于错误，B 发球给 X，被 X 和 A 合法还击后，Y 的下一个回击失误，之后意识到发球的运动员错误，裁判员应该：

    a. 判 A/B 得分,由于 Y 没有好的回击，继续比赛，A 发球给 X。

    b. 判 X/Y 得分,由于错误的运动员发球，继续比赛，A 发球给 Y。

    c. 判 A/B 得分，由于 Y 没有好的回击，继续比赛，B 发球给 Y。

    d. 重发球，由于错误的运动员发球，继续比赛，A 发给 X。

19. 在比赛中，擦汗被允许：

    a. 只在交换发球时。

    b. 只在交换发球和决胜局交换方位时。

    c. 每 6 分球后。

    d. 每 6 分球和在决胜局交换方位时。

20. 在双打比赛开始,第一局比赛 A 发球给 X，第二局比赛：

    a. 由 X/Y 决定他们谁先发球，如果 X 发球，A 接发球；如果 Y 发球，B 接发球。

    b. 由 X/Y 决定他们谁先发球，A/B 决定谁先接发球。

    c. X 必须发给 A。

    d. X 或 Y 可先发球，但 A 必须第一接发球。

21. 如果 X 的球拍没有损坏，他能在一场比赛期间换另一个：

    a. 在任何时间，只要新球拍能给裁判员和 A 看看。

    b. 仅仅在局与局之间，只要新球拍给裁判员和 A 看看。

    c. 任何情况下都不能。

    d. 任何时间都可以，只要 A 同意。

22. 在单项比赛中运动员可以申诉：

    a. 就裁判员对发球规则的解释，向裁判长申诉。

    b. 就裁判员判他的回击失误未落在台面上的决定,向裁判长申诉。

    c. 就计数员错误的击球计数，向裁判员申诉。

d. 就副裁判员判他在发球上升期击球，向裁判员申诉。

23. 在双打赛的决胜局，比分为 4 比 2 时，A 发球给 X，但 X 未能击中球。当球刚触及地面后，时限刚到。下一回合应该由：

　　a. A 发球给 Y。

　　b. X 发球给 B。

　　c. X 发球给 A。

　　d. Y 发球给 A。

24. 球拍的底板：

　　a. 必须平坦及坚硬，并且厚度不得超过 4 毫米。

　　b. 用来击球的一面可以覆盖正贴或反贴的海绵胶。

　　c. 两面均必须覆盖海绵胶或颗粒胶，一面为黑色，而另一面为鲜红色。

　　d. 用来击球的一面可以覆盖正贴或反贴的颗粒胶。

25. 在一场团体赛中，A 的队长示意暂停，但 A 说他没有这需要。裁判员应该：

　　a. 不批准暂停，因为球员有最终决定权。

　　b. 批准暂停，因为队长有最终决定权。

　　c. 批准暂停，但因 A 已准备好继续比赛，故此暂停即时结束。

　　d. 批准暂停，并允许 X 有不超过一分钟的接受指导时间。

26. 为一场比赛计时：

　　a. 副裁判员必须计算赛前练习时间、每局时间、局与局间的中断时间及任何暂停时间。

　　b. 裁判员或副裁判员均可计算赛前练习时间、每局时间、局与局间的中断时间及任何暂停时间。

　　c. 副裁判员计算赛前练习时间、每局時間、局与局间的中断时间，而裁判员必须计算任何暂停时间。

　　d. 当球被打出场区外或一些例如双打球员长时间商量的延误时，计时器须停顿。

27. 当一名运动员第一次发球动作不合法时，在下列哪种情况下，裁判员可喊"let"并向其提出警告：

　　a. 只能是在未指派副裁判员时。

　　b. 只能是在副裁判员说他未能看清楚发球的动作时。

　　c. 在任何情况下都不行。

d. 只要是裁判员确认发球员未占优势的情况下。

28. 在轮椅双打比赛中，A 发球给 X，但因球带有极强下旋而引致球回旋到球网的方向，令 X 无法把球回击。裁判员应：

  a. 判 A/B 得分，因 X 未能作出有效回击。

  b. 判重发球，因球回旋到球网的方向。

  c. 判 X/Y 得分，轮椅比赛中发回旋球是违规的。

  d. 报告裁判长，A 是故意发回旋球的。

29. 当 A/B 与 X/Y 进行双打比赛时，A 发球给 X，X 成功回击，A 又回击，球落在 X/Y 方台面。在此时刻，B 的轮椅明显地超越中线。裁判员应：

  a. 判 X/Y 得分，A/B 轮椅超越中线。

  b. 继续比赛，不予置理。

  c. 判 X/Y 得分，A/B 方的击球次序错误。

  d. 判重发球，警告 B 轮椅不能超越中线。

30. 在一场轮椅比赛中，A 因一高难度来球向反手方向伸展，他成功地把球击回，但却因此而滑出轮椅，导致身体一部分处于轮椅外，脚部接触到地面，但他用强而有力的手臂支撑身体返回轮椅上；X 作出有效回击，这时 A 已返回轮椅上，并有效回击来球，令 X 无法回击。裁判员应：

  a. 判 X 得分，因为 A 的脚部在比赛回合中与地面接触。

  b. 判 A 得分，X 未能有效回击。

  c. 判 X 得分，A 身体一部分处于轮椅外。

  d. 判重发球，A 影响了 X 的还击。

31. 在一场单打比赛中，运动员要求更换一件不同颜色的服装，裁判员：

  a. 同意。

  b. 不同意。

  c. 报告裁判长。

  d. 装作没有看见。

32. 在一场双打比赛的发球时，裁判员关注的流程是：

  a. 先看发球是否违例，而后看接发球运动员的执拍手是否触及台面。

  b. 先看发球是否违例，而后同时看是否擦网和接发球运动员的执拍手是否触及台面。

c. 先看发球是否违例，而后看接发球运动员的非执拍手是否触及台面。

  d. 先看发球是否违例，而后同时看是否擦网和接发球运动员的非执拍手是否触及台面。

33. 在一场比赛中，看台上一人总是在指导场内运动员，裁判员：

  a. 不理睬。

  b. 暂停比赛，示意那个看台上的人远离该地。

  c. 暂停比赛，报告裁判长。

  d. 暂停比赛，示意那个看台上的人远离该地。如果那个人继续指导，报告裁判长。裁判长处理后，如果那个人继续指导，则盯紧可能接受指导的运动员。

34. 运动员发球时，应该绝对做到：

  a. 球静止。

  b. 不能旋转。

  c. 球至少上升 16 厘米。

  d. 球垂直上升。

35. 如果 A 认为 B 的执拍手触及了球,举手示意并将球高高回击过网，B 不明就里，也将球高高回击过去，裁判员应：

  a. 不理睬，继续比赛。

  b. 判 B 得分，因为 A 干扰了比赛。

  c. 暂停比赛，报告裁判长

  d. 暂停比赛，问清情况，解释规则，判重发球。

36. A 即将发球的一瞬间，B 要了一个暂停，裁判员应：

  a. 不理睬。

  b. 给 B 黄牌警告。

  c. 口头警告 B。

  d. 不允许暂停并口头警告 B。

37. A 为了接一个擦网球,将球拍丢了出去，球回击过了网，裁判员应：

  a. 虽然球拍触网，但拍柄还连着手指，不理睬，继续比赛。

  b. 虽然球拍没有触网，拍柄不是明显脱离了执拍手，不理睬，继续比赛。

  c. 虽然球拍没有触及网，但只要球拍脱离了执拍手，判 B 得分。

  d. 无论如何，不理睬。

38. A 发球踩脚，裁判员应：

    a. 不理睬，继续比赛。

    b. 判 A 失分，因为干扰了 B 的接发球。

    c. 暂停比赛，报告裁判长。

    d. 只要 B 没有受到干扰，就继续比赛。

39. A 双手拿拍进行比赛，裁判员应判：

    a. 不可以，因为 A 无法合法发球。

    b. 不可以，因为 A 没有非执拍手。

    c. 可以，因为 A 可以没有非执拍手。

    d. 报告裁判长。

40. 如果 A 必须要有非执拍手：

    a. 否则，A 无法发球。

    b. 否则，A 可以将一只手放在桌上借力。

    c. 否则，A 可以使用颜色相同、性能不同的球拍。

    d. B 和 C。

参考答案：

1. d	2. a	3. c	4. c	5. d	6. b	7. d	8. a	9. a	10. a
11. d	12. d	13. b	14. b	15. c	16. a	17. c	18. a	19. d	20. a
21. c	22. a	23. c	24. b	25. b	26. b	27. c	28. b	29. a	30. a
31. a	32. d	33. d	34. c	35. d	36. c	37. b	38. a	39. b	40. d

乒乓球裁判员考试模拟真题五

1. 一场比赛最好由下列局数组成：

   a. 5 或者 7 局。

   b. 3 或者 5 局。

   c. 3、5 或者 7 局。

   d. 任何奇数局。

2. X 未能合法还击，裁判员判 A 得 1 分。X 抗议称 A 无意连续击球两次，虽然裁判员不这样认为，但 A 承认了：

   a. 判 A 得分，因为即使 A 连击，也不是有意的。

   b. 判 A 得分，因为一旦做出判决是不能改变的。

   c. 判 X 得分，因双方运动员都承认原判决是错误的，而裁判员又不肯定。

   d. 判重发球，因为裁判员不肯定 A 是否连击。

3. 在比赛中一名运动员意外地碰到裁判桌上，撞伤了腿：

   a. 不能休息，因裁判桌为正常的固定装置。

   b. 经裁判员的同意可以休息，时间最多为 10 分钟。

   c. 只要对方同意就可以休息，时间最多为 10 分钟。

   d. 经裁判长的同意可以休息，时间最多为 10 分钟。

4. 在赢得了一个长时间的回合后，A 用不执拍手击打球拍，球拍拍柄脱落，A 询问是否能用随身带的备用板进行比赛：

   a. 不允许 A 使用备用板，因为在比赛的任何情况下都不能换球拍。

   b. 报告裁判长。

   c. 允许 A 使用备用板，只要备用板符合规定，并得到 X 的同意。

   d. 不允许 A 使用备用板，因为会对 X 造成威胁。

5. 下列哪一条文能最适当地表达国际比赛的要求：

   a. 只有在裁判员允许的情况下，球员才可在两局之间把球拍随身带着。

   b. 建议球员在两局之间将球拍留在球台上。

c. 球员必须在两局之间将球拍留在球台上。

d. 一般情况下，球员可在两局之间把球拍随身带着。

6. X 完成了一个好的还击，这时没站稳，球拍掉地上了，为了维持平衡，她将曾经握拍的手靠在球台上，没有造成球台移动，但 A 还击没有上台：

    a. 重发球。

    b. 不采取行动。

    c. X 得 1 分。

    d. A 得 1 分。

7. 在一场 ABC 对 XYZ 的团体赛的第一场比赛中，B 由于对 A 作不合法场外指导而被警告，在该场团体赛的第二场单打赛时，A 对 B 不合法的场外指导。裁判员应该：

    a. 出示红牌，要求 A 离开场地范围，直至 B 的这场比赛完毕后才可回来。

    b. 出示红牌，要求 A 离开场地范围，除了需要参加下一场，否则不能回来。

    c. 出示红牌，要求 A 离开场地范围，整场团体赛完毕前不能回来。

    d. 警告 A 并出示黄牌。

8. 裁判认为但不能肯定 A 还击失误了并且判 X 得 1 分，但 A 抗议说球擦了 X 的边，裁判应该：

    a. 在任何情况下都拒绝更正。

    b. 判重发球，因为对事实判定的正确性受到怀疑。

    c. 改变判决，如果 X 同意是错判则更正。

    d. 改变判决如果观众支持 A 并且 X 说没关系。

9. X 发球，球在本台区弹起，触到球网的顶端后飞到上空，A 用不执拍手在比赛台面上方接住了球，然后将手放在了比赛台面上：

    a. 判 A 得分，因为 X 未能合法发球。

    b. 判 X 得分，因为 A 的不执拍手触及比赛台面。

    c. 判重发球，因为球触网后被 A 阻挡。

    d. 判 X 得分，因为 A 阻挡了球。

10. 在交换发球时，裁判应该用手势表明上一回合的得分方，宣布比分时下个发球方的分数在前，同时必须：

    a. 不作手势和出声。

b. 指向发球方，不需要报出发球方的名字。

　　c. 指向下个发球方并报出下个发球方的名字。

　　d. 指向下个发球方并<u>必须不</u>报出下个发球方的名字。

11. 当双方到达双打比赛场地，X/Y 着蓝色运动衫，但 A 着红色并且 B 着黄色。A/B 说他们来自不同的协会，他们穿着的颜色是协会指定的颜色。裁判应该：

　　a. 报告裁判长。

　　b. 允许他们着不同颜色的运动衫，因为他们衣服颜色与 X/Y 的明显不同。

　　c. 允许他们着不同颜色的运动衫，因为他们来自不同的协会。

　　d. 坚持 A 和 B 必须着相同颜色的运动衫。

12. 一场比赛前法定的练习 2 分钟时间能够被延长：

　　a. 任何情况下都不能。

　　b. 裁判长同意。

　　c. 裁判员同意。

　　d. 双方运动员或双打配对运动员同意。

13. 下列哪个陈述是正确的？

　　a. 在双打中的每位运动员都有对可疑发球被警告的权力。

　　b. 副裁判员不能警告可疑发球。

　　c. 运动员首次发球不合法，裁判员可以判重发并给运动员警告。

　　d. 假如有副裁判员，裁判员和副裁判员都可以对可疑发球进行警告。

14. 在双打赛中的第一局 X 先发球给 A。第二局开始时，B 发球给 X，X 及 A 先后作出合法回击，Y 的下一个回击没有击中球台。此时才发现发球及接发球的次序错误了。裁判员应该：

　　a. 判重发球，因错误的球员发球，但应由 A 发球给 X，继续比赛。

　　b. 判 X/Y 得一分，因错误的球员发球，但应由 A 发球给 Y，继续比赛。

　　c. 判 A/B 得一分，因 Y 回击失误，但应由 B 发球给 Y，继续比赛。

　　d. 判 A/B 得一分，因 Y 回击失误，但应由 A 发球给 X，继续比赛。

15. 在双打比赛决胜局 4-2 时，A 发球给 X 没击到球，就在球落到地板上时时间到。下个回合：

　　a. A 发给 Y。

　　b. X 发给 B。

c. Y 发给 A。

d. X 发给 A。

16. 球没有上台且越过了 A 的台区没有过端线，A 在边线外击球：

a. A 得 1 分。

b. X 得 1 分。

c. 重发球。

d. 不采取行动。

17. 裁判长可以就下列情况批准不超过十分钟的中断时间：

a. 让意外地损毁球拍的球员修理他的球拍或更换另一块球拍。

b. 让受伤的球员接受治理；如有必要可批准更长的时间以便清理场区内所有血渍。

c. 让由于激烈的比赛以致过份疲累的球员得以恢复过来。

d. 让受伤的球员接受治疗。

18. A 回击时用执拍手手背击球，击中 X 的台区接近网处。当 X 伸向前预备击球时，他的执拍手放在台面上，这时球刚好击中他的球拍再反弹回 A 的台区：

a. 判 X 得分，由于球被 A 的执拍手击中。

b. 不作行动，由于球仍在比赛状态中。

c. 判重发球，由于球被 A 的执拍手击中。

d. 判 A 得分，由于 X 的执拍手碰到台面。

19. X 完成一个好的还击后滑倒了，眼看 X 没能力继续完成这个回合，A 抓住了球：

a. X 得 1 分。

b. 不采取行动。

c. 重发球。

d. A 得 1 分。

20. 运动员就副裁对阻挡的判定提出申诉：

a. 向竞赛主任提出。

b. 向裁判员提出。

c. 不能申诉。

d. 向裁判长提出。

21. 比赛计时：

a. 球离开比赛区域以及诸如两名双打选手的交谈而使比赛时间延

时，要停止计时器的计时。

    b. 助理裁判对赛前练习，每一局比赛，局与局的间隔进行计时，裁判员必须对暂停时间计时。

    c. 助理裁判必须对赛前训练，每一局比赛，局与局的间隔以及任何一次暂停时间进行计时。

    d. 裁判员或助理裁判对赛前训练，每一局比赛，局与局的间隔以及任何一次暂停时间进行计时。

22. 在一个回合中，A 在台面下击球，球从外面绕过球网装置触及到了 X 球台的上边缘：

    a. X 得 1 分。

    b. 不采取行动。

    c. 重发球。

    d. A 得 1 分。

23. 裁判员给予警告或副裁判员给予惩罚性 1 分：

    a. 裁判员放卡片到翻分牌边。

    b. 当给予处罚性 1 分后，仅放一张红牌在翻分牌边。

    c. 在罚 1 分后，在翻分器边上，将红牌放在黄牌边上。

    d. 警告后将黄牌放在翻分器边上，罚 1 分后不再采取特别行动。

24. 在单打比赛中，站立的 X 对因身体残疾而坐轮椅的 A，发球时除下列情况，球在 A 的右半区弹跳，从边线离开球台，A 回击了球，X 在随后的回击中失误了：

    a. 重发球。

    b. A 得 1 分。

    c. 不采取行动。

    d. X 得 1 分。

25. 单项比赛中，A 的教练员示意暂停，而 A 不愿意：

    a. 允许暂停，A 准备比赛后，暂停立即结束。

    b. 允许暂停 1 分钟，因为 A 没有权力再要求其他暂停时间。

    c. 不能暂停因为运动员有决定权。

    d. 允许 X 有不超过 1 分钟暂停时间接受教练员指导。

26. 报分：

    a. 可以使用裁判员及双方运动员协商同意的任何语言。

    b. 必须使用英语。

c. 可以使用裁判员选择的任何语言。

　　d. 必须使用组织比赛协会的语言。

27. 在一场团体赛的前两个单打比赛，A 被警告且 B 被判罚 1 分。后来在该场团体赛他们配对参加双打比赛时，A 有意用脚踩破球。裁判应该：

　　a. 判 X/Y 得 2 分。

　　b. 报告裁判长。

　　c. 正式警告 A/B。

　　d. 判 X/Y 得 1 分。

28. 发球时，A 将球向上抛起，球升过灯管而没有触及它们，X 没有合法还击，说他受影响了：

　　a. X 得 1 分。

　　b. 重发球。

　　c. A 得 1 分。

　　d. 不采取行动。

29. 在双打比赛时 B 发球给 Y，A 站在其同伴的前面所以均挡住了 Y 和副裁判员看见 B 发球动作的视线。Y 未能合法还击：

　　a. 判 X/Y 得分，因为 Y 看不见 B 的发球动作。

　　b. 判重发球，并就其不合法行为警告 A。

　　c. 判 A/B 得分，因为 Y 未能合法还击。

　　d. 判重发球，因为 Y 看不见 B 的发球动作。

30. 当双打赛中只有一名球员需要坐轮椅比赛，而他的同伴因身体残疾站立时：

　　a. 运动员必须按顺序击球。

　　b. 当向坐轮椅的球员发球，球不得在接发球员一方越过边线。

　　c. 轮椅比赛规则不适用的唯一仅一名在轮椅上的运动员。

　　d. 当发球给坐轮椅的球员，球不得弹在接发球员一方后反弹及跨越球网。

31. 一个回合结束后，裁判应该：

　　a. 球一脱离比赛状态立即作出手势，但直到在运动员准备下个回合比赛时再报分。

　　b. 直到在运动员准备下个回合比赛时再报分。

　　c. 球脱离比赛状态立即报分。

　　d. 球一脱离比赛状态立即作出手势，只要他确信双方运动员能听到就马上报分。

32. 裁判应出示：

    a. 一张黄牌用于不良行为进行警告。

    b. 一张黄牌用于警告不合法的发球。

    c. 一张红牌用于警告不合法指导。

    d. 一张红牌用于取消不正当行为的运动员资格。

33. 在一场团体比赛中有 4 场单打和一场双打，A 和 B 两名选手配对打双打。但在前面的单打比赛中，A 受到过警告，B 被罚过一分，在双打比赛的第二局，A 故意将球拍扔向档板。裁判员应该：

    a. 判 A/B 罚两分。

    b. 不采取行动。

    c. 判 A/B 罚一分。

    d. A 罚 1 分，B 罚 2 分。

34. 在服装的前面或侧面可以：

    a. 有不超过 3 条广告，只要是控制在规定的总面积之内。

    b. 不能超过 4 条广告，只要是控制在规定的总面积之内。

    c. 1 或者 2 条广告，只要是控制在规定的总面积之内。

    d. 不能超过 6 条广告，只要是控制在规定的总面积之内。

35. 一对由于伤残而坐轮椅的双打球员：

    a. 任何一位球员均可作出任何回击。

    b. 除了发球及第一次回击外，任何一位球员均可作出其他回击。

    c. 向他们的发球不得越过边线。

    d. 除了在轮椅比赛外，球员必须轮流击球。

36. 在团体比赛中可以当指导的人：

    a. 指定的一个人，只要球不在比赛状态。

    b. 一名指定的指导者，在两局之间及在规定的中断时间。

    c. 任何一个人，但只可在两局之间及规定的中断时间。

    d. 任何一个坐在板凳上的人，但只可在两局之间及规定的中断时间。

37. 在一场双打比赛中，站立的 A 发球给因残疾而坐轮椅的 X，除发球在 X 的右半区弹跳后从边线出去了，这个球没其他问题，X 没有企图去还击这个球：

    a. 重发球。

    b. 不采取行动。

c. X/Y 得 1 分。

    d. A/B 得 1 分。

38. A/B 双打运动员说不同语言，分别有不同的指导者。在第一场比赛中，A 的指导者因非法指导被警告，在下一场比赛中，B 的教练用手势告诉应该怎样发球：

    a. 出示红牌给所有的指导者，要求他们离开赛区。

    b. 出示黄牌给 B 的指导者。

    c. 出示黄牌给 A 的指导者，要求指导者离开赛区。

    d. 出示红牌给 B 的教练，要求他离开赛区。

39. 比赛中，A 不慎碰到了移动中的电视摄像机的电缆线，击球失误：

    a. 不采取行动。

    b. 重发球。

    c. X 得 1 分。

    d. A 得 1 分。

40. 副裁判员举起手喊"出界"，示意 X 还击的球在落地前，击到了离他最近的比赛台边上，但是裁判员确认球触及到了台面的边缘上：

    a. 判重发球，因裁判员和副裁判员持不同意见。

    b. 判重发球，因为副裁判员的判决可能会影响到运动员。

    c. 判 X 得分，因裁判员有最后决定权。

    d. 判 A 得分，因为副裁判员有最后决定权。

41. 球拍的底板：

    a. 用来击球的拍面可以用颗粒向内或向外的海绵胶覆盖。

    b. 用来击球的拍面可以用颗粒向内或向外的颗粒胶覆盖。

    c. 两面必须覆盖海面胶或颗粒胶，一面黑色、一面鲜红色。

    d. 必须平整、坚硬并且不超过 4 毫米厚。

42. 在一场轮椅双打中，A 回击了球轮椅越过了球台的中线，X 和 Y 没有能力回击这个球：

    a. A/B 得 1 分。

    b. 不采取行动。

    c. X/Y 得 1 分。

    d. 重发球。

43. A 发球，比分到 8 比 10 时，X 将球回击到对方的比赛台面，时间表上显示 10 分钟时间已到，裁判员应该：

a. 判重发，实行轮换发球，继续让 X 发球。

  b. 允许比赛继续进行，不采用任何行动。

  c. 允许比赛继续进行，但下一局实行轮换发球。

  d. 判重发，根据实行轮换发球，让 A 发球。

44. A 发球后，球在本方台区弹起后触及球网，此时 X 的不执拍手触及了台面：

  a. 不采取行动。

  b. A 得 1 分。

  c. X 得 1 分。

  d. 重发球。

45. 在国际公开锦标赛中：

  a. 上衣的任何部分都不能穿与球一样的颜色。

  b. 双打选手必须穿一致的服装，鞋子和袜子可以除外。

  c. 对阵双方必须穿明显不同颜色的上衣。

  d. 选手必须穿一种或两种固定颜色的上衣。

46. 在第一局比赛后，副裁判员：

  a. 更改分牌，先更改局分，然后把小分翻到空白。

  b. 立即更改分牌，先更改局分，然后把小分翻到 0：0。

  c. 更改分牌，先把小分翻到空白，然后更改局分。

  d. 立即更改分牌，先把小分翻到空白，然后更改局分。

47. 实行轮换发球法时，计数员应：

  a. 从发球员的发球开始到都要大声报数，直至第 13 板后，报"13"。

  b. 从接发球员的合法还击开始，都要大声报数，到他的第 13 板球打在球台上，要报"得分"。

  c. 不出声地数发球员的板数，包括发球作为第一板，在合法还击第 13 板后，便宣布"得分"。

  d. 从接发球员的还击开始，都要大声报数，直至到他还击第 13 板后，报"13"。

48. 双打比赛中，发球员发球，球触及发球员右半区后触网：

  a. 在判重发球或 1 分之前，等待球是否触及正确台区。

  b. 举臂等球触及台区再报分。

  c. 等待直到球触及接发球员半区，叫重发球。

  d. 假如球触及接发球半区立即叫重发球。

49. 当一场比赛的第 5 局比分为 8:7 时, 才发现比赛是 7 局 4 胜, 而双方运动员和裁判员此前都误以为比赛是 5 局 3 胜, 在 5:4 时, 交换了方位:

    a. 继续从 8：7 开始比赛, 但后面的比赛都不交换方位。

    b. 整个比赛从 5：4 开始, 双方按正确顺序比赛。

    c. 运动员按正确方位, 继续从 8：7 开始比赛。

    d. 运动员按正确方位, 从第五局重新开始比赛。

50. 在一场五场三胜的比赛中, A 在比赛中首先发球, A 因随后的对对手 X 的冒犯行为得到警告, X 得到 1 分。在第二局比赛中, 比分 8：10, A 发球, A 故意将球弄破:

    a. X 得 1 分, 第 3 局比赛开始：A 发球 0：0。

    b. X 得 2 分, 第 3 局比赛开始：A 发球 0：1。

    c. X 得 2 分, 第 3 局比赛开始：X 发球 1：0。

    d. 报告裁判长。

参考答案：

1. d   2. a   3. d   4. b   5. a   6. d   7. b   8. a   9. c   10. d

11. c   12. b   13. b   14. c   15. d   16. a   17. b   18. b   19. a   20. d

21. d   22. a   23. c   24. a   25. c   26. a   27. a   28. c   29. a   30. d

31. d   32. a   33. a   34. d   35. b   36. d   37. d   38. a   39. b   40. d

41. a   42. c   43. b   44. b   45. c   46. b   47. d   48. a   49. c   50. b

国际乒乓球裁判员考试模拟真题一

1. An appeal can be made against an assistant umpire's decision that a player obstructed the ball to (   ).

    a. the umpire

    b. the referee

    c. the tournament director

    d. the tournament management committee

    e. no-one

对副裁判员作出有关运动员阻挡的判决（   ）。

    a. 可向裁判员提出申述

    b. 可向裁判长提出申述

    c. 可向竞赛主任提出申述

    d. 可向竞赛管理委员会提出申述

    e. 不能向任何人提出申述

2. When the expedite system is in operation, strokes are counted (   ).

    a. only by the umpire

    b. either by the umpire or by the assistant umpire

    c. only by the assistant umpire

    d. either by the assistant umpire or by a separate official

    e. only by whichever official acted as timekeeper

实行轮换发球法时，（   ）。

    a. 只能由裁判员计击球板数

    b. 由裁判员或副裁判员计击球板数

    c. 只能由副裁判员计击球板数

    d. 由副裁判员或另一名裁判人员计击球板数

    e. 只能由作为记时员的裁判人员计击球板数

3. In doubles, the pair who win the toss (   ).

    a. must serve first

b. can ask their opponents to serve first

c. can ask their opponents to make first choice

d. can ask their opponents to serve first and then choose an end

e. can decide which player will serve first and which will receive first

在双打比赛中，抽签中签的一方（　　　）。

a. 必须先发球

b. 可让对方先发球

c. 可让对方先选择

d. 可让对方先发球，然后再选择方位

e. 可决定哪个选手先发球及哪个先接发球

4. In a team match, a player can receive advise（　　　）.

a. from anyone

b. from on-one

c. only from another member of the team

d. only from his team captain

e. only from a designated adviser

在团体比赛中，运动员（　　　）。

a. 可以接受任何人的指导

b. 不能接受任何人的指导

c. 只能接受本队其他人员的指导

d. 只能接受本队队长的指导

e. 只能接受一名授权指导者的指导

5. The umpire can call "let" and warn a player the first time he makes an illegal service（　　　）.

a. only if no assistant umpired has been appointed

b. only if the assistant umpire says he could not see the service action

c. only if he is sure that the illegality was accidental

d. only if he is sure that the server gained no advantage

e. in no circumstances

当一名运动员第一次发球动作不合法时，在下列哪种情况下，裁判员可喊"let"并向其提出警告：（　　　）。

a. 只能是在未指派副裁判员时

b. 只能是在副裁判员说他未看清楚发球的动作时

c. 只能是在裁判员确认不合法的动作是偶然发生的情况时

d. 只要是裁判员确认发球员未占优势的情况下

e. 在任何情况下都不行

6. The statutory practice period before a match can be extended（　　　）.

a. with the permission of the referee

b. with the permission of the umpire

c. by agreement of both players or pairs

d. with the permission of the tournament management committee

e. in no circumstances

比赛前的法定练习时间，（　　　）。

a. 在得到裁判长的同意后可以延长

b. 在得到裁判员的同意后可以延长

c. 在得到双方运动员协商同意后可以延长

d. 在得到竞赛管理委员会的同意后可以延长

e. 在任何情况都不能延长

7. When the expedite system is in operation，the stroke counter counts（　　　）.

a. the good returns of the server，from 1 to 12

b. the return strokes of the receiver，from 1 to 13

c. the return strokes of the server，from 1 to 12

d. the good returns of the receiver，from 1 to 13

e. the good returns of the receiver，from 1 to 12

实行轮换发球法时，记数员应计算（　　　）。

a. 发球员的合法还击次数，从 1 到 12

b. 接球员的还击次数，从 1 到 13

c. 发球员的还击次数，从 1 到 12

d. 接球员的合法还击次数，从 1 到 13

e. 接球员的合法还击次数，从 1 到 12

8. A player who collides with the umpire's table during play and injures his leg can be granted（　　　）.

a. no interval because the table was a normal fixture

b. an interval of up to 10 minutes，at the discretion of the umpire

c. an interval of up to 10 minutes，at the discretion of the referee

d. an interval of up to 10 minutes, provided his opponent agrees

e. an interval of up to 10 minutes, whether or not his opponent agrees

在比赛中，一名运动员意外地碰到裁判桌上，撞伤了腿，（　　　）。

　　a. 不能休息，因裁判桌为正常的固定装置

　　b. 经裁判员的同意可以休息，时间最多为 10 分钟

　　c. 经裁判长的同意可以休息，时间最多为 10 分钟

　　d. 只要对方同意就可以休息，时间最多为 10 分钟

　　e. 无论对方是否同意都可以休息，时间最多为 10 分钟

9. On the front or side of a shirt there may be（　　　）.

　　a. 1 or 2 advertisements, contained within a specified total area

　　b. 1 or 2 advertisements, each contained within a specified area

　　c. 1, 2 or 3 advertisements, contained within a specified total area

　　d. 1, 2 or 3 advertisements, each contained with a specified area

　　e. any number of advertisements, contained with a specified total area

在运动衫的前面或侧面，可以有（　　　）。

　　a. 1 或 2 条广告，只要是控制在规定的总面积之内

　　b. 1 或 2 条广告，只要是每条都控制在其规定的面积之内

　　c. 1、2 或 3 条广告，只要是控制在规定的总面积之内

　　d. 1、2 或 3 条广告，只要是每条都控制在其规定的面积之内

　　e. 任意几条广告，只要是每条都控制在其规定的面积之内

10. The score（　　　）.

　　a. must be called in English

　　b. can be called in any language chosen by the umpire

　　c. must be called in one of the ITTF official languages

　　d. can be called in any language agreed by the umpire and both players or pairs

　　e. must be called in the language of the organizing Association

报分（　　　）。

　　a. 必须使用英语

　　b. 可以使用裁判员选择的任何语言

　　c. 必须使用其中国际乒联的一种正式语言

　　d. 可以使用裁判员及双方运动员协商同意的任何语言

　　e. 必须使用组织比赛协会的语言

11. A player can receive advice (　　　).

　　a. only between games

　　b. between games, and while changing ends in the last possible game

　　c. only between games or during an authorised suspension of play

　　d. at any time, provided the continuity of play is not disturbed

　　e. between games, and between the end of practice and the start of play

运动员可以接受场外指导的时间,(　　　)。

　　a. 只能在局与局之间

　　b. 在局与局之间和最后一局交换方位时

　　c. 只能在局与局之间和批准中断的时间内

　　d. 在任何时候,只要在比赛的连续性不受影响的情况下

　　e. 在局与局之间和在赛前练习后到比赛开始之间内

12. In the first game of a singles match, the expedite system can come into operation (　　　).

　　a. after play has lasted for 10 minutes

　　b. at any time, at the discretion of the umpire

　　c. at any time at the discretion of the referee

　　d. at any time at the request of either player

　　e. after play has lasted for 15 minutes

在单打赛的第一局比赛中,在下列哪种情况中可实行轮换发球法?
(　　　)。

　　a. 比赛进行了 10 分钟时

　　b. 经裁判员的同意,可在任何时候

　　c. 经裁判长的同意,可在任何时候

　　d. 只要应双方运动员的任何一方要求,可在任何时候

　　e. 比赛进行了 15 分钟时

13. The rally is always a let if (　　　).

　　a. in service, the ball bounces on the server's court and then touches in the top of the net

　　b. it is discovered, while the ball is in play, that the wrong player served

　　c. the receiver says that he is not ready

199

d. the server accidentally drops his racket as he tries to strike the ball

e. in a doubles service，the ball bounces on the receiver's centre line

回合在出现下列哪一种情况时应判重发球？（　　　）。

    a. 在发球时，球从发球员方的台区弹起然后触到球网的顶端

    b. 当球处于比赛状态时，发现发球方的运动员错了

    c. 接发球员说他还未准备好

    d. 当发球员击球时，球拍意外地掉了

    e. 在双打比赛发球时，球从接发球员方的球台中线弹起

14. The ball automatically goes out of play if（　　　）.

    a. it passes over the playing surface without touching it

    b. it touches a player's shirt

    c. it goes outside the playing area

    d. it goes above the level of the lights

    e. it bounces from the net post on to the net

出现下列哪种情况时，球自然就失去了比赛状态？（　　　）。

    a. 还未触及球，球就过了比赛台面

    b. 球触及运动员的运动衫

    c. 球飞到比赛场外

    d. 球飞到照明灯水平线上

    e. 球弹到网柱上，又落到网的顶端

15. If the time limit is reached at the score 10∶9，the expedite system
（　　　）.

    a. must be introduced immediately

    b. can be introduced provided both players or pairs agree

    c. can be introduced at the discretion of the umpire

    d. can be introduced at the request of either player or pair

    e. must be introduced at the start of the next game

当时限到时，比分为 10 比 9 时，（　　　）。

    a. 必须马上实行轮换发球法

    b. 只要双方运动员同意可实行轮换发球法

    c. 随裁判员的旨意可实行轮换发球法

    d. 只要双方运动员的一方提出即可实行轮换发球法

    e. 必须在下一局比赛开始时实行轮换发球法

16. At the start of service, (   ).

    a. the racket must be behind the server's end line

    b. the whole of the server's free hand must be behind his end line

    c. the ball must be behind the server's end line

    d. the whole of the server's body must be behind his end line

    e. the racket must be visible to the receiver

在发球时, (   )。

    a. 球拍必须在发球方的端线之后

    b. 发球员不执拍的整个手必须在端线之后

    c. 球必须在发球方的端线之后

    d. 发球员的整个身体必须在端线之后

    e. 球拍必须在接发球员的视线之内

17. In doubles, any player can claim an interval between games of (   ).

    a. up to 2 minutes, provided that the opposing agree

    b. up to 2 minutes, whether or not the opposing pair agree

    c. up to 1 minute, provided that the opposing pair agree

    d. up to 1 minute, whether or not the opposing pair agree

    e. up to 2 minutes, provided his doubles partner agree

在双打比赛中的局与局之间, 任何一名运动员可要求 (   )。

    a. 不超过 2 分钟的暂停, 只要对方同意

    b. 不超过 2 分钟的暂停, 无论对方是否同意

    c. 不超过 1 分钟的暂停, 只要对方同意

    d. 不超过 1 分钟的暂停, 无论对方是否同意

    e. 不超过 2 分钟的暂停, 只要自己的同伴同意

18. A point is always scored if, during a rally, a player (   ).

    a. accidentally strikes the ball with his racket hand

    b. deliberately strikes the ball with the racket handle

    c. accidentally touches the playing surface with his racket hand

    d. deliberately stamps his foot when serving

    e. accidentally touches the net with his racket

在回合中将判一分, 如果运动员 (   )。

    a. 无意将执拍手击到了球

b. 有意用球拍柄击球

c. 无意将执拍手触及比赛台面

d. 在发球时有意跺脚

e. 无意将球拍触及球网

19. Before the start of a match players are entitled to practice period of (   ).

    a. up to 1 minute, if they have already played on that table

    b. up to 1 minute, whether or not they have already played on that table

    c. up to 2 minutes, if they have already played on that table

    d. up to 2 minutes, whether or not they have already played on that table

    e. any duration, with the permission of the umpire

一场比赛前, 运动员有权练习 (   )。

    a. 不超过 1 分钟, 如果他们已在该球台上比赛过

    b. 不超过 1 分钟, 无论他们是否在该球台上比赛过

    c. 不超过 2 分钟, 如果他们已在该球台上比赛过

    d. 不超过 2 分钟, 无论他们是否在该球台上比赛过

    e. 时间不限, 由裁判员决定

20. During a match a player is entitled to brief pauses for toweling (   ).

    a. after every 6 points

    b. at any change of service

    c. after every 5 points

    d. at any time, at the discretion of the umpire

    e. at no time

在每场比赛中, 运动员有权要求短暂的时间擦汗, (   )。

    a. 每 6 分球后

    b. 每次换发球时

    c. 每 5 分球后

    d. 随裁判的旨意可在任意时间

    e. 没有任何时间

21. If expedite is introduced in the 2nd game of a singles match, the first

server in the 3rd game is （   ）.

    a. the first server in the match

    b. the first receiver in the match

    c. the last server in the 2nd game

    d. the last receiver in the 2nd game

    e. the winner of the 2nd game

在一场单打第 2 局比赛中开始实行轮换发球法，第 3 局比赛首先发球的一方应为（   ）。

    a. 本场比赛首先发球的一方

    b. 本场比赛接发球的一方

    c. 第 2 局比赛最后发球的一方

    d. 第 2 局比赛最后接发球的一方

    e. 第 2 局的胜方

22. The umpire should hold up a red card to indicate （   ）.

    a. the award of 1 penalty point for bad behaviour

    b. the disqualification of a player for bad behaviour

    c. the award of 2 penalty points for bad behaviour

    d. the dismissal of an adviser of giving advice illegally

    e. a warning to an adviser for giving advice illegally

裁判员应出示红牌，表明（   ）。

    a. 因不良行为而判罚 1 分

    b. 因不良行为而取消运动员的资格

    c. 因不良行为而判罚 2 分

    d. 因场外指导的不正确指导而被驱逐出赛区

    e. 对场外指导的不正确指导给予警告

23. A player who finds the playing hall too cold can play wearing a rack suit （   ）.

    a. only with the permission of the umpire

    b. only with permission of the referee

    c. only with the agreement of his opponent

    d. only until he has got warm through playing

    e. in no circumstances

由于比赛场馆太凉，运动员可穿长运动服进行比赛，（   ）。

a. 只要得到裁判员的同意

    b. 只要得到裁判长的同意

    c. 只要得到对方的同意

    d. 直到通过比赛暖和过来

    e. 在任何情况下都不许可

24. In service the ball （　　　）.

    a. must be thrown upwards at an angle with 45 of the vertical

    b. must not be struck outside an extension of the side lines

    c. must not be struck while it is rising

    d. must rise at least 10cm from the server's free hand

    e. must be struck between the server's body and his end line

发球时，（　　　）。

    a. 球必须向 45 度直线上方抛起

    b. 不能在边线的设想延长线外击球

    c. 球在上抛时不能击球

    d. 球必须从不执拍的手向上抛起至少 10 厘米

    e. 必须在发球员的身体和端线之间击球

25. The assistant umpire can give a formal warning, using a yellow card, to （　　　）.

    a. a player for a service of doubtful legality

    b. an adviser for giving advice illegally

    c. a player for bad behaviour

    d. a player for changing his racket without notification

    e. no-one

助理裁判员遇到哪种情况，可使用黄卡提出正式警告？（　　　）。

    a. 怀疑运动员发球动作的正确性

    b. 对场外指导的非法指导

    c. 对运动员的不良行为

    d. 对运动员在未声明的情况下更换球拍

    e. 不能对任何人

26. During a singles match, A requests a time-out and both players go to consult with coaches. Play must be resumed （　　　）.

    a. when A is ready or at the end of 2 minutes, whichever is the earlier

b. when both players are ready or at the end of 1 minute，whichever is the earlier

c. when A is ready or at the end of 1 minute，whichever is the earlier

d. when both players are ready or at the end of 2 minutes，whichever is the earlier

e. at the end of 1 minute

在一场单打赛中，A 要求暂停，于是双方运动员均走向自己的教练接受指导。在下列哪种情况下必须恢复比赛？（   ）。

a. 当 A 准备继续比赛或 2 分钟暂停时间已到，以时间短的计算

b. 当双方运动员准备继续比赛或 1 分钟暂停时间已到，以时间短的计算

c. 当 A 准备继续比赛或 1 分钟暂停时间已到，以时间短的计算

d. 当双方运动员准备继续比赛或 2 分钟暂停时间已到，以时间短的计算

e. 1 分钟暂停时间已到

27. At the score 8：7 in the 5th game of a match，it is realised that the players changed ends at the score 5：4，both players and umpire mistakenly thinking that the match was the best of 5 games when it was really best of 7. （   ）.

a. Re-play the 5th game from the start

b. Continue from 8：7，but do not change ends during any later game

c. Replay the match from the start，with both players aware that it is the best of 7 games

d. Continue from 8：7，with the players at the correct ends

e. Re-play from 5-4，with the players at the correct ends

当比赛第 5 局比分为 8 比 7 时，运动员和裁判员均将比赛误认为 5 局 3 胜，在 5 比 4 时交换了方位，但实际上比赛应为 7 局 4 胜。此时，应(   )。

a. 重新开始第 5 局比赛

b. 从 8 比 7 时继续比赛，本局的后段比赛中不再交换方位

c. 当运动员意识到比赛为 7 局 4 胜时，重新开始这场比赛

d. 从 8 比 7 时继续比赛，使运动员站在正确的方位

e. 从 5 比 4 时重新比赛，使运动员站在正确的方位

28. Before a match，the players select 2 balls from a box of 6. During

play, one of the chosen balls is broken and the other is lost underneath the spectator seating, (   ).

  a. allow the players to choose a ball from among those they initially rejected, inside the playing area

  b. allow the players to choose a ball from among those they initially rejected, outside the playing area

  c. allow the players to choose a ball from a new box, inside the playing area

  d. allow the players to choose a ball from a new box outside the playing area

  e. take at random any ball of the type specified for the tournament

在一场比赛开始前，运动员从一盒 6 个球中挑了 2 个球。在比赛中，其中一个球破了，另一个球跑到观众席下不见了。此时，应（   ）。

  a. 允许运动员在比赛场内从开始挑过的球中再选一个球

  b. 允许运动员在比赛场外从开始挑过的球中再选一个球

  c. 允许运动员在比赛场内从一盒新的球中再选一个球

  d. 允许运动员在比赛场外从一盒新的球中再选一个球

  e. 在比赛指定的用球中任意挑选一个球

29. In the first 2 singles of a team match, A is warned for abusing his opponent and B incurs a penalty point for repeated swearing. When later they play together in a doubles of the same team match, A deliberately hits the ball out of the playing area after missing an easy return. (   ).

  a. Award 2 penalty points against A/B, because B has already incurred 1 penalty point

  b. Award 1 penalty point against A/B, because A has already been warned

  c. Warn A for bad behaviour, because his previous warning applied only to his singles match

  d. Warn A for bad behaviour, because the offence is not serious enough to justify a penalty point

  e. Report A and B to the referee for persistent bad behaviour

在团体赛前两场单打比赛中，A 因辱骂对方而受到警告，而 B 因同样的行为被判罚 1 分。之后当 A 和 B 一起参加本团体赛的双打比赛时，A 在还击时失误并有意将球击出赛场外。应（　　　）。

    a. 判 A/B 失 2 分，因为 B 已被判罚了 1 分

    b. 判 A/B 失 1 分，因为 A 受到了警告

    c. 就其不良行为警告 A，因为他前一次警告仅限于其单打比赛

    d. 就其不良行为警告 A，因为他的行为没到被判罚 1 分的地步

    e. 将 A 和 B 连续不断的不良行向裁判长报告

30. During a team match X's coach keeps calling out to him in a language that the umpire does not understand, but from X's actions the umpire is sure that he is being given advice. （　　　）.

    a. No action, because the umpire cannot prove that advice is being given

    b. Warn the coach, and send him away from the playing area if the calls continue

    c. No action, provided the umpire is sure that the calls do not disturb the opponent

    d. Warn the coach, and report to the referee if the calls continue

    e. Warn the coach, and disqualify X if the calls continue

在一场团体比赛中，X 的教练不断用裁判员不懂的语言向 X 喊话，但从 X 的动作上看，裁判员确认他是在接受场外指导。对此，应（　　　）。

    a. 不采取行动，因为裁判员不能证实教练员正在给予指导

    b. 警告教练员，如果喊话还在继续，将其驱逐出比赛场外

    c. 不采取行动，只要裁判员确认喊话并未干扰对方

    d. 警告教练员，如果喊话还在继续，向裁判长报告

    e. 警告教练员，如果喊话还在继续，将取消 X 的资格

31. X makes a good return and then stumbles and drops his racket. To steady himself he rests the hand with which he had held the racket on the table, without moving it. A's return misses the table. （　　　）.

    a. Point to A, because X touched the playing surface with his free hand

    b. No action, because the playing surface was not moved

    c. Point to A, because X touched the playing surface with his racket hand

    d. Let, because X would have been unable to continue the rally owing

to an accident

e. Point to X, because A did not make a good return

X 合法还击，之后脚绊了一下并球拍脱落，为了稳住自己，他用刚才执拍的手扶了一下球台，球台未移动；A 还击时球未上台。应（　　）。

    a. 判 A 得分，因为 X 用不执拍的手触及比赛台面

    b. 不采取行动，因为比赛台面未被移动

    c. 判 A 得分，因为 X 用其执拍手触及比赛台面

    d. 判重发球，因为 X 由于次事故不能继续回合

    e. 判 X 得分，因为 A 未能合法还击

32. The assistant umpire raises his hand and calls "side" to indicate that the ball returned by X hit the side of the table nearest to him before falling to the floor, but the umpire is sure it touched the top edge (　　).

    a. let, because the assistant umpire's call might have affected the players

    b. point to A, because the assistant umpire has the final decision

    c. let, because the umpire and assistant umpire disagree

    d. point to X, because the umpire has the final decision

    e. ask the players' opinions before making a decision

副裁判员举起手喊"side"，示意 X 还击的球在落地前，击到了离他最近的比赛台边上，但是裁判员确认球触到了台面的边缘上，应（　　）。

    a. 判重发球，因为副裁判员的判决可能会影响到运 动员

    b. 判 A 得分，因为副裁判员有最后决定权

    c. 判重发球，因裁判员和副裁判员持不同意见

    d. 判 X 得分，因裁判员有最后决定权

    e. 在做出决定之前征求运动员的意见

33. The umpire believes that the covering on one side of X's racket is too thick, but X disagrees and says that it is within the tolerance allowed.(　　).

    a. Allow X to use the racket, provided the covering material is of an authorised type

    b. Insist that X use a different racket

    c. Allow X to use the racket, provided A agrees

    d. Report to the referee immediately

    e. Allow X to use the racket, but report to the referee after the match

裁判员坚信 X 球拍的一面覆盖物太厚，但 X 不同意并称没有超过规定的限度。应（   ）。

    a. 允许 X 使用球拍，只要覆盖物为批准的型号

    b. 坚持 X 使用另一个球拍

    c. 允许 X 使用球拍，只要 A 同意

    d. 立即向裁判长报告

    e. 允许 X 使用球拍，但比赛结束后向裁判长报告

34. As B serves to Y in doubles, A stands in front of his partner so that B's service action is hidden from Y and from the assistant umpire. Y fails to make a good return. (   ).

    a. Let, because B's service action was not visible to Y

    b. Let, and warn A for unfair behaviour

    c. Point to X/Y, because B's service action was not visible to Y

    d. Let, because B's service action was not visible to the assistant umpire

    e. Point to A/b, because Y did not make a good return

在双打比赛时，B 发球给 Y，A 站在其同伴的前面，所以均挡住了 Y 和副裁判员看见 B 发球动作的视线；Y 未能合法还击。应（   ）。

    a. 判重发球，因为 Y 看不见 B 的发球动作

    b. 判重发球，并就其不合法行为警告 A

    c. 判 X/Y 得分，因为 Y 看不见 B 的发球动作

    d. 判重发球，因为副裁判员看不见 B 的发球动作

    e. 判 A/B 得分，因为 Y 未能合法还击

35. X serves and the ball bounces on his court, touches the top of the net and goes high in the air. A catches it, over the playing surface, with his free hand, which he then rests on the playing surface. (   ).

    a. Point to A, because X did not make a good service

    b. Let, because A's free hand touched the playing surface

    c. Point to X, because A's free hand touched the playing surface

    d. Let, because the ball touched the net and was obstructed by A

    e. Point to X, because A obstructed the ball

X 发球，球在本台区弹起，触到球网的顶端后飞到上空，A 用不执拍手在比赛台面上方接住了球，然后将手放在了比赛台面上。应（   ）。

a. 判 A 得分，因为 X 未能合法发球

b. 判重发球，因为 A 的不执拍手触及比赛台面

c. 判 X 得分，因为 A 的不执拍手触及比赛台面

d. 判重发球，因为球触网后被 A 阻挡

e. 判 X 得分，因为 A 阻挡了球

36. During the 1st game of a match the umpire formally warns X for swearing at A. In the 2nd game X swears again when he makes a careless stroke，but A appears not to be affected by this behaviour. (　　).

a. Warn X again for bad behaviour

b. Award 1 penalty point against X for bad behaviour

c. Award 2 penalty pints against X for bad behaviour

d. No action，provided the umpire is sure that A is not being disturbed

e. Disqualify X for persistent bad behaviour

在比赛的第 1 局中，裁判员因 X 向 A 辱骂警告了 A，第 2 局 X 因击球失误又发出了辱骂声，但是 A 似乎没有被其行为受到影响。应（　　）。

a. 再次就其不良行为警告 X

b. 因 X 的不良行为判对方得 1 分

c. 因 X 的不良行为判对方得 2 分

d. 只要裁判员认为 A 未受干扰，可不采取行动

e. 因其连续的不良行为取消 X 的资格

37. In the 1st individual match of a team match，a coach is sent away for persistently advising X during play. For the 2nd individual match，X sits on the team bench and advises Y during play（　　）.

a. Warn X for giving advice during play

b. Award a penalty point against Y for receiving advice during play

c. Send X away for giving advice during play

d. Disqualify X for giving advice during play

e. Report to the referee

在团体赛的第 1 场单打比赛中，教练因不断指导 X 而被驱逐出赛区。在第 2 场单打比赛时，X 坐在本队的指定席上向正在比赛的 Y 进行指导。应（　　）。

a. 对 X 提出警告，因其在比赛期间进行了指导

b. 判 Y 失分，因在比赛期间接受了指导

c. 将 X 驱逐出赛区，因其在比赛期间进行了指导

d. 取消了 X 的资格，因其在比赛期间进行了指导

e. 向裁判长报告

38. A's shirt is red. X initially wears a blue shirt but he comes to the table for the 3rd game in a green shirt, saying that the blue one is too wet to war and that he has no other spare shirt with him. (   ).

    a. Allow X to wear the green shirt, provided A agrees to the change of colour

    b. Insist that X continue playing in the blue shirt

    c. Allow X to wear the green shirt, provided he wears also a blue track suit top

    d. Report to the referee

    e. Allow X to wear the green shirt, because its colour is still different from that of A's

A 的短袖运动衫是红色的。X 比赛开始时穿了一件蓝色的运动衫，但是在第 3 局时换了一件绿色的运动衫，称自己的蓝色运动衫太湿了而他又未随身带同样的备用衫。应（   ）。

    a. 允许 X 穿绿色运动衫，只要 A 同意更换颜色

    b. 坚持 X 继续穿蓝色运动衫比赛

    c. 允许 X 穿绿色运动衫，只要他还穿上一件蓝色的运动服上衣

    d. 向裁判长报告

    e. 允许 X 穿绿色运动衫，因为该色与 A 运动衫的颜色不同

39. X fails to make a good return and the umpire awards a point to A. X protests that A accidentally struck the ball twice and A agrees, although the umpire does not think he did so (   ).

    a. Let, because the umpire is not certain whether A struck the ball twice

    b. Point to A, because even if A did strike the ball twice it was not deliberate

    c. Point to X, because both player agree that the original decision was wrong and the umpire is not certain

    d. Point to A, because a decision once made cannot be changed

    e. Report to the referee

X 未能合法还击, 裁判员判 A 得 1 分。X 抗议称 A 无意连续击球两次, 虽然裁判员不这样认为, 但 A 承认了。应 ( )。

    a. 判重发球, 因为裁判员不肯定 A 是否连击

    b. 判 A 得分, 因为即使 A 连击, 也不是有意的

    c. 判 X 得分, 因双方运动员都承认原判决是错误的, 而裁判员又不肯定

    d. 判 A 得分, 因为一旦作出的判决是不能改变的

    e. 向裁判长报告

40. When the players change ends after first game of a match, X says that the light from a window is shining into his eyes and asks for the match to be moved to the next table, which is not in use. ( ).

    a. Report to the referee immediately

    b. Report to the referee, provided the umpire considers that the protest is justified

    c. Reject the request, but report to the referee after the match

    d. Reject the request, because there was no protest during the previous game

    e. Move to the adjacent table, provided the umpire considers that the request is justified

运动员在比赛第一局后换方位时, X 说对面窗户的光刺他的眼, 并要求将比赛移到旁边未比赛的球台进行。应 ( )。

    a. 立即向裁判长报告

    b. 向裁判长报告, 只要裁判员认为此提议是合理的

    c. 拒绝此要求, 但在比赛后向裁判长报告

    d. 拒绝此要求, 因为在前一局比赛中没有人提出

    e. 将比赛移到旁边的球台进行, 只要裁判员认为此要求是合理的

41. After winning a long rally A throws his racket in the air and then tries to catch it but misses. It falls to the floor and the handle breaks off, and A asks if he can continue with a spare racket that he has with him. ( ).

    a. Allow A to use the spare racket, provided it is legal and X agrees

    b. Allow A to use the spare racket, provided it is legal whether or not X agrees

    c. Allow A to use the spare racket, provided it is of the same type as

the broken one

d. Do not allow A to use the spare racket，because the first was broken as a result of his action

e. Do not allow A to use the spare racket，because in no circumstances can a racket be changed during a match

在赢得了一个长时间的回合后，A 将球拍抛向空中然后试图接住，但失手了。球拍落在了地上把柄脱落，A 询问是否能用随身带的备用板进行比赛。应（　　　）。

a. 允许 A 使用备用板，只要备用板符合规定，并得到 X 的同意

b. 允许 A 使用备用板，只要备用板符合规定，无论 X 是否同意

c. 允许 A 使用备用板，只要备用板与摔坏的球拍完全一样

d. 不允许 A 使用备用板，因为第一块球拍摔坏是由于自己的行为而造成的

e. 不允许 A 使用备用板，因为在比赛的任何情况下都不能换球拍

42. Just after he makes a good return，A accidentally runs into the table and slightly moves the playing surface just after X strikes the ball. X's return is not good. （　　　）.

a. Point to X，provided the umpire is sure that the movement affected X's return

b. Let，because A accidentally moved the playing surface

c. Point to X，because A moved the playing surface

d. Let，because the movement of the playing surface might have affected X

e. Point to A，because X did not make a good return

A 刚刚合法还击后，无意中碰到了球台，将比赛台面轻微移动，正好这时 X 击球，X 还击失误。应（　　　）。

a. 判 X 得分，只要裁判员肯定移动影响了 X 的还击

b. 判重发球，因为 A 无意移动了比赛台面

c. 判 X 得分，因为 A 移动了比赛台面

d. 判重发球，因为比赛台面的移动可能影响到了 A

e. 判 A 得分，因为 X 未能合法还击

43. In the 1st singles of a team match，X is formally warned for

continually shouting during play. In a later doubles of the same team match he again shouts during play. (　　).

  a. Warn X again, because the offence occurred in a different individual match

  b. Award a penalty point against X, because it is a second offence in the same team match

  c. Warn X again, because a warning in singles does not apply to doubles

  d. Report immediately to the referee

  e. Disqualify X for persistent bad behaviour

  在团体赛的第 1 场单打赛中，因 X 在比赛中不断喊叫而受到了正式警告。之后在同一场团体赛的双打比赛中，X 又继续喊叫。应（　　）。

  a. 再次警告 X，因为在不同的单项比赛中出现冒犯行为

  b. 判 X 失去 1 分，因为在同一场团体比赛中第二次冒犯

  c. 再次警告 X，因为在单打比赛中的警告不施用于双打比赛中

  d. 立即向裁判长报告

  e. 因 X 的连续不良行为取消其资格

  44. At 8 : 8 in the deciding game of a match, X accidentally cuts his leg on the corner of the table. It is bleeding slightly, but X says that he prefers to complete the game before getting treatment. (　　).

  a. Allow play to continue, provide A agrees

  b. Allow play to continue, but suspend it if the bleeding gets worse

  c. Allow play to continue, provided the umpire is sure that the injury is not serious

  d. Suspend play, and do not resume until the injury has been treated

  e. award the match to A because X is unfit to continue

  在比赛决胜局 8 比 8 时，X 不小心将腿碰到球台角，腿有些轻微流血，但是 X 说他倾向于把比赛打完后再治疗。应（　　）。

  a. 允许继续比赛，只要 A 同意

  b. 允许继续比赛，但是如流血不止再中断比赛

  c. 允许继续比赛，只要裁判员确认碰伤不严重

  d. 中断比赛，碰伤处理后再恢复比赛

e. 判 A 本场比赛获胜，因为 X 不合适再继续比赛

45. The ball served by A bounces in an unexpected way so that X misses it. After retrieving it he protests that A has wetted it; A denies this but says that it could have been wetted by sweat on his free hand. (　　).

　　a. Let, and continue after the ball has been dried

　　b. Point to A, because X did not make a good return

　　c. Point to X, because A's behaviour was unfair

　　d. Let, and warn A for unfair behaviour

　　e. Report to the referee

A 发的球弹起后出乎意料地变线，所以 X 未击到球。拿到球后，X 抗议称球被 A 搞湿了；A 否认，但说球有可能是被其不执拍的手汗湿的。应（　　）。

　　a. 判重发球，待球干了后继续比赛

　　b. 判 A 得分，因为 X 未能合法回击

　　c. 判 X 得分，因为 A 的行为不公平

　　d. 判重发球，并就其不公正的行为警告 A

　　e. 向裁判长报告

46. X places the ball on the palm of his stationary free hand, ready to serve, but decides he is not ready and lowers his free hand below the level of the playing surface. As he does so, he drops the ball. (　　).215

　　a. Point to A, because X did not make a good service

　　b. Let, because X dropped the ball accidentally

　　c. No action, because the ball was not in play

　　d. Point to A, because X's free hand went below the level of the playing surface

　　e. Warn X for wasting time

X 将球静止地放在不执拍手的手掌上，准备发球，但又觉得自己未准备好，并将其不执拍的手放在了比赛台面之下，正在这时，球掉了下来。应（　　）。

　　a. 判 A 得分，因为 X 未能合法还击

　　b. 判重发球，因为 X 将球掉了下来

　　c. 不采取行动，因为球不处在比赛状态

　　d. 判 A 得分，因为 X 不执拍的手在比赛台面的水平面之下

e. 因 X 浪费时间对其提出警告

47. At 3：4 in the 5th game of best of 5 doubles match, A serves to Y, Y's return is good but B ten hits the ball into the net. In the next rally, (   ).

    a. X serves to A

    b. A serves to X

    c. A serves to Y

    d. Y serves to A

    e. Y serves to B

在一场 5 局 3 胜的双打比赛的第 5 局中，比分打到 3：4 时，A 发球给 Y，Y 合法还击但是后来 B 将球击在了球网上。在下一个回合中,应(   )。

    a. X 发球给 A

    b. A 发球给 X

    c. A 发球给 Y

    d. Y 发球给 A

    e. Y 发球给 B

48. A begins a match suffering from a slightly cough. During the 2nd game of the match it becomes worse and he asks for short rest as he has difficulty in breathing. (   ).

    a. Allow A a short rest, provided X agrees

    b. Allow A a short rest whether or not X agrees

    c. Award that game to X and resume play after the statutory rest period between games

    d. Disqualify A if he cannot continue immediately

    e. Report to the referee

A 在比赛开始时有些轻微咳嗽，比赛期间咳嗽加剧，因为呼吸困难，他要求休息片刻。应（   ）。

    a. 允许 A 休息片刻，只要 X 同意

    b. 允许 A 休息片刻，无论 X 是否同意

    c. 判 X 本局获胜，在规定的局与局之间的休息时间之后继续比赛

    d. 取消 A 的资格，如果他不能立即比赛

    e. 向裁判长报告

49. A returns the ball by striking it with the back of his racket hand and it bounces on X's court, near the net. As X reaches forward to strike it his racket hand rests on the playing surface and, while it is in this position, the ball touches his racket and rebounds over the net on to A's court. (   ).

  a. No action, because the ball is still in play

  b. Let, because the ball was struck by A's racket hand

  c. Point to X, because the ball was struck by A's racket hand

  d. Let, because X's racket hand touched the playing surface

  e. Pint to A, because X's racket hand touched the playing surface

A 在还击中，球碰到了他执拍手手背，越到 X 方台面靠近球网处弹起。当 X 向前击球时，他的执拍手碰到了比赛台面，正在这时，球触到球拍，再次弹起过网进入 A 的球台。应（   ）。

  a. 不采取行动，因为球仍处在比赛状态

  b. 判重发球，因为球被 A 的执拍手击中

  c. 判 X 得分，因为球被 A 的执拍手击中

  d. 判重发球，因为 X 的执拍手触到了比赛台面

  e. 判 A 得分，因为 X 的执拍手触到了比赛台面

50. In serving, A tries to strike the ball as it rises but misses it. He tries again as it falls and, when it is just below the level of the playing surface, he strikes it upwards so that it bounces from his court, over the net and on to X's court. X, taken by surprise, tries to return the ball but hits it into the net. (   ).

  a. Point to X, because A failed to strike the ball at this first attempt

  b. Let, because the ball was truck below the level of the playing surface

  c. Point to A, because X did not make a good return

  d. Let, because X was not ready

  e. Point to X, because the ball was struck below the level of the playing surface

A 发球，企图在球抛起时击球但未击到；待球下降落在比赛台面水平面之下时，A 再试一次击球并将球向上击起；球从他的台区弹起，越过球网进入 X 的台区。X 由于吃惊，还击时将球击到球网上。应（   ）。

a. 判 X 得分，因为 A 在第一次击球时失败

b. 判重发球，因为击球时位于比赛台面之下

c. 判 A 得分，因为 X 未能合法还击

d. 判重发球，因为 A 还未准备好

e. 判 X 得分，因为击球时位于比赛台面之下

国际乒乓球裁判员考试模拟真题二

一、选择题

1. A and X agree to start a much under the expedite system. At the and of the lst game，A ask if the remainder of the match can be played under normal conditions. This can be allowed （　　　　）.

　　a. only with the agreement of X

　　b. provided the 1st game did not exceed the time limit

　　c. in no circumstances

　　d. at the discretion lf the umpire

1. A 和 Y 同意在比赛一开始执行轮换发球法。在第一局比赛结束后，A 要求是否在剩下的比赛中能在正常比赛条件下进行。可能被接受的情况是：（　　　　）。

　　a. 只要 X 同意

　　b. 只要第一局比赛没有超出比赛的时限

　　c. 在任何情况下都不可以

　　d. 由裁判员决定

219

2. The umpire should display （　　　　）.

　　a. a yellow card to indicate a warning for bad behaviour

　　b. a red card to indicate the award of a penalty point

　　c. a yellow and a red card together to direct an advisor to leave the area

　　d. a yellow card to indicate a warning for incorrect service

2. 裁判员应该（　　　　）。

　　a. 对不良行为出示黄牌警告

　　b. 出示红牌以示罚一分

　　c. 红黄牌一起出示，直接将指导者驱逐出比赛区域

　　d. 出示黄牌警告不合法发球

3. If a player continues to misbehave after a warning the umpire can

award his opponent（   ）.

    a. 1 point for each subsequent offence

    b. 1 point for the 1st subsequent offence and 2 for the next，and report any further offence to the referee

    c. 2 points if he considers the offence is sufficiently serious

    d. 1 point for the 1st offence and 2 for the next，and game if there is a ruther offence

3. 如果一名运动员被裁判员警告后，继续有不良行为，那么（   ）。

    a. 以后每次冒犯判罚 1 分

    b. 接着再犯第一次判罚 1 分和第二次判罚 2 分，以后再冒犯报告裁判长

    c. 如果他认为是非常严重的冒犯判罚 2 分

    d. 接着再犯第一次判罚 1 分和第二次判罚 2 分，以后更多的冒犯判 1 局

4. An umpire who suspects that a racket covering is too thick but has no means of checking the thickness should（   ）.

    a. take no action，because the racket can not be proved illegal

    b. report to the referee immediately

    c. take no action immediately，but report to the referee at the and of the match

    d. take no action，provided that the opposing player does not complain

4. 一名裁判员怀疑球拍的覆盖物太厚，但没有检查球拍厚的方法。应该（   ）。

    a. 不采取行动，因为球拍不能被证实为不合法的

    b. 立即报告裁判长

    c. 不立即采取行动，但在比赛结束后报告裁判长

    d. 不采取行动，只要对手不抱怨

5. As A runs round the side of the table to return a ball which bounces near the net，he trips and falls to the floor. His body on the floor prevents X form reaching the ball and X does not make a good return. The umpire should（   ）.

    a. declare a let，because A accidentally prevented X from making a

good return

    b. award a point to A, because X did not make a good return

    c. award a point to X because A prevented him from making a good return

    d. declare a let, because A would be unable to continue owing to the accident

5. 当 A 沿着台边跑动回击在球网附近弹起的球时，他跌倒了，摔倒在地板上。他在地板上身体阻止了 X 回击球，X 没有回击好这个球。裁判员应（　　　）。

    a. 宣布重发球，因为 A 的意外地阻碍了 X 好的回击

    b. 判 A 得 1 分，因为 X 没有回击好球

    c. 判 X 得 1 分，因为 A 阻止了他回击好球

    d. 宣布重发球，因为由于事故，A 不能继续

6. A and X arrive at the table without having chosen a ball and ask to be allowed to do so. The umpire should（　　　）.

    a. toss a coin and allow the winner of the toss to choose a ball at the table

    b. allow them a few minutes to choose a ball at the table

    c. take at random a ball of the specified type and insist that they use it

    d. allow them a few minutes to choose a ball, away form the playing area

6. A 和 X 到达比赛的球台时没有选过球，并要求选球。裁判员应该（　　　）。

    a. 挑边，由中签者在桌上选一个球

    b. 同意他们，给他们几分钟，在球桌上选一个球

    c. 任意挑选一个规定类型的球，坚持使用它

    d. 离开比赛区域，给他们几分钟选球

7. The blade of the racket（　　　）.

    a. must be flat and rigid and not more than 4mm thick

    b. can be covered on a side used for striking the ball with sandwich rubber, with pips in or out

    c. must be covered on both sides with sandwich or pimpled rubber, with one side black and the other bright red

   d. can be covered on a side used for striking the ball with pimpled rubber， with pips in or out

7. 球拍的拍面（　　　）。

   a. 必须平整、坚硬，不超过 4 毫米厚

   b. 用于击球的拍面可以被向内或向外的海绵胶覆盖

   c. 必须有两面，由颗粒胶或海绵胶覆盖，一面是黑色，另一面为鲜红色

   d. 用于击球的覆盖面可以由向内或向外的颗粒胶覆盖

8. A serves at the score 9：10. just after X makes a good return the limit is reached. The umpire should（　　　）.

   a. call time; continue the match under the expedite rule with A serving

   b. call time; continue the match under the expedite rule with X serving

   c. allow the game to continue

   d. allow the game to continue. The next game will begin under the expedite rule

8. 比分为 9：10，A 发球，在 X 做了好的回击后，时间到。裁判员应该（　　　）。

   a. 叫 "时间到"，A 发球在轮换发球法规则下继续比赛

   b. 叫 "时间到"，X 发球在轮换发球法规则下继续比赛

   c. 继续比赛

   d. 继续比赛，下一局开始执行轮换发球法

9. In the 3rd game of a singles match played under the expedite system, the first server is（　　　）.

   a. the player who served last in the 2nd game

   b. the player who received first in the match

   c. the player who served first in the match

   d. the player who received last in the 2nd game

9. 单项比赛中，在轮换发球情况下，第 3 局比赛，第 1 发球是（　　　）。

   a. 第 2 局比赛的最后一个发球的运动员

   b. 比赛中首先接发球的运动员

c. 比赛中首先发球的运动员

　　　d. 第 2 局比赛最后接发球的运动员

10. If a player serves out of the proper order（　　　）.

　　a. the order is corrected and soon as it is discovered and all points scored before the discovery are counted

　　b. the order is corrected as soon as it is discovered and the score reverts to that the last chang of service

　　c. the error is ignored，service changes at the next due time and all points scored before the discovery are counted

　　d. the correct server at the last service change serves and the score reverts to that at the last service change

10. 如果一名运动员发球次序错误，那么（　　　）。

　　a. 一旦发现立即按规定的次序接着发球，在这之前的比分都有效

　　b. 一旦发现立即按规定的次序接着发接，记分回复到最后换发球时的比分

　　c. 忽略这个错误，在下一次合适的时间换发球，在这之前的比分都有效

　　d. 由最后一次换发球时正确的发球员发球，记分回复到最后一次换发球时的比分

11. A's return misses the table by a wide margin. X then throws his racket in the air and the ball strikes it after it ha passed over X's service line. The umpire should（　　　）.

　　a. award a point to A because X volleyed the ball

　　b. award a point to X because A fails to make a good return

　　c. award a point to A because X interfered with the ball before it was out of play

　　d. report to the referee for advice

11. A 的回击从边线处出了球台，然后 X 扔了他的球拍到空中，在越过 X 的发球线后撞击了球。裁判员应该（　　　）。

　　a. 判 A 得 1 分，由于 X 拦击了球

　　b. 判 X 得 1 分，由于 A 没有好的回击

　　c. 判 A 得 1 分，由于 X 在球离开比赛状态前，干扰了球

　　d. 报告裁判长

12. In anger，X hits the table with his racket，causing a split on one edge of the playing surface. The umpire should（　　　）.

　　a. formally warn X and continue play

　　b. replace the damaged table and resume play

　　c. award a pint to A，replace the table and resume play

　　d. report immediately to the referee

12. 因为生气，X 用他的球拍击球，致使球台的表面的边缘部分裂开。裁判员应该（　　　）。

　　a. 正式警告 X，继续比赛

　　b. 替换损坏球台，恢复比赛

　　c. 判 A 得 1 分，替换球台，继续比赛

　　d. 立即报告裁判长

13. In doubles with the 0∶0，A should serve to X. By mistake，B serves to X and successive good returns are made by X and A. Y's next return misses the table and it is then realized that the wrong player served. The umpire should（　　　）.

224

　　a. award a point to A/B，because Y's return was not good，and continue with A serving to X

　　b. award a point to X/Y，because the wrong player served，and continue with A serving to X

　　c. award a point to A/B，because Y's return was not good，and continue with B serving to Y

　　d. declare a let，because the wrong player served，and continue with A serving to X

13. 在双打比分 0∶0 时，A 应该发球给 X。由于错误，B 发球给 X，被 X 和 A 合法还击后。Y 的下一个回击失误，之后意识到发球的运动员错误。裁判员应该（　　　）。

　　a. 判 A/B 得分，由于 Y 没有好的回击，继续比赛 A 发球给 X

　　b. 判 X/Y 得分，由于错误的运动员发球，继续比赛 A 发球给 Y

　　c. 判 A/B 得分，由于 Y 没有好的回击，继续比赛 B 发球给 Y

　　d. 重发球，由于错误的运动员发球，继续比赛 A 发给 X

14. At the score 4∶2 in the last possible game of a doubles match，A serves to X and X misses the ball. Just after the ball touches the floor the time

limits reached. In the next rally, (   ).

    a. A serves to Y

    b. X serves to B

    c. X serves to A

    d. Y serves to A

14. 在最后一局双打比赛 4∶2 时，A 发球给 X，X 丢了球，球落地在地板上弹起后，比赛时间到，接下来的回合应（   ）。

    a. A 发给 Y

    b. X 发给 B

    c. X 发给 A

    d. Y 发给 A

15. The rally is automatically a let, if in a service which is otherwise good, (   ).

    a. the server accidentally drops his racket as he tries to strike the ball

    b. the receiver says that he is not ready

    c. the umpire can not clearly see the service action

    d. the ball, in passing over the net, touches the net post and then the net

15. 这个回合自动成为重发球，如果发球为好的，(   )。

    a. 发球员正试图击球时，突然球拍掉了

    b. 接发球员说他没有准备好

    c. 裁判员不能看清发球行为

    d. 在球越过球网时，触及球网装置，然后擦网

16. In the first 2 singles of a team match, A is warned and B incurs a penalty point. When later in the match they are playing as a doubles pair, A intentionally breaks the ball by stepping on it. The umpire should (   ).

    a. formally warn A/B

    b. award 2 penalty points to X/Y

    c. award 1 penalty point to X/Y

    d. report to the referee

16. 在团体比赛的前 2 个单打比赛中，A 曾被警告，B 发生过被判罚分。在后面他们两人又作为双打配对进行双打比赛，A 有意踩在球上，将球踩破。裁判员应该（   ）。

a. 正式警告 A/B

    b. 判 X/Y 得 2 分

    c. 判 X/Y 得 1 分

    d. 报告裁判长

17. During a team match X's captain keeps calling out to him in a language that the umpire does not understand, and from X's actions the umpire is sure that he is being given advice. The umpire should (　　　　).

    a. take no action, because it can not be proved that advice is being given

    b. take no action, provided he is satisfied that the calls do not disturb A

    c. warn the captain and send him away from the playing area if the calls continue

    d. warn the captain and report to the referee if the calls continue

17. 在一局比赛中，X 的指导者不断用裁判员不理解的语言进行叫喊，从 X 的行动中裁判员确信他在被指导。裁判员应该（　　　　）。

    a. 不采取行动，因为他不能证实是否被指导

    b. 不采取行动，假如他满意于叫喊声没有干扰 A

    c. 警告指导者，如果继续喊，驱逐出比赛区域

    d. 警告指导者，如果继续报告裁判长

18. The umpire thinks, but is not certain, that the ball returned by A misses the playing surface and awards a point to X but A protests that the ball touched the edge of X's court, The umpire should (　　　　).

    a. refuse to change the decision in any circumstances

    b. change the decision if spectators support A, and X says nothing

    c. change the decision if X agrees it was wrong

    d. declare a let, because there is doubt about the correctness of the decision

18. 裁判员认为，但他不确定，A 的回击球没有触及球台，并判 X 得分，但 A 抗议球接触到 X 比赛台面的边缘。裁判员应该（　　　　）。

    a. 在任何情况下，拒绝改变决定

    b. 如果旁观者支持 A，而 X 不反对，改变决定

    c. 如果 X 同意这也是错的，改变决定

    d. 重发球，因为对于决定的正确性产生怀疑

19. In a team match，X/Y complain that A/B are being advised by signals from their coach what service to make. The coach is warned and agrees to stop，but his assistant continues to signal advice to A/B. The umpire should （   ）.

  a. report to the referee

  b. award a point to X/Y each time advice is given illegally

  c. declare a let and warn the assistant coach for giving advice

  d. send the assistant coach away from the playing area

19. 在一场团体赛中，X/Y 抱怨 A/B 的教练在用信号指导他们如何发球。教练被警告，并答应停止这样做，但是他的助手继续用信号给 A/B 进行指导。裁判员应该（   ）。

  a. 报告裁判长

  b. 每次非法指导，判 X/Y 的 1 分

  c. 重发球，警告助理教练员给予非法指导

  d. 将助理教练驱逐出比赛区域

20. A's racket makes a strange sound as he strikes the ball and on inspection it is found that there is a slight crack in the blade，but A says he has no other racket with him. The umpire should （   ）.

  a. allow A a few minutes to fetch another racket from the changing room

  b. report to the referee

  c. allow A to continue playing with the cracked racket

  d. require A replace his racket immediately

 227

20. A 的球拍在撞击球时发出奇怪的声音，经检查发现拍面上有一条小裂缝，但 A 说他没有其他球拍。裁判员应该（   ）。

  a. 同意 A 用一些时间从其他房间里取回另一块球拍

  b. 报告裁判长

  c. 同意 A 继续用坏的球拍

  d. 要求 A 立即替换他的球拍

21. A protests that a watch X is wearing is so shiny that it is distracting him. X says that he wore the same watch in 3 earlier matches and no one complained. The umpire should （   ）.

  a. ask X to remove or cover the watch if he considers the protest

justified

b. reject the protest as the watch has been worn in previous matches without protest

c. report to the referee immediately

d. ask X to remove or cover the watch whether or not he considers the protest is justified

21. A 抗议 X 戴的手表太耀眼，以致干扰了他；X 说在前三场比赛中，他戴着同样的手表，没有人抱怨。裁判员应该（   ）。

　　a. 如果考虑抗议是合理的，要求 X 将手表拿走或盖住

　　b. 拒绝抗议，因在前面的比赛中没有抗议

　　c. 立即报告裁判长

　　d. 要求 X 将手表拿走或盖上，无论他是否认为提议合理

22. During match, toweling is permitted (   ).

　　a. only at a change of service

　　b. only at a change of service and at the change of ends in the last possible game

　　c. only after each 6 points

　　d. only after each 6 points and at the change of ends in the last possible game

22. 在比赛中，擦汗被允许（   ）。

　　a. 只在交换发球时

　　b. 只在交换发球和决胜局交换方位时

　　c. 每 6 分球后

　　d. 每 6 分球和在决胜局交换方位时

23. At the start of a doubles match, A serves to X to start the first game. At the start of the 2nd game (   ).

　　a. X/Y can decide which of them will serve first; is X serves, A receives and if Y serve, B receives

　　b. X/Y can decide which of them will serve first and A/B will then decide which of them will receive first

　　c. X must serve to A

　　d. either X or Y can serve but A must receive first

23. 在双打比赛开始，第一局比赛 A 发球给 X，第二局比赛应（   ）。

a. 由 X/Y 决定他们谁先发球，如果 X 发球，A 接发球，如果 Y 发球 B 接发球

b. 由 X/Y 决定他们谁先发球，A/B 决定谁先接发球

c. X 必须发给 A

d. X 或 Y 可先发球，但 A 必须第一接发球

24. If X's racket is not damaged, he can change it for another during a match（   ）.

a. at any time, provided he shows the new racket to the umpire and A

b. only between games, provided he shows the new racket to the umpire and A

c. at not time

d. at any time, with the agreement of A

24. 如果 X 的球拍没有损坏，他能在一场比赛期间换另一个（   ）。

a. 在任何时间，只要新球拍能给裁判员和 A 看看

b. 仅仅在局与局之间，只要新球拍能给裁判员和 A 看看

c. 任何情况下都不能

d. 任何时间都可以，只要 A 同意

25. In a team event A's captain signals for a time-out but A says he doesn't want one. You（   ）.

a. don't allow the time-out because the player has the final decision

b. allow the time-out because the captain has the final decision

c. allow the time out and permit X to receive coaching for not more than one minute

d. allow a time out. Because A is ready to play the time out is over immediately

25. 在团体比赛中，A 教练做了暂停的手势，但 A 说他不想。你应该（   ）。

a. 不同意暂停，因为运动员所做为最后决定

b. 同意暂停，因为教练员所做为最后决定

c. 同意暂停，允许 X 去接受教练的指导，时间不超过 1 分钟

d. 同意暂停，因为 A 已准备在自己的暂停时间过后，立即比赛

26. After 4 closely-fought games, the match score is 2：2. In the fifth game, A complains of dizziness brought on by his exertions in the match and

asks for a suspension. You (   ).

    a. stop the game and get medical attention for A not to exceed 10 minutes

    b. report this to the tournament referee

    c. grant an emergency suspension of play, not to exceed 10 minutes

    d. default A if he doesn't resume play immediately

26. 经过 4 局比分接近的争夺，比分 2：2。在第 5 局比赛中，A 在比赛中由于筋疲力尽、眼睛昏花而要求中断比赛。你应该 (   )。

    a. 停止比赛，要 A 获得医药处理，不能超过 10 分钟

    b. 报告本次比赛裁判长

    c. 同意紧急中断，时间不超过 10 分钟

    d. 如果他不能继续比赛，则取消 A 的资格

27. In an individual match of a team match a player can receive advice (   ).

    a. only from his team captain, during intervals between games

    b. from anyone during intervals between games and time-outs claimed by either player or captain

    c. from anyone during intervals between games and a time-out claimed by him or by his captain

    d. only from a designated adviser, intervals between games and any other authorized suspension of play

27. 在一场团体赛的单打比赛中，一名运动员能接受指导，(   )。

    a. 仅由本队的教练，在局与局之间时间

    b. 接受任何一个人指导，在局与局之间的中断时间和运动员或队长要求的各次暂停时间

    c. 接受任何一个人指导，在局与局之间的中断时间和他或他的队长要求的一次暂停时间

    d. 从一个指定的指导者，在局与局之间的中断时间和任何其他法定的中断时间

28. If a game lasts for 10 minutes and the score is 9：9, the expedite system (   ).

    a. is introduced and remains in operation for the remainder of the match

b. can be introduced，at the discretion of the umpire，and remains in operation for the remainder of the match

c. is not introduced，but comes into operation automatically from the start of the next game

d. is not introduced，and does not come into operation automatically at the start of the next game

28. 如果 1 局比赛已进行了 10 分钟，比分是 9：9，轮换发球法（　　　）。

　　a. 开始执行，并在比赛的剩余部分都实行

　　b. 可以执行，裁判员判断，比赛的剩余部分实行

　　c. 不执行，但从下一局比赛开始自动开始实行

　　d. 不执行，在下一局比赛开始也不实行

29. After the assistant umpire calls 2 successive faults against him，X says that the assistant umpire is not interpreting the service law correctly and that he wishes to protest to the referee. The umpire should（　　　）.

　　a. suspend play and report to the referee，whether or not he considers the protest justified

　　b. cancel the points awarded for the last 2 rallies and replay them

　　c. formally ware X and require him to continue immediately

　　d. suspend play and report to the referee if he considers that the protest is justified

 231

29. 在副裁判员判了 2 个错误的发球后，X 说副裁判员没有正确地解释发球规则，他希望向裁判长提出抗议。裁判员应该（　　　）。

　　a. 中断比赛，报告裁判长，无论他认为抗议是否公正

　　b. 取消前 2 个回合的得分，重赛这 2 分

　　c. 正式警告 X，要求他立即继续比赛

　　d. 中断比赛，如果考虑抗议是公正的报告裁判长

30. A time-out（　　　）.

　　a. can be claimed once in a match by each player or pair，but not in the 1st game

　　b. lasts for 1 minute or until both players or pairs are ready to continue，whichever is sooner

　　c. can be claimed only by a player or pair and not by a coach

　　d. lasts for 1 minute or until the player or pair who called it is ready

to continue，whichever is sooner

30. 暂停（　　　）。

    a. 每名队员或配对在一场比赛中只有 1 次，但不是在第一局

    b. 至多 1 分钟，或直到两名运动员或配对都已准备好继续比赛，无论哪一个更快一些

    c. 只能由运动员或配对申请，不能由教练员申请

    d. 至多 1 分钟，或直到申请暂停的运动员或配对已准备继续比赛，无论哪一个更快一些

31. In an individual match a player can appeal （　　　）.

    a. to the referee against an umpire's interpretation of the service rule

    b. to the referee against an umpire's decision that his return missed the table

    c. to the umpire against a stroke counter's error in counting strokes

    d. to the umpire against an assistant umpire's decision that he struck the ball in service while it was rising

31. 在单项比赛中运动员可以申诉，（　　　）。

    a. 就裁判员对发球规则的解释，向裁判长申诉

    b. 就裁判员判他的回击失误未落在台面上的决定，向裁判长申诉

    c. 就计数员错误的击球计数，向裁判员申诉

    d. 就副裁判员判他在发球上升期击球，向裁判员申诉

32. For each match （　　　）.

    a. 2 assistant umpires are appointed and the one at the receiver's end acts also as stroke counter

    b. 1 assistant umpire is appointed but a separate official must act as stroke counter

    c. 1 assistant umpire is appointed and either he or a separate official can act as stroke counter

    d. 1 assistant umpire appointed and always acts also as stroke counter

32. 在每一场比赛中，（　　　）。

    a. 指定 2 名副裁判员，1 名在接发球员的底线作为计数员

    b. 指定 1 名副裁判员，但另外一名裁判人员必须作为计数员

    c. 指定 1 名副裁判员，他或其他裁判人员能作为计数员

    d. 指定 1 名副裁判员，也作为计数员

33. At the start of a match，the winner of the toss can （　　）.

　　a. choose an end，after which the loser must serve first

　　b. choose to serve or receive first and the opponent can then choose an end

　　c. require the opponent to make the first choice

　　d. ask the loser to serve first and can then choose an end

33. 在比赛的开始，中签者能（　　）。

　　a. 选择方位，之后落签者必须先发球

　　b. 选择首先发球或接发球，对手能选择方位

　　c. 要求对手进行第 1 选择

　　d. 要求落签者先发球，然后选择方位

34. At the end of a rally the umpire should （　　）.

　　a. call the score immediately the ball is out of play

　　b. signal the result immediately the all is out of play but delay calling the score until the players are ready to start the next rally

　　c. delay calling the score until the players are ready to start the next rally

　　d. signal the result immediately the ball is out of play and call the score as soon as he is sure that all the players will be able to hear it

34. 在一个回合的最后，裁判员应该（　　）。

　　a. 在球结束比赛状态时，立刻报比分

　　b. 在球结束比赛状态时，立即用手势表示，但直到运动员准备下一个回合开始前，报比分

　　c. 到运动员准备好下一个回合开始时宣报比分

　　d. 在球结束比赛状态用手势立即表示，一旦他确信所有运动员能听得见，就报比分

35. Before starting the 2nd game, X notices that the floor has a depression where he normally stands to receive serve and he asks for the table to be moved to cover the spot. The umpire should （　　）.

　　a. move the table to cover the uneven floor

　　b. report to the referee

　　c. require play to continue until the end of the game then report to the

referee

d. move the match to an adjacent table if one is available

35. 在第 2 局比赛开始前，X 注意到地板上在他通常接发球时站的地方有一个压痕，他要求移动位置盖住压痕。裁判员应（　　　）。

    a. 移动桌子去盖住地板上不平的地方

    b. 报告裁判长

    c. 要求继续比赛，直到这局比赛结束，然后报告裁判长

    d. 把比赛移到相邻可用的桌子上

36. The assistant umpire raises his hand and calls "side" to indicate that the ball returned by X hit the side of the table nearest to him, but the umpire is sure it touched the top edge. The umpire should（　　　）.

    a. declare a let, because the assistant umpire's call could have affected the players

    b. award a point to X, because the umpire has the final decision

    c. award a point to A, because the assistant umpire has the final decision

    d. declare a let, because he and the assistant umpire disagree on what happened

234

36. 副裁判员举手，叫"侧面"，并指出 X 回击的球击到了离他最近一面球台的侧面，但裁判员确信球触及球台的上边缘。裁判员应该（　　　）。

    a. 宣布重发球，因为副裁判员的叫声可能已经影响了运动员

    b. 判 X 得 1 分，因为裁判员有最终决定权

    c. 判 A 得 1 分，因为副裁判员有最终决定权

    d. 宣布重发球，因为他和副裁判员对发生的事实没有达成一致意见

37. When they arrive for a doubles match, X/Y are wearing blue shirts but A's is red and B's is yellow. A/B say that they are from different Associations and that each is wearing his Association's designated colour. The umpire should（　　　）.

    a. insist that A and B wear shirts of the same colour

    b. report to the referee

    c. allow them to wear different-coloured shirts because these are clearly different from those worn by X/Y

    d. allow them to wear different-coloured shirts as they are from

different Associations

37. 他们到达一场双打比赛的场地时，X/Y 穿着绿色短袖，但 A 穿红的，B 穿黄的。A/B 说他们来自不同的协会，每人穿着他们协会指定颜色的服装。裁判员应该（　　　　）。

  a. 坚持 A 和 B 穿着同样颜色的短袖

  b. 报告裁判长

  c. 接受他们穿着不同颜色的短袖，因为他们穿着服装的颜色明显不同于 X/Y

  d. 接受他们穿着不同颜色的服装，因为他们来自不同协会

38. The umpire, working with an assistant umpire, can declare a let and warn a player about his service（　　　　）.

  a. the first time that player serves illegally

  b. the first time that the player serves with his body hiding the ball from the umpire's view

  c. never

  d. the first time that he thinks the service might have been illegal and the assistant umpire does not call a fault

38. 裁判员和一起工作的副裁判员，能判重发球和对运动员的发球进行警告，（　　　　）。

  a. 第一次运动员不合法的发球

  b. 运动员发球时，第一次用他的身体遮挡住球，使裁判员看不见

  c. 从不

  d. 第一次他认为发球可能是不合法的，而副裁判员没有叫犯规

39. At each change of service the umpire should signal the winner of the previous rally and announce the score, giving the score of the new server first, and must（　　　　）.

  a. make no other signal or announcement

  b. point to and name the new server

  c. point to, but need not name, the server

  d. point to, but must not name, the new server

39. 在每次换发球，裁判员应该示意前一个回合的获胜者和宣报比分，新发球员的比分在前，同时必须（　　　　）。

  a. 没有其他手势或宣布

b. 指向和报新发球员的姓名

c. 指向，但不需要报发球员姓名

d. 指向，但必须不报下一发球员的姓名

40. A match consists of（   ）.

a. any odd number of games，each to 11 points

b. the best of 3 or 5 games，each to 21 points

c. any number of games，each to 11 points

d. the best of 3，5 or 7 games，each to 11 points

40. 一场比赛的组成是（   ）。

a. 由任何单数局组成，每局 11 分

b. 3 局 2 胜或 5 局 3 胜，每局 21 分

c. 任意局数，每局 11 分

d. 3 局 2 胜、5 局 3 胜或 7 局 4 胜，每局 11 分

41. After losing a point A throws his racket to the floor，breaking the handle. You（   ）.

a. call the referee immediately

b. give A a warning and require him to change the racket

c. require him to change the racket immediately

d. examine the racket. If you consider it unplayable require A to change the racket

41. 在丢失 1 分后，A 将他的球拍扔在地板上，摔坏了拍柄。你(   )。

a. 立即报告裁判长

b. 给 A 警告，要求他换球拍

c. 要求他立即更换球拍

d. 检查球拍，如果他认为不能用于比赛，要求 A 换球拍

42. During the first game A throws his racket into a surround and you give A a warning，displaying a yellow card. At the end of the game，A kicks a surround. You（   ）.

a. again warn him because the game is over

b. award a penalty point to X and start the next game with X leading 1∶0

c. call the referee

d. ignore the incident because A was upset with himself

42．在第一局比赛中，A 将他的球拍扔向挡板，你给 A 一个黄牌警告，在比赛的最后一局结束时，你（　　　）。

　　a．再一次警告他，因为比赛已经结束

　　b．判 X 得 1 分和下一局比赛从 1∶0 开始

　　c．报告裁判长

　　d．忽略这一事件，因为他自己感到不安

43．A lunges in to return a drop shot and makes a good return，but his shirt gets caught on the net post. X is distracted by this mishap and makes no attempt to return the ball. You（　　　）.

　　a. call a let，as X made no attempt to return the ball

　　b. award the point to A，as X failed to make a good return

　　c. award the point to X，as A's shirt touched the net

　　d. call a let，as A was tangled in the net but he didn't touch it with
　　　 either hand

43．A 冲上去接一个下落球，并回出了一个好球，但他的短袖被球网柱钩住，X 被这意外的情况分散了注意力，没有尝试去回击球。你（　　　）。

　　a．判重发球，因为 X 没有尝试去回击球

　　b．判 A 得 1 分，因为 X 没有好的回击

　　c．判 X 得 1 分，因为 A 的短袖触及了球网

　　d．判重发球，因为 A 被球网挂住，但他没有用手触及球网

44．In an individual event A's coach signals for a time-out but A says he doesn't want one. You（　　　）.

　　a. allow a time out of one minute. Player A is not entitled to another
　　　 time-out

　　b. allow a time out. Because A is ready to play the time out is over
　　　 immediately

　　c. allow the time out and permit X to receive coaching for not more
　　　 than one minute

　　d. don't allow the time-out because the player has the final decision

44．在单项比赛中，A 的教练员做个暂停的手势，但 A 不想。你（　　　）。

　　a．接受 1 分钟暂停，运动员 A 没有另一个暂停权利

　　b．接受 1 分钟暂停，因为 A 已准备立即暂停比赛

　　c．接受暂停，允许 X 接受指导但不超过 1 分钟

d. 不接受暂停，因为运动员有最终决定权

45. The referee can authorize a suspension of play of up to 10 minutes' duration（   ）.

　　a. for an injured player to receive treatment

　　b. for a player who accidentally breaks his racket to repair it or to obtain a replacement

　　c. for a player who is exhausted as a result of strenuous play to recover

　　d. for an injured player to receive treatment and longer, if necessary, for all traces of blood to be removed from the playing area

45. 裁判长能有权决定最长为 10 分钟的紧急中断，在（   ）。

　　a. 由于运动员受伤去接受治疗

　　b. 由于运动员突然事件，坏的球拍去修理或获得替换

　　c. 由于运动员筋疲力尽，需要恢复

　　d. 受伤的运动员接受治疗，此外如果需要，除去在比赛区域内所有的血痕

二、在下列情况中，你必须决定裁判员不采取行动（Ｎ）、判 Ａ 或 A/B 得分（Ａ）、判 Ｘ 或 X/Y（Ｘ）得分、宣布重发球（Ｌ）

46. In doubles, A serves but X catches the ball saying that it bounced on the wrong half-court, although the umpire is sure that it did not.

46. 在双打比赛中，A 发球，但 X 抓住了球，并说 A 发球错区，虽然裁判员确信没有错区。

47. In doubles, as A serves, B positions himself so that X, who is to receive, cannot see the ball until just before it is struck.

47. 在双打比赛中，当 A 发球时，B 的位置使 X 接发球员不能看清球，直到球被击出。

48. X returns the ball but it misses the table on A's side, and A catches it on his racket, well behind his end line.

48. X 回击球，但未落在 A 边的桌面上；A 用他的球拍接住它，正好在他的端线后面。

49. The umpire sees nothing wrong with A's service but the assistant umpire calls "Fault".

49. 裁判员没有看见 A 错误的发球，但副裁判员叫"犯规"。

50. A chops the ball and it bounces on X's side of the table, spins back over the net without being struck by X, bounces on A's side of the table and is caught by A.

50. A 砍击了球，球在 X 的桌面弹起，未经 X 触及旋转过网，在 A 的桌边弹起，被 A 抓住。

51. A serves and the ball bounces on his side of the table and touches the net, then X touches the playing surface with his fee hand.

51. A 发球，球在他一边的球台上弹起并触网，然后 X 用他不执拍手触及比赛台面。

52. As X serves he stamps his loudly. A, startled by the sudden sound, mishits his return into the net and asks for the rally to be declared a let.

52. 当 X 发球时，他大声跺脚。A 被突然的声音惊吓，回击下网，并要求该回合重发球。

53. During a rally A strikes the ball while it is below the level of the table. It passes under the net assembly and hits the top edge of the table on X's side and X misses it.

53. 在一个回合中，A 在球台水平面以下击球。从球网装置下通过，击到 X 球台的上表面边缘，X 失分。

54. As A throws the ball upwards to serve, it is resting on the palm of his free hand and is behind his end line, but the fingers of that hand are over the playing surface.

54. 当 A 发球向上抛球时，球停留在不执拍手的手掌上并在端线之后，但他的那只手的手指已越过比赛台面。

55. X serves when A is not looking, A makes no attempt to return the ball, which hits his racket.

55. 当 A 没有看到时，X 发了球；A 没有尝试用他的球拍击球，而球却击中了他的球拍。

56. A strikes the ball outside the sideline after it crosses the playing surface on his side without touching the table but before it crosses his end line.

56. A 在边线外击球，击球前球已越过他这边的比赛台面，并没有触及球台，但球尚未越过端线。

57. A runs forward to return a drop shot and the ball bounces from the knuckles of his racket hand on to his racket and then on to X's court.

57. A 跑上前去，回击一个下落球，球从他的执拍手的关节上弹起，并弹到球拍上后再弹到 X 的球台。

58. To serve，A throws the ball so that it goes above the lights without touching them. X fails to return the serve and says he was dazzled by the light.

58. 发球时，A 将球上抛到灯具之上，球没有触及灯具；X 回击发球失误，并说他被灯光照花眼了。

59. During play, X trips over a cable from a moving TV camera and misses the ball.

59. 在比赛期间，X 被移动的电视摄像机的电缆绊倒，丢了球。

60. During a rally, A drops his racket but manages to return the ball by striking it with the flat.

60. 在一个回合期间，A 的球拍掉了，他试图用原来握拍手的手掌去回击球。

ANSWER：

1. C	13. A	25. B	37. C	49. X
2. A	14. C	26. B	38. D	50. A
3. B	15. D	27. B	39. C	51. L
4. B	16. B	28. D	40. A	52. L
5. A	17. C	29. A	41. A	53. A
6. C	18. C	30. D	42. B	54. N
7. B	19. D	31. A	43. C	55. L
8. C	20. B	32. C	44. D	56. A
9. C	21. D	33. B	45. D	57. X
10. A	22. D	34. D	46. A	58. A
11. B	23. A	35. B	47. X	59. A
12. D	24. C	36. C	48. A	60. N

国际乒乓球裁判员考试模拟真题三

1. 开始答题前，确认你已经完成附在后面答题纸底部的信息部分并签字。对于无法获知的信息，用 N/A 标明。

2. 回答问题时，建议使用有橡皮的铅笔。

3. 试卷包括 50 道问题，与现行的乒乓球规则、国际比赛的规程、残奥会乒乓球比赛的规则和规程以及竞赛官员手册中的操作程序有关。

4. 这些问题也许是对规则或规程的表达及其应用，或者是在国际公开锦标赛中，单打由 A 对 X，双打由 A/B 对 X/Y 的比赛事件的描述。

5. 每道题目都有 4 个可能的答案，分别标以 a，b，c，和 d。在 1-40 题中你将判断在 4 个陈述中哪一个是正确的。在 41-50 题中你将判断哪位运动员得分，回合是重发球，或者是不采取行动。

6. 请按照问题的陈述来回答问题。不要添加或假定任何外部因素。完整阅读题目，阅读所有可能的选择，选出一个所给的最佳答案，即使你认为所给选择中不止有一个正确答案。

7. 将你认为正确的答案填写在答题纸上相应的方格中。如果选择一个以上的答案将被认为答错，即使其中的一个答案是正确的。

8. 如果你答错了，或者想修改答案，擦掉原有的答案并保持最终的答案清晰。

9. 考试时间为 50 分钟，要求在该时间段内尽可能多地回答你会的问题。每道题目分值相同。考试中不可以使用参考书或与他人讨论。

10. 当完成试卷或得到指令，请将所有的试卷和答题纸一并交给监考官。不允许复制或保留试卷和答题纸。

THE INTERNATIONAL TABLE TENNIS FEDERATION
INTERNATIONAL UMPIRE
EXAMINATION

<u>DO NOT TURN THIS PAGE OVER UNTIL YOU ARE TOLD TO DO SO</u>

1. Before the exam starts, make sure that you have completed and signed the bottom portion of the attached answer page. Indicate N/A for information not available.

2. In answering the questions, it is recommended that you use a pencil with an eraser.

3. The test paper consists of 50 questions about the current Laws of Table Tennis, the Regulations for International Competitions, the Laws and Regulations for Paralympics Table Tennis and match procedures as shown in the Handbook for Match Officials.

4. The questions are either statements about laws or regulations and their application, or descriptions of incidents at an Open International Championships competition in which A is playing X in singles or A/B are playing X/Y in doubles.

5. For each question 4 possible answers are given, lettered a, b, c, and d. In questions 1-40 you have to say which of the 4 statements is correct; and in questions 41-50 you have to say whether either player won the point, the rally was a let, or you take no action.

6. Please answer the questions exactly as they are presented. Do not add or presume any external factors. Read the entire question, read all of the possible answers, select the best choice of the ones given – even if you

believe there is more than one correct answer in the choices presented.

7. Show which answer you consider correct by filling in the appropriate box in the attached answer sheet. If you mark more than one letter your answer will be regarded as wrong, even if one of your choices is correct.

8. If you make a mistake, or wish to change your answer, erase the old answer and make quite clear which is your final choice.

9. The time allowed is 50 minutes and you are required to answer as many questions as you can in this time; each question carries the same number of marks. You must not use reference books or discuss the questions with anyone during the examination.

10. When you are finished, or when instructed, please hand in all of the question pages as well as the answer page to the supervisor. You may not make or retain copies of either.

1. A player who finds the playing hall too cold can play wearing a tracksuit (　　) .

    a. only with the permission of the umpire

    b. only with the permission of the referee

    c. only until he has gotten warm through playing

    d. in no circumstances

1. A 选手发现比赛场馆太冷，可以穿长袖运动服比赛 (　　)。

    a. 只要得到裁判员的允许

    b. 只要得到裁判长的允许

    c. 只能通过比赛直到身体变暖

    d. 任何情况下都不允许

2. Before the start of a match players are entitled to a practice period of (　　) .

    a. up to 1 minute, if they have already played on that table

    b. up to 1 minute, whether or not they have already played on that table

    c. up to 2 minutes, if they have already played on that table

    d. up to 2 minutes, whether or not they have already played on that table

2. 一场比赛开始前，运动员有权练习的时间为（   ）。

    a. 一分钟，如果他们已经在该球台比赛过

    b. 一分钟，无论他们是否在该球台比赛过

    c. 两分钟，如果他们已经在该球台比赛过

    d. 两分钟，无论他们是否在该球台比赛过

3. The blade of the racket（   ）.

    a. must be flat and rigid and not more than 4mm thick

    b. can be covered on a side used for striking the ball with sandwich rubber，with pimples in or out

    c. must be covered on both sides with sandwich or pimpled rubber，with one side black and the other bright red

    d. can be covered on a side used for striking the ball with pimpled rubber，with pimples in

3. 球拍的底板（   ）。

    a. 必须平整、坚硬并且不超过 4 毫米厚

    b. 击球的一面可以用颗粒向内或向外的海绵胶覆盖

    c. 必须用海绵胶或者颗粒胶覆盖两面，且一面为黑色，另一面为鲜红色

    d. 击球的一面可以用颗粒向内的颗粒胶覆盖。

4. At Open International Championships（   ）.

    a. opposing players and pairs must wear shirts of clearly different colours

    b. players must wear shirts of one or two solid colours

    c. no part of the shirt may be the colour of the ball in use

    d. players of a doubles pair must always be uniformly dressed，except for shoes and socks

4. 在国际公开锦标赛中（   ）。

    a. 比赛的双方运动员必须穿着颜色明显不同的短袖运动衫

    b. 运动员必须穿一种或两种固定颜色的短袖运动衫

    c. 短袖运动衫的任何部分都不能与比赛用球的颜色一样

    d. 双打配对的运动员必须穿着同样的服装，鞋袜除外

5. At 8-8 in the deciding game of a match，X accidentally cuts his leg on the corner of the table. It is bleeding slightly，but X says that he prefers to

complete the game before getting treatment （　　） .

  a. allow play to continue, provided A agrees

  b. award the match to A because X is unfit to continue

  c. allow play to continue, provided the umpire is sure that the injury is not serious

  d. suspend play, report to the referee - do not resume until the injury has been treated

5. 在决胜局 8∶8 时，X 的腿意外地被桌角划伤，轻微出血。但 X 说他愿意完成比赛后再接受治疗。（　　）。

  a. 允许比赛继续进行，如果 A 同意

  b. 由于 X 不适合继续比赛，判 A 胜该场比赛

  c. 允许比赛继续进行，如果裁判员确信伤情不严重

  d. 暂停比赛，报告裁判长 ——直到伤者接受治疗后再继续比赛

6. In a team match consisting of 4 singles and one doubles matches, B, after playing the previous singles match, asks for 10 minutes break before he plays in the doubles match, which is next. The umpire should （　　） .

  a. require him to play without delay because play must be continuous

  b. allow him 10 minutes if the opponents agree

  c. allow him 5 minutes whether or not the opponents agree

  d. call for the referee

6. 在一场由四场单打和一场双打组成的团体比赛中，B 打完前一场单打后，请求在紧接下来参加的双打比赛开始前休息 10 分钟，裁判员应（　　）。

  a. 要求他继续比赛，不得延误，因为比赛必须连续进行

  b. 如果对方同意，允许休息 10 分钟

  c. 无论对方是否同意，允许休息 5 分钟

  d. 报告裁判长

7. On the front, side, or shoulder of a shirt there may be （　　） .

  a. 1, 2 or 3 advertisements, contained within a specified total area

  b. not more than 4 advertisements, contained within a specified total area

  c. not more than 6 advertisements, contained within a specified total area

  d. any number of advertisements, contained within a specified total

area

7. 短袖运动衫的前面，侧面或肩部可以有（   ）。

    a. 有 1，2 或 3 条广告，限制在规定的总面积之内

    b. 不超过 4 条广告，限制在规定的总面积之内

    c. 不超过 6 条广告，限制在规定的总面积之内

    d. 任何数量的广告，限制在规定的总面积之内

8. The rally is always a let if（   ）.

    a. in service，the ball bounces on the server's court and then touches the top of the net

    b. it is discovered，while the ball is in play，that the wrong player served

    c. the receiver says that he is not ready

    d. the server accidentally drops his racket as he tries to strike the ball

8. 回合应被判为重发球，如果（   ）。

    a. 发球时，球触及发球方的台区后触及球网的顶部

    b. 当球处于比赛状态时，发现发球员次序错误

    c. 接发球方说他没有准备好

    d. 当发球员试图击球时，他的球拍意外掉落

    9. Just after he makes a good return，A accidentally runs into the table and slightly moves the playing surface just after X strikes the ball. X's return is not good（   ）.

    a. point to X，provided the umpire is sure that the movement affected X's return

    b. let，because A accidentally moved the playing surface

    c. point to X，because A moved the playing surface

    d. point to A，because X did not make a good return

    9. A 合法还击，就在 X 击球后，A 意外地撞到球台使比赛台面轻微移动。X 回球失误。（   ）。

    a. X 得分，如果裁判员确定 X 的还击受到影响

    b. 重发球，因为 A 意外地移动了比赛台面

    c. X 得分，因为 A 移动了比赛台面

    d. A 得分，因为 X 没有合法还击

    10. Which of the following statements is correct?（   ）.

a. Each player or pair is entitled to one time-out in each match; the time out may be taken only after the second game has begun

b. A time-out lasts one minute or until both players or pairs are ready to continue

c. A time out can be called between rallies in a game or between games

d. A time-out lasts one minute or until the player that called it is ready to continue, whichever is sooner

10. 下列哪句话正确？（　　）。

a. 一名运动员或一对双打运动员在一场比赛中有权要求一次暂停。暂停只能在第二局比赛开始后提出

b. 暂停时间 1 分钟或者比赛双方准备好继续比赛

c. 暂停可以在一局比赛的回合与回合之间提出，或者在局与局之间提出

d. 暂停时间 1 分钟，或者要求暂停一方运动员准备继续比赛，以时间短的计算

11. In a team event A's captain signals for a time-out but A says he doesn't want one. The umpire should（　　）.

247

a. not allow the time out because the player has the final decision

b. allow the time out because the captain has the final decision

c. allow a time out; because A is ready to play the time out is over immediately

d. allow the time out and permit X to receive coaching for not more than one minute

11. 在一场团体比赛中，A 的队长做手势要求暂停，但 A 说他不想暂停。裁判员应该（　　）。

a. 不允许暂停，因为运动员有最终的决定权

b. 允许暂停，因为队长有最终的决定权

c. 允许暂停，由于 A 准备继续比赛，暂停立即结束

d. 允许暂停，并允许 X 接受不超过 1 分钟的指导

12. The score（　　）.

a. must be called in English

b. can be called in any language chosen by the umpire

c. can be called in any language agreed by the umpire and both players or pairs

d. must be called in the language of the organizing Association

12. 报分（　　）。

a. 必须用英语

b. 可以用裁判员选择的任何语言

c. 可以用裁判员和双方运动员均同意的任何语言

d. 必须用赛事组织协会的语言

13. A match consists of the best of （　　）.

a. 3 or 5 games

b. 5 or 7 games

c. 3, 5 or 7 games

d. any odd number of games

13. 一场比赛的组成（　　）。

a. 3 或 5 局

b. 5 或 7 局

c. 3，5 或 7 局

d. 任何奇数局

248

14. As B serves to Y in doubles，A stands in front of his partner so that B's service action is hidden from Y and from the assistant umpire; Y fails to make a good return. The umpire should award a（　　）.

a. let, because the ball was not visible to Y

b. let, and warn A for unfair behaviour

c. point to X/Y, because the ball was not visible to Y

d. point to A/B, because Y did not make a good return

14. 在双打中 B 发球给 Y，A 站在同伴前致使 B 的发球动作不能被 Y 和副裁判员看清；Y 未能合法还击。裁判员应判（　　）。

a. 重发球，因为 Y 的视线被遮挡

b. 重发球，并警告 A 的不良行为

c. X/Y 得 1 分，因为 Y 的视线被遮挡

d. A/B 得 1 分，因为 Y 未能合法还击

15. For each match（　　）.

a. 2 assistant umpires are appointed and the one at the receiver's end

acts also as stroke counter

   b. 1 assistant umpire is appointed but a separate official must act as stroke counter

   c. 1 assistant umpire is appointed and either he or a separate official can act as stroke counter

   d. 1 assistant umpire is appointed and always acts also as stroke counter

15. 每场比赛（　　）。

   a. 指派 2 名副裁判员，并且在接发球一方的副裁判员还可以担任计数员

   b. 指派 1 名副裁判员，但必须另外指派一名裁判员担任计数员

   c. 指派 1 名副裁判员，并且他或者另外指派一名裁判员均可担任计数员

   d. 指派 1 名副裁判员，并且他总是担任计数员

16. X serves and the ball bounces on his court, touches the top of the net and goes high in the air. A catches it, over the playing surface, with his free hand，which he then rests on the playing surface. The umpire should signal （　　）.

 249

   a. point to A, because X did not make a good service

   b. point to X, because A's free hand touched the playing surface

   c. point to X, because A obstructed the ball

   d. let，because the ball touched the net and was obstructed by A

16. X 发球，球触及本方台区，触及球网的顶部，然后飞到高空。A 用不执拍手在比赛台面的上方抓住球后，将不执拍手放在比赛台面上。裁判员应判（　　）。

   a. A 得 1 分，因为 X 未能合法发球

   b. X 得 1 分，因为 A 的不执拍手触及了比赛台面

   c. X 得 1 分，因为 A 阻挡

   d. 重发球，因为球触网后被 A 阻挡

17. A serves to X at the start of a doubles match. At the start of the second game （　　）.

   a. X must serve to A

   b. X and Y will decide who serves, and A and B will then decide who

will receive

   c. X and Y will decide who will serve and that will automatically determine who receives

   d. either X or Y may serve but A must receive

17. 双打比赛开始，A 发球给 X。第二局比赛开始（   ）。

   a. X 必须发球给 A

   b. X 和 Y 将决定谁先发球，然后 A 和 B 决定谁先接发球

   c. X 和 Y 将决定谁先发后，谁先接发球的顺序将自动确定下来

   d. X 或 Y 都可以发球，但 A 必须先接发球

18. If expedite is introduced in the 2nd game of a singles match, the first server in the 3rd game is（   ）.

   a. the first server in the match

   b. the first receiver in the match

   c. the last server in the 2nd game

   d. the last receiver in the 2nd game

18. 如果一场单打比赛的第二局实行轮换发球法，第三局比赛谁先发球？（   ）。

   a. 该场比赛的先发球员

   b. 该场比赛的先接发球员

   c. 第二局比赛的最后一个发球员

   d. 第二局比赛的最后一个接发球员

19. Which of the following statements is correct?（   ）.

   a. The first time a player makes an illegal service, the umpire may call a let and give the player a warning

   b. In doubles, each player of a pair is entitled to a warning for a doubtful service

   c. If there is an assistant umpire, either the umpire or assistant umpire can give a warning

   d. With an assistant umpire there is no warning authorized

19. 下列哪句话正确？（   ）。

   a. 运动员第一次发球不合法，裁判员可判重发球并警告运动员

   b. 在双打中，因怀疑发球的合法性可以给配对的两名运动员各一次警告

c. 如果有副裁判员，裁判员或副裁判员都可以警告运动员

d. 副裁判员没有警告的权利

20. A return may be good if（　　）.

    a. the ball is struck by the racket handle then the blade in a continuous stroke

    b. the ball goes under the projection of the net clamp beyond the table

    c. the ball strikes first the finger，then the racket

    d. the ball goes between the net and the net post

20. 合法还击可以是（　　）。

    a. 球先后被拍柄和拍身以一个连续的动作击回

    b. 球从球台边的球网夹钳下的经过

    c. 球先碰到手指，然后球拍

    d. 球从球网和网柱之间穿过

21. A returns the ball by striking it with the back of his racket hand and it bounces on X's court，near the net. As X reaches forward to strike it his racket hand rests on the playing surface and，while it is in this position, the ball touches his racket and rebounds over the net on to A's court（　　）.

    a. let，because the ball was struck by A's racket hand

    b. point to X, because the ball was struck by A's racket hand

251

    c. point to A, because X's racket hand touched the playing surface

    d. no action, because the ball is still in play

21. A 用执拍手的手背还击球，球落在 X 的台区近网处。当 X 向前伸手击球时，他的执拍手放在比赛台面上，以这种姿势，球触及他的球拍，回弹过网，落到 A 的台区。（　　）。

    a. 重发球，球被 A 的执拍手阻挡

    b. X 得 1 分，因为球被 A 的执拍手阻挡

    c. A 得 1 分，因为 X 的执拍手触及比赛台面

    d. 不采取行动，因为球仍处于比赛状态

22. X in anger，strikes the table with his racket，causing a crack in one corner of the playing surface. The umpire should （　　）.

    a. give X a warning and continue with match

    b. stop play and call for the referee

    c. award a point to opponent，replace table，and resume play

d. request Control Desk to have match continue on another table

22. X 在生气中狠狠地将球拍砸向球台,使得比赛台面的一角出现一个裂缝。裁判员应该( )。

    a. 警告 X,然后继续比赛

    b. 停止比赛,报告裁判长

    c. 判对方得 1 分,更换球台继续比赛

    d. 要求竞赛控制组把比赛移到另一张球台进行

23. A serves at the score 9-10. As the ball, returned by X, lands on the playing surface the match clock shows that 10 minutes have expired. The umpire should ( ).

    a. call "let" and continue under the expedite system with A serving

    b. call "let" and continue under the expedite system with X serving

    c. allow play to continue but start the next game under the expedite system

    d. allow play to continue and take no further action

23. 比分 9∶10 时 A 发球,X 回击,当球落到对方的比赛台面上,比赛时钟显示 10 分钟时间已到,裁判员应该( )。

    a. 判重发球,实行轮换发球法,A 发球继续比赛

    b. 判重发球,实行轮换发球法,X 发球继续比赛

    c. 允许比赛继续进行,但下一局实行轮换发球法

    d. 允许比赛继续进行,不采用任何行动

24. The stroke counter in an expedite rule match counts ( ).

    a. the server's strokes out loud, calling "13" after he hits his 13th stroke including the service

    b. the receiver's good returns out loud, calling "point" when his 13th return hits the table

    c. the server's strokes silently, calling "point" after he hits his 13th stroke, counting the service as stroke number 1

    d. the receiver's strokes out loud, calling "13" after he hits his 13th stroke

24. 实行轮换发球法时,计数员应数( )。

    a. 从发球开始大声报发球员的击球板数,当还击第 13 板后,报"13"

b. 从接发球员的合法还击开始大声报数，当他的第 13 板球打在球台上，报"得分"

c. 默数发球员的击球板数，发球作为第 1 板，当他还击第 13 板后，报"得分"

d. 从接发球员的还击开始大声报数，当还击第 13 板后，报"13"

25. When using coloured cards the umpire displays (   ).

a. a yellow card when giving a warning and a red card when assessing a point

b. a red card when disqualifying a player or directing a coach to leave

c. a yellow and a red card when he assesses a point

d. a yellow and a red card when directing a coach to leave

25. 当使用红黄牌时，裁判员（   ）。

a. 警告出示黄牌，罚 1 分出示红牌

b. 取消运动员的比赛资格或驱逐指导者时，出示红牌

c. 罚 1 分时，出示黄牌和红牌

d. 驱逐指导者离开时，出示黄牌和红牌

26. In the 1st game of a five game match, A served first in the match. A is given a warning and for a later violation in the game his opponent, X, is awarded a penalty point. In the 2nd game, A, before serving at the score 8-10, intentionally breaks the ball. The umpire should (   ).

253

a. award X 1 penalty point and start game 3 with A serving 0-0

b. award X 2 penalty points and start game 3 with A serving 0-1

c. award X 2 penalty points and start game 3 with X serving 1-0

d. call for the referee

26. 五局三胜比赛的第一局，A 先发球。A 受到一次警告，随后再次冒犯被判罚 1 分。第二局比赛 8：10，A 在发球前故意弄破球。裁判员应该（   ）。

a. 判 X 得 1 分，第三局比赛开始，A 发球，0：0

b. 判 X 得 2 分，第三局比赛开始，A 发球，0：1

c. 判 X 得 2 分，第三局比赛开始，X 发球，1：0

d. 报告裁判长

27. In a team match with 4 singles and 1 doubles matches players A & B are paired to play the doubles match. In their singles matches in this team

match A was warned and B incurred a penalty point. In the 2nd game of the doubles match A throws his racket against a surround after losing a point. The umpire should（　　）.

    a. give the A/B pair a warning

    b. award 1 point against the A/B pair

    c.　award 2 points against the A/B pair

    d.　call for the referee

27. 在由四场单打和一场双打组成的团体赛中，A 和 B 配对打双打。在该场团体赛的单打比赛中，A 被警告过，B 被罚 1 分。在双打的第二局比赛中，A 因失 1 分而将球拍砸向挡板。裁判员应该（　　）。

    a. 给 A / B 一次警告

    b. 判 A / B 失 1 分

    c. 判 A / B 失 2 分

    d. 报告裁判长

28. In the previous question, what penalties carry forward to each player's next singles match?（　　）.

    a. None

    b. 1 penalty point for A, 2 penalty points for B

    c. 1 penalty point each for A and B

    d. 2 penalty points each for A and B

28. 在上一道题目中，哪个罚分将带进运动员的下一场单打比赛中？（　　）。

    a. 没有

    b. A 的罚 1 分，B 的罚 2 分

    c. A 和 B 的各罚 1 分

    d. A 和 B 的各罚 2 分

29. In a doubles match in a team competition, X and Y complain that the coach of A and B is signalling to them the type of service about to be made by X or Y; he is reading the server's signals to his partner. The coach agrees to stop when warned by the umpire, but another person on the bench continues to signal the upcoming services to his players. The umpire should（　　）.

    a. award a point to X and Y

    b. send the new coach away from the playing area

c. call a let and warn the new coach not to signal his players

　　d. report to the referee

29. 在团体赛的双打比赛中，X 和 Y 抗议 A 和 B 的教练，说他把 X 和 Y 的发球类型向自己的队员做手势。当裁判员提出警告后，教练同意不再做这样的举动，但坐在教练席上的另一个人就对方的发球类型继续向自己的队员做手势。裁判员应该（　　）。

　　a. 判 X 和 Y 得 1 分

　　b. 将新教练员驱逐出比赛区域

　　c. 判重发球并警告新教练员不能再向自己的队员做手势

　　d. 报告裁判长

30. If a doubles pair is in wheelchairs because of disability　（　　）.

　　a. either player of the pair can make any return

　　b. players must hit returns alternately unless it is wheelchair only competition

　　c. after the return of service either player may make other returns

　　d. service to them may not cross the sideline

30。　一对身体残疾而坐轮椅的运动员配对双打时（　　）。

　　a. 配对的任何一名运动员可任意还击。

　　b. 除非是轮椅组比赛，运动员必须交替还击。

　　c. 接发球以后，配对的任何一名运动员可任意还击。

　　d. 发球不可以越过边线。

255

31. At each change of service the umpire must signal the winner of the previous rally and announce the score, giving the score of the new server first, and（　　）.

　　a. point to and name the new server

　　b. point to and may name the new server

　　c. point to, but must not name, the new server

　　d. make no other signal or announcement

31. 换发球时，裁判员必须用手势表明前一回合的胜者，报分，发球方的得分在前，并且（　　）。

　　a. 指向并报发球方的名字

　　b. 指向，并且可以报发球方的名字

　　c. 指向，但不能报发球方的名字

d. 不做手势或宣告

32. During a team match X's captain keeps calling out to him in a language that the umpire does not understand, and from X's actions the umpire is sure that he is being given advice. The umpire should （   ）.

    a. take no action, because it cannot be proved that advice is being given

    b. take no action, provided he is satisfied that the calls do not disturb A

    c. warn the captain and send him away from the playing area if the calls continue

    d. warn the captain and report to the referee if the calls continue

32. 在一场团体比赛中，X 的教练不断用裁判员听不懂的语言向 X 喊话，但从 X 的行为上看，裁判员确信他是在接受场外指导。裁判员应该(   )。

    a. 不采取行动，因为无法证明在进行非法指导

    b. 不采取行动，如果确信喊话没有影响到 A

    c. 警告教练员，如果喊话还再继续，将其驱逐出赛区

    d. 警告教练员，如果喊话还再继续，报告裁判长

33. Doubles pair A/B speak different languages and each has a separate advisor. In the first game, A's advisor is warned for illegal advice during the game. During the next game B's advisor signals B what service to use. The umpire should （   ）.

    a. give B's advisor a warning showing a yellow card

    b. show B's advisor a red card and require the advisor to leave the area

    c. show a red card to both advisors and require both to leave the area

    d. show B's advisor a red card and require the advisor to leave the area. Inform A's advisor he may not talk to B between games

33. 双打配对 A 和 B，讲不同的语言，各有一名指导者。第一局比赛中，A 的指导者由于非法指导受到警告。第二局比赛，B 的指导者向 B 做发某种球的手势。裁判员应该（   ）。

    a. 出示黄牌，给 B 的指导者一个警告

    b. 向 B 的指导者出示红牌，并要求他离开比赛区域

    c. 同时向两位指导者出示红牌，并要求两人离开比赛区域

    d. 向 B 的指导者出示红牌，并要求他离开比赛区域。告知 A 的指

导者在局间不能对 B 进行指导

34. When one player of a doubles pair is in a wheelchair and the partner is standing（   ）.

    a. when serving to the player in a wheelchair the ball must not bounce on the receiver's side and return over the net

    b. either player can make a return after the service and return of service

    c. there is no difference from regular rules

    d. when serving to the player in a wheelchair the ball must not cross the sideline on the receiver's side

34. 当一名轮椅运动员和一名站立运动员配对双打时（   ）。

    a. 当发球给轮椅运动员时，球不能在触及接发球方台区后，朝着球网方向离开接发球方台区

    b. 发球和接发球后，任意一名运动员可以还击

    c. 与正常规则没有区别

    d. 当发球给轮椅运动员时，球不能越过接发球方的边线

35. X fails to make a good return and the umpire awards a point to A. X protests that A accidentally struck the ball twice and A agrees，although the umpire does not think he did so. The umpire should award a（   ）.

    a. let，because the umpire is not certain whether A struck the ball twice

    b. point to A, because even if A did strike the ball twice it was not deliberate

    c. point to X, because both players agree that the original decision was wrong and the umpire is not certain

    d. point to A, because a decision once made cannot be changed

35. X 未能合法还击，裁判员判 A 得 1 分。X 抗议 A 无意连续击球两次，虽然裁判员不这样认为，但 A 承认了。裁判员应（   ）。

    a. 判重发球，因为裁判员不确定 A 是否连击

    b. 判 A 得分，因为即使 A 连击，他也不是有意的

    c. 判 X 得分，因双方运动员都同意原判决是错误的，而裁判员又不确定

    d. 判 A 得分，因为一旦做出判决就不能更改

36. The assistant umpire raises his hand and calls "side" to indicate that the ball returned by X hit the side of the table nearest to him before falling to the floor, but the umpire is sure it touched the top edge (　　).

>   a. let, because the assistant umpire's call might have affected the players

>   b. point to A, because the assistant umpire has the final decision

>   c. let, because the umpire and assistant umpire disagree

>   d. point to X, because the umpire has the final decision

36. 副裁判员举手喊"side"，示意 X 还击的球在落地前，击到了离他最近的比赛台面的侧面，但是裁判员确定球触及了比赛台面的上边缘(　　)。

>   a. 判重发球，因为副裁判员的判决可能会影响运动员

>   b. 判 A 得分，因为副裁判员有最后决定权

>   c. 判重发球，因裁判员和副裁判员意见不一致

>   d. 判 X 得分，因裁判员有最后决定权

37. When A serves, the ball first hits the net post and then his side of the table, from where it spins over the net.　Before it can bounce on X's side of the net, X catches it, over the table. The umpire should award a (　　).

>   a. point to A, because X obstructed the ball

>   b. point to X, because A did not make a good service

>   c. point to A, because X prevented A from making a good service

>   d. let, because the ball was obstructed in a net-cord service, which was otherwise good

258

37. 当 A 发球时，球首先弹到网柱上，然后跳到自己的比赛台面，又回旋过网，就在球落到 X 的比赛台面之前，X 抓住了球。裁判员应判(　　)。

>   a. A 得 1 分，因为 X 阻挡了球

>   b. X 得 1 分，因为 A 没有合法发球

>   c. A 得 1 分，因为 X 阻止了 A 合法发球

>   d. 重发球，因为发球擦网被阻挡

38. In an individual match a player can appeal (　　).

>   a. to the umpire against an assistant umpire's decision that his return missed the table

>   b. to the umpire against a stroke counter's error in counting strokes

>   c. to the umpire against an assistant umpire's decision that he struck

the ball in service while it was over the table

    d. to the referee against an umpire's interpretation of the service law

38. 在单项比赛中，运动员可以申诉（   ）。

    a. 对副裁判员判定他的回球没有触及球台向裁判员提出申诉

    b. 对计数员计数错误向裁判员提出申诉

    c. 对副裁判员判定他发球击球时球在球台上向裁判员提出申诉

    d. 对裁判员解释的发球规则向裁判长提出申诉

39. At the end of a rally the umpire should （   ）.

    a. call the score immediately the ball is out of play

    b. signal the result immediately the ball is out of play but delay calling the score until the players are ready to start the next rally

    c. delay calling the score until the players are ready to start the next rally

    d. signal the result immediately the ball is out of play and call the score as soon as he is sure that all the players will be able to hear it

39. 回合结束，裁判员应该（   ）。

    a. 球一结束比赛状态应立即报分

    b. 球一结束比赛状态应立即用手势表示结果，但延缓报分直到运动员准备开始下一回合比赛

    c. 延缓报分，直到运动员准备开始下一回合比赛

    d. 球一结束比赛状态应立即用手势表示结果，一旦确信双方运动员能听见，应立即报分

40. After the first game the assistant umpire （   ）.

    a. changes the scoreboard immediately, changing the game score then changes the points scores to 0-0

    b. changes the scoreboard immediately, changes the points scores to blank then changes the game score

    c. changes the scoreboard, changing the points scores to blank then changes the game score

    d. changes the scoreboard, changing the game score then changes the points scores to blank

40. 第一局比赛结束，副裁判员应该（   ）。

a. 立刻更换翻分器，更换局分，然后显示比分为 0：0

b. 立刻更换翻分器，比分显示为空白，然后更换局分

c. 更换翻分器，比分显示为空白，然后更换局分

d. 更换翻分器，更换局分，然后比分显示为空白

In the following situations you have to say whether the umpire should award a point to A or A/B (A)，award a point to X or X/Y (X)，declare a let (L)，or take no action (N).

41. During play A trips over a cable from a moving TV camera and misses the ball.

42. During a high toss service A drops his racket below the table until just before he strikes the ball. The service is otherwise good.

43. As A throws the ball upwards to serve，it is resting on the palm of his free hand and is behind his end line，but the fingers of that hand are over the playing surface.

44. A jumps over a surround and makes an otherwise good return.

45. A strikes the ball beyond the sideline after it crosses the playing surface on his side without touching the table but before it crosses the end line.

46. A hits the ball high in the air，with so much backspin it bounces once on X's side of the table，then returns over the net without being touched by X and bounces on A's side of the table. A then catches the ball.

47. In a doubles match，A，a standing athlete，serves to X，who is in a wheelchair. The service，which is otherwise good，bounces in X's right half court and then goes off the side of the table. X makes no attempt to return the ball.

48. In a wheelchair doubles match A serves to X; the service has so much backspin that it touches X's right half court and returns in the direction of the net. X is unable to reach the ball to make a return.

49. Just as player X，a Class 2 wheelchair player，is about to return a wide angled shot，one wheel falls off his chair and he fails to make a good return.

50. In a wheelchair doubles match，A returns the ball as his chair crosses

the centre line of the table. X and Y are then unable to make a good return.

以下情况中,你必须判断裁判员是否判 A 或 A/B 得 1 分(A),X 或 X/Y 得 1 分 (X),宣布重发球(L),或者不采取行动 (N)。

41. 比赛中 A 被移动的电视摄像机的电缆绊倒而击球失误。

42. A 发高抛球时,把球拍放在球台以下直到他击球前,然后将球合法发出。

43. 当 A 向上抛球发球时,球放在不执拍手的手掌上、端线后,但不执拍手的手指在比赛台面上。

44. A 跳过挡板,然后完成了一个合法还击。

45. 当球越过比赛台面没有触及本方球台时,在球 未越过端线之前,A 在边线外击球。

46. A 把球击向高空,球下旋强烈,跳落在 X 的台区后,X 没有触到球就回弹过网,落在 A 的台区。接着 A 抓住了球。

47. 双打比赛中,A 是站立组运动员,发球给轮椅组运动员 X。球除了落在 X 的右半区,从边线处离开球台外是个合法发球。X 没有试图接球。

48. 轮椅组双打比赛,A 发球给 X;发出的球下旋强烈,触及 X 方的右半区后,朝着球网的方向返回。X 无法碰到球进行还击。

49. X 是轮椅组 2 级运动员,当他去还击一个大角度短球时,其轮椅的一个轮子掉落,他未能合法还击。

50. 轮椅组双打比赛,A 还击时其轮椅超过球台的中线,接着 X 和 Y 未能合法还击。

附录：乒乓球规则规程试题库

一、填空题

1. 国家体育总局为各项目裁判员制定的工作方针是：_____、_____、_____、_____，简称"八字方针"。

2. 体现裁判员基本职责的三个过程是：_____，_____，_____。其中，最主要的是_____。

3. 裁判员在确认事实问题上存在的主要问题有：_____，_____，_____，_____，_____。

4. 球什么时候处于比赛状态？_____；什么时候处于结束比赛状态？_____
_____。

5. 每场比赛开始前，裁判员应对双方运动员的_____、_____、_____进行检查，俗称"三检查"。

6. 中签者不应_____。

7. 在五局三胜制比赛中，第三局可休息_____。

8. 比赛台面是指_____。它的长为_____米，宽为_____米，高为_____米。

9. 在双方运动员不能就选球达成一致时，处理的方法应是：_____。

10. 比赛用的球拍不管是否用来击球，必须是_____颜色。击球的拍面覆盖层应该是一层_____，连同黏合剂厚度不能超过_____，符合规定的胶皮应有_____标志。

11. 球拍的两重性是指_____
_____。

12. 运动员在比赛过程中私自更换球拍，裁判员应_____，裁判长应_____。

262

13. 在规则解释和服装器材合法性等问题上，裁判员在＿＿＿＿＿＿＿＿＿＿＿＿＿＿＿＿，＿＿＿＿＿＿＿＿＿＿＿＿＿＿＿情况下需向裁判长报告。

14. 服装包括＿＿＿＿＿＿＿＿、＿＿＿＿＿＿＿＿、＿＿＿＿＿＿＿＿、＿＿＿＿＿＿＿＿。

15. 服装的颜色应与球＿＿＿＿＿＿＿＿，＿＿＿＿＿＿＿＿除外。

16. 比赛场地不得小于＿＿＿＿＿＿＿米长、＿＿＿＿＿＿＿米宽、＿＿＿＿＿米高。光源离地面不得低于＿＿＿＿＿＿＿米。

17. 在比赛中，裁判员对运动员的发球正确性第一次感到怀疑时，可＿＿＿＿＿＿＿＿＿＿＿＿＿。在同一场比赛中,裁判员对运动员的发球是否正确,出于同样或其他的原因再次产生怀疑时,可＿＿＿＿＿＿＿＿＿＿＿＿＿＿。

18. 运动员发球时,应让裁判员或＿＿＿＿＿＿＿＿看清楚他是否按照合法发球的规定发球。

19. 一局比赛开始＿＿＿＿＿分钟内尚未结束,应立即＿＿＿＿＿＿＿＿＿,实行轮换发球法。当"时间到"时为比赛状态,应由＿＿＿＿＿＿发球;当"时间到"时为非比赛状态,应由＿＿＿＿＿＿发球。

20. 在单项比赛的每局比赛中,每得＿＿＿＿＿＿分后,或决胜局交换方位时,运动员可用短暂的时间擦汗。

21. 比赛中如发现错误,应立即进行纠正,纠正前的比分＿＿＿＿＿＿＿＿。

22. 在考比伦杯的比赛中,A 应打＿＿＿＿＿＿＿＿＿场,Y 应打＿＿＿＿＿＿＿＿场。在斯韦斯林杯的比赛中,B 应打＿＿＿＿＿＿＿＿＿场,X 应打＿＿＿＿＿＿＿＿＿场。

23. 规则规定局与局之间可休息＿＿＿＿＿＿＿＿分钟。在女子团体比赛中,运动员需连场比赛,可休息＿＿＿＿＿＿＿＿分钟。

24. 除非裁判长允许,运动员在单项比赛的法定休息和暂停间歇时间内,应在裁判员的监督下,留在赛区周围＿＿＿＿＿＿米以内的地方。

25. 在比赛间隙,运动员应将球拍留在比赛的球台上,得到＿＿＿＿＿＿＿＿特殊许可除外。

26. 在局与局之间休息时,运动员到更衣室去,裁判员应＿＿＿＿＿＿＿＿＿＿＿＿＿＿＿＿＿＿。

27. 在比赛开始前的两分钟练习时,一方运动员练习至一分二十秒时不愿意再继续练习,另一方运动员找他的同伴继续练习,裁判员应＿＿＿＿＿＿＿＿＿＿＿＿＿。

28. 运动员对裁判员解释规则、规程不服时,可向＿＿＿＿＿＿＿＿＿＿＿＿＿＿申述。

29. 双打比赛中,第一局甲 1 先发球,乙 1 先接发球。第二局乙 2 发球，该_____接发球。

30. 团体比赛，_____的场外指导；单项比赛，
_____的场外指导，而这个指导者的身份_____
_____。

31. 确定种子的原则有_____、_____、_____、_____、_____。

32. 单循环赛指参加比赛的运动员（队）_____称为单
循环赛。

33. 单淘汰赛指参加比赛的运动员（队）按一定的_____由_____两
名队员进行比赛，败者_____，胜者进入_____。

34. 单淘汰赛的抽签步骤为：先抽_____，然后非种子运动员
先_____、后_____。

35. 13 名运动员采用 16 个位置号码进行单淘汰赛，第三个轮空号码位
置为_____；19 个运动员采用 16 个位置号码进行单淘汰赛，第三个抢
号位置是_____。

36. 15 个队参加团体赛，第 1 阶段分成 4 组循环，第二阶段各组同名
次进行循环赛决出全部名次，两阶段共需进行_____轮_____场比赛，
至少赛_____节时间。

37. 有 63 名队员参加女子单淘汰赛（含附加赛），要决出 1～8 名，应
进行_____轮_____场比赛。

38. 有 122 名运动员参加单淘汰赛，应使用_____号码位置，共
进行_____轮_____场比赛。如果设 8 名种子，其位置号是_____，
轮空的位置号是_____。

39. 有 30 人参加比赛，分三个阶段进行。第一阶段分 8 组进行单循环
赛，需打_____轮_____场；第二阶段各小组取前两名，分四组进行
单循环赛，需打_____轮_____场；第三阶段各小组取前两名，
进行淘汰赛加附加赛，要决出 1～8 名，需打_____轮_____场。

40. _____叫阻挡。

41. _____叫连击。

42. _____叫无遮挡发球。

二、判断题

1. 运动员 X 发高抛球时，先做了一个假动作，然后在距地面 72 厘米
处将球发出。A 接发球下网，此时应判：

① A 得分　　　　　　② X 得分

2. 场上一局乒乓球赛已打到 10 分钟，主裁判仍未听到计时员叫"时间到"，他只好自己叫"时间到"，并宣布开始执行轮换发球法。他的处理：

① 不正确　　　　　　② 正确

3. 在一局激烈的比赛中，A 跳过端线挡板去接对方的大力扣球，结果因为挡板后面坐有临场教练员，他未接到对方扣球，这时应判：

① 影响还击，重发　　② A 失一分

4. 在已开始执行轮换发球法的比赛中，接发球方 B 刚回击第 13 板球，身边的挡板便被教练员撞到，此时应：

① 不予置理　　　　　② 因影响比赛，重发

5. 在激烈比赛中，X 举手示意鞋带松开，裁判员宣布"暂停"，让 X 方系好鞋带后继续比赛，裁判员的处置：

① 对　　　　　　　　② 不对

6. A 在从远台回击 X 的扣杀球时，副裁判看见球碰撞自己一方的侧面，便示意球出界，而主裁判觉得是擦上边沿，便判 A 得分。主裁判员的判决：

① 对　　　　　　　　② 不对

7. 运动员 A 在过网击球时，将球狠狠地扣在 X 的台面 上，并越过对方 X 的头顶向挡板外飞去；A 在转身迂回自己一方时，运动衫挂住了球网架，这时：

① A 得分　　　　　　② X 得分

8. 运动员 X 在高抛发球时，先做了一个击球假动作迷惑对方，然后在距地面 74 厘米处击球，将球发到对方台面上；A 运动员受假动作迷惑，回击球失误。裁判员判：

① A 得分　　　　　　② A 失误

9. B 是削球运动员，她在五局三胜制比赛未打决胜局前，即第四局结束后感到十分疲劳，要求裁判员给予 5 分钟的休息时间。裁判员：

① 可以同意休息 5 分钟　　② 只能同意休息 1 分钟

10. 在一局比赛打到 10：10 时，A 还击失误，他提出是对方挡板外一个穿白衣服的小孩又哭又嚷跑过去找妈妈影响了他还击。对此，裁判员应判：

① X 得分　　　　　　② 重发球

11. 球拍底板的大小、重量不限。

① 对　　　　　　　　② 错

12. 没有握拍的手叫"非执拍手"。

　① 对　　　　　　　　　　② 错

13. 不用来击球的拍面,可以是除白色以外的任何颜色。

　① 对　　　　　　　　　　② 错

14. 运动员在一场比赛中只能用一块球拍。

　① 对　　　　　　　　　　② 错

15. 用来击球的拍面可以是一层普通颗粒胶,且颗粒向外。

　① 对　　　　　　　　　　② 错

16. 一场单项比赛前的抽签,它的实质是决定谁有权进行选择。

　① 对　　　　　　　　　　② 错

17. 裁判员在一次男子团体赛开始前组织双方抽签,甲方中签,裁判员将 A/B/C 队排名表交给甲方。

　① 对　　　　　　　　　　② 错

18. 比赛前,裁判员发现运动员使用的球拍的覆盖物一面是橘黄色,另一面是黑色,裁判员应立即报告裁判长。

　① 对　　　　　　　　　　② 错

19. 实行轮换发球时,裁判员在听到计数员报"13"后,应立即叫"停",并根据接发球员第 13 次是否合法还击作出判断。

　① 对　　　　　　　　　　② 错

20. 双打比赛时 A/B 中签,他们愿意让 X/Y 方先发球,自己选择了在左方球台站位,裁判员按中签方要求开始组织比赛。裁判的判决:

　① 对　　　　　　　　　　② 不对

21. 双打比赛第一局是 A 发球 X 接发球,第二局应 X/Y 方 Y 发球,A/B 方 B 接发球。

　① 正确　　　　　　　　　② 错误

22. 在双打比赛中,B 刚发完球裁判员就发现发球错误,而此时 Y 却接球下网,裁判员判重发遭到 B 的抗议。裁判员:

　① 判决正确　　　　　　　② 既然 Y 接球失误应判 B 得分

23. 双打比赛抽签时,X/Y 方要了方位,发球方应该是 A/B。

　① 正确　　　　　　　　　② 错误

24. 在双打比赛中,第一局由 A 发 X 接,第二局应由 X 发 A 接,第三局应由 B 发 Y 接。

　① 对　　　　　　　　　　② 错

25. 在一场比赛进行中，某方教练员大声地给队员进行场外指导，裁判员对其劝阻无效后，拿出黄牌来警告这位教练员。

① 正确　　　　　　　　　② 错误

26. 发球员发出的合法球越过或绕过球网时触网或网柱，应判发球员失分。

① 正确　　　　　　　　　② 错误

27. 执行轮换发球法后，发球方发出的球和以后的 12 次合法还击均被接发球员合法地接到发球员一方的台面上。这时应判发球员失一分。

① 正确　　　　　　　　　② 错误

28. 团体赛的比赛顺序一经确定，经双方教练员和运动员以及裁判员的同意，可以更改比赛顺序。

① 正确　　　　　　　　　② 错误

29. 裁判员在报名时，应把发球一方的分数报在前面，而不是把得分一方的分数报在前面。

① 正确　　　　　　　　　② 错误

30. 甲在还击乙方的一个短球时，球拍脱手后将球碰回乙方台面，而乙又接球失误，这时应判乙失分。

① 正确　　　　　　　　　② 错误

31. 发球→擦网→阻挡，应判重发球。

① 正确　　　　　　　　　② 错误

32. 经过裁判员的允许，运动员可以穿长运动衣比赛。

① 正确　　　　　　　　　② 错误

33. 在任何情况下，发现错误之前的所有得分均不予以 计算。

① 正确　　　　　　　　　② 错误

34. 在一场激烈的单打比赛中，甲方用力抽球，球越出台面上空，触击乙方手腕以上部位。此时，乙说甲击球出界，甲说乙阻挡违例，裁判员判乙失分。裁判员的判决：

① 正确　　　　　　　　　② 错误

35. 在一场双打比赛中，甲方一运动员抢救一险球时，不慎将拍损坏，当回合结束后，该运动员向裁判员报告，要求另换一球拍进行比赛。此时，乙方提出比赛中不能更换球拍，裁判员允许其更换了球拍。此时裁判员的判决：

① 正确　　　　　　　　　② 错误

36. 在单打比赛中，甲方发球，但在球抛起后下落时，不慎漏击；当球下落到离地面 70 厘米处时，甲迅速补击一板，将球向上拉起，球触及本方台区后越网触及对方台区。由于此球旋转较强，乙方接球失误。此时，乙说甲发球违例，甲说是合法发球，裁判员判甲得分。裁判员的判决：

① 正确　　　　　　　　② 错误

37. 在单打比赛中，甲方击出强烈的旋转球，球触及对方台面后向后反弹，跳回本方台面上空，乙方迅速赶上，将甲方拍死，但击球时身体不慎触及球网。此时，裁判员判甲得分。裁判员的判决：

① 正确　　　　　　　　② 错误

38. 甲拉扣两角，乙远离球台还击。突然，甲方放了一个短球，乙立即冲上去将球击到甲方台面。由于冲力过猛，乙的身体挡住了甲的还击，影响了甲的正常还击。裁判员判重发球。裁判员的判决：

① 正确　　　　　　　　② 错误

三、选择题

1. 在乒乓球比赛中，球处于比赛状态时，有权中断比赛的是：（　　）。

A. 裁判长　　B. 裁判员　　　C. 运动员

D. 教练员　　E. 领队

2. 裁判员在赛前检查双方球拍时，发现 A 的球拍底板木质部分占 90%，只有一层 0.3 毫米厚的碳纤维夹层，而 B 的球拍底板木质部分占 89%，却有两个夹层分别是 0.38 毫米和 0.25 毫米厚。裁判员认为（　　）。

A. A 的球拍可以使用　　　B. B 的球拍可以使用

C. 都可以使用　　　　　　D. 都不能使用

E. 请示裁判长

3. 甲使用直拍一面的覆盖物为黑色海绵正胶，没粘覆盖物一面的拍面是鲜红色。由于接发球时常"吃转"，当乙再发一旋转球时，他改用红色的拍面搓接，乙还击时击球出界。裁判员对此球应判定（　　）。

A. 判甲得分　　　　　　　B. 判乙得分

C. 判重发球　　　　　　　D. 请示裁判长

4. 比赛前 A、X 双方都未看对方球拍，打到 10∶8 时，X 方提出要检查 A 的球拍，因为赛前未看，此时，（　　）。

A. 可以检查　　　B. 不可以检查　　　C. 只要 A 同意，可以检查

5. 当 X 发球得分后，比分为 8∶6，此时计时员报"时间到"，下一个

应开始采用轮换发球法比赛。下一个球应该（　　　）。

A. X 已发了两个球，应由 A 发

B. 本该 A 发，但执行轮换发球法便由 X 发

C. A、X 协商或抽签决定谁先发

D. 裁判员指定 A 发

E. 裁判员指定 X 发

6. 实行轮换发球法时，计数员应计算的计球数为：（　　　）。

A. 发球员的还击次数，从 1 到 12

B. 接球员的还击次数，从 1 到 12

C. 发球员的还击次数，从 1 到 13

D. 接球员的还击次数，从 1 到 13

E. 发球员的还击次数，不算发球，从 1 到 13

7. 执行轮换发球时，甲发球后在还击乙击来的第 13 球时，球擦网后落到网柱上跳了两下掉到乙方台面，乙还击下网，此时应（　　　）。

A. 判甲得分　　　　　　　　B. 判乙得分

C. 由计数员判定　　　　　　D. 请示裁判长

8. 在比赛开始前，双方运动员抽签，中签者选择了方位，那么接发球应由（　　　）。

A. 未中签者选择　　　　　　B. 中签者选择

C. 未中签者决定　　　　　　D. 中签者决定

9. 在单打比赛时 A 中签，他表示愿意让 X 先发球，自己选择了左方球台位置，中签方要求开始组织比赛，裁判员应宣布（　　　）。

A. 由 X 选择方位并发球　　　B. 由 A 发球，A 选择方位

C. 重新抽签

10. 在回合中将判失一分，如果运动员（　　　）。

A. 无意将执拍手击到了球

B. 有意用球拍拍柄击球

C. 无意将执拍手触击比赛台面

D. 无意将执拍手臂触到了球台

11. 在一个回合中，A 企图还击，但球碰到他执拍手手背，越过了球网，在 X 台面靠近球网处弹起，击球球拍碰到比赛台面；X 击球后球过了网，在 A 的台面弹起。此时应（　　　）。

A. 判重发球，因为球触及 A 的执拍手

B. 判 X 得分，因为球及 A 的执拍手

C. 判重发球，因为 X 的球拍触及比赛台面

D. 判 A 得分，因为 X 的球拍触及比赛台面

E. 不采取行动，因为球仍处于比赛状态

12. 发球时，球被抛起（　　　）。

A. 离开发球员手掌后，至少上升 16 厘米

B. 至少升高到发球员肩的高度

C. 至少升至网高以上 16 厘米

D. 所升高度不限，但必须垂直上升

13. 在双打比赛中，甲$_1$发球后，球从本方右半区越网落在对方左半区，乙$_1$将球还击过去后，甲$_2$一记重板扣杀，使乙$_2$还击下网。此时应判（　　　）。

A. 甲方得分　　　　　　　B. 乙方得分

C. 重发球　　　　　　　　D. 判重发球，但必须征得副裁判的同意

14. 当运动员 A 还没有站稳时，B 即把球发出，A 在仓促之中还击了一板，使球下网。此球应（　　　）。

A. A 未准备好，判重发球

B. 判 B 得分

C. 与副裁判商量后再判

D. 征求双方运动员意见

270

15. 运动员 A 发的一个下旋球落到对方 Y 台面后，因强烈旋转而使球返回过网；此时 Y 立即向前移动准备还击，但球已触及 A 方台面后又向上弹起，Y 扣杀成功。裁判员对此球应（　　　）。

A. 判 A 得分　　　　　　　B. 判 Y 得分

C. 判重发球　　　　　　　D. 与副裁判商量后再判

16. 运动员 X 在还击时身体前冲过猛，将整个球台撞出几十厘米，但球击在 Y 方台面上，Y 击球出界。裁判员对此球应（　　　）。

A. 判 X 得分　　　　　　　B. 判 Y 得分

C. 判重发球　　　　　　　D. 请示裁判长

17. 在一场双打比赛中，A、B 为一方，X、Y 为另一方。A 发出合法球后应 X 接发球。此时，X 的同伴 Y 因感到不执拍手的手心有汗，将手放在台面左半区左角处擦了两下，X 还击后 B 扣杀出界。裁判员对此球应（　　　）。

A. 判 X 方得分　　　　　　　B. 判 B 方得分

C. 判重发球　　　　　　　　D. 请示裁判长

18. 在双打比赛中，B 刚发完球，裁判员就发现了发球次序错误并立即宣布"暂停"，而此时 X 方却接发球下网。裁判员应判（　　）。

　　A. 重发球　　　　　　　　B. 判 A 方得分

　　C. 与副裁判员商议再作决定

19. 在单打比赛中，双方运动员打成 2∶2，各胜两局。此时，甲方运动员向裁判员提出休息 5 分钟后再打，裁判员应（　　）。

　　A. 同意他休息 5 分钟　　　B. 不同意

　　C. 征求双方运动员意见　　D. 请示裁判长

20. 在比赛中，X 方拉了一高吊弧圈球，球触及对方端线上边缘，主裁判判为"擦边"。这时应（　　）。

　　A. 以副裁判判决为主　　　B. 问一下 Y 裁判员

　　C. 请示裁判长　　　　　　D. 以主裁判判决为主

21. 在单打比赛中，A 的教练在局间交换方位时高声责骂 A，指责他战术不对；而 X 的教练只是在 X 捡球或喝水、擦汗时用手势或小声提醒 X 应该怎样打。对两个教练员的指导，裁判应（　　）。

　　A. 不予理会　　　B. 只警告 A 的教练　　　C. 只警告 X 的教练

22. 在激烈的比赛回合中，X 举手示意鞋带松开。此时，裁判员应当（　　）。

　　A. 不予置理，继续比赛

　　B. 宣布"暂停"，让其系好鞋带

　　C. 判 X 失一分

23. 在团体赛前，A 方和 X 方所穿服装颜色类似，且均不愿更换。裁判员此时应当（　　）。

　　A. 让 A 方换服装　　　　　B. 让 B 方换服装

　　C. 抽签决定某一方必须更换

24. 运动员 A 在过网击球时，将球狠狠地扣在 X 方的台面上，并越过对方 X 的头顶，朝挡板外飞去；A 在转身迂回自己一方时，运动衫挂住了球网架，裁判员应判（　　）。

　　A. A 得分　　　B. X 得分　　　C. 重发球

25. 女子团体赛的双打名单，必须在以下时间交给裁判员（　　）。

　　A. 双打比赛开始前

　　B. 第二场比赛结束前　　　C. 团体比赛开始前

D. 第二场单打比赛开始前   E. 任何时间都可以

26. 甲的球拍为颗粒胶且颗粒向内，连同黏合剂为 1.8 毫米；乙的球拍为反贴海绵胶，其总厚度为 4 毫米，海绵厚度为 1.9 毫米；丙的球拍为正贴海绵胶，总厚度为 3.9 毫米，海绵度为 2.2 毫米。裁判员认为（   ）。

A. 甲、乙拍不可以使用，丙拍可以使用

B. 甲拍不可以使用，乙、丙拍可以使用

C. 甲、丙拍可以使用，乙拍不可以使用

D. 甲、乙拍可以使用，丙拍不可以使用。

27. 在团体赛时，A 方为红运动衫、蓝短裤；X 方为绿运动衫、蓝短裤。裁判员认为（   ）。

A. 双方都是蓝短裤，没明显区别，不能比赛

B. 符合规定，可以比赛

C. 裁判员指定一方更换短裤

D. 用抽签方法决定一方更换短裤

E. 报告裁判长

28. 在一局比赛中 A 负，A 说秒表停了，实际上已进行了 20 分钟；副裁判也说停了，但不知道什么时候停的。这时应（   ）。

A. 不能证明什么时候停，比赛继续进行

B. 下局实行轮换发球法

C. 征得双方同意，确为人为 20 分钟停的，可实行轮换发球法

D. 重打上一局比赛

E. 报告裁判长

29. A 在比赛开始时有轻微咳嗽，在比赛期间咳嗽加急，呼吸有困难，他要求休息片刻。这时，（   ）。

A. 无论 X 是否同意，都不能休息

B. 如果 X 同意，可以休息

C. 如果不能继续比赛，判 X 胜这局

D. 判 X 胜这局，在规定的局与局之间休息后继续比赛

E. 立即报告裁判长

30. 一名讲德语的裁判员在日本主持一场世界比赛，场上是瑞典运动员对中国运动员进行比赛，裁判员报分时，（   ）。

A. 必须用日语，即组织比赛协会语言

B. 必须用瑞典语或汉语

C. 可以由裁判员选定任何语言

D. 必须用英语

31. 在一场双打比赛中，A/B 对 X/Y，A 方落后；比赛激烈地进行，A 方逐渐将比分追上来。X 方提出，A/B 两人互换了球拍，裁判员也认为确实换了。这时应（　　　）。

　　A. A、B 立即更换过来，继续比赛

　　B. A、B 视为一方允许更换，不予置理

　　C. 裁判员警告 A 方

　　D. 立即中断比赛，报告裁判长

　　E. 重新检查球拍

32. 比赛大厅又湿又潮，还很热，运动员 A 每打两个球擦一次眼镜，裁判员应（　　　）。

　　A. 警告 A，不允许每打两个球擦一次眼镜，否则取消比赛资格

　　B. 警告 A，不允许每打两个球擦一次眼镜，再报告裁判长

　　C. 情况特殊，可酌情处理

　　D. 如果每两球擦一次，局与局之间就不休息了

　　E. 报告裁判长

33. 在比赛中，一名运动员站于挡板外以大角度回击一球，你采取的行动是（　　　）。

　　A. 没有，假若回板未被干扰

　　B. 判重发球

　　C. 判该球失分，因为他没在 7×14 米内还击

　　D. 没有

34. 在比赛中，外队队长以该国语言大叫，你不明白，但相信他可能给该队队员指导，你应该（　　　）。

　　A. 判重发球，并出示黄牌警告该队队长

　　B. 不予置理，因为不能肯定该队队长做场外指导

　　C. 中断比赛，出示红牌，将指导者逐出赛区

　　D. 该队长每叫一次判该队运动员失一分

　　E. 不予置理，你认为对方不受其叫喊影响

35. 甲的球拍底板中间的一层碳纤维占底板总厚度的 10%（且为 0.3 毫米）；乙的球拍底板中间有两层玻璃纸，每层和其黏合物的厚度为总厚度的 7%（且为 0.25 毫米）；丙的球拍底板黏合层为三层，每层均为总厚度的

5%（且为 0.35 毫米）。裁判员认为（　　　）。

A. 甲、乙拍可以使用，丙拍不可以使用

B. 甲、丙拍不可以使用，乙拍可以使用

C. 甲、乙、丙拍均可以使用

D. 甲、乙、丙拍均不可以使用

E. 甲拍不可以使用，乙、丙拍可以使用。

36. 一乒乓球从另一球台于比赛时进入该台比赛范围，并慢慢向台滚去，你将采取的行动是（　　　）。

A. 立即判重发球，因为该球很可能影响合法还击

B. 只可判重发球，假若任何一方要求

C. 不作任何行动，直到肯定双方球员看到该乒乓球

D. 不作任何行动，直到该回合结束

E. 不作任何行动。

四、抽签编排题

1. 某单位有 19 人参加单淘汰赛（包括附加赛），拟设 5 名种子，请注明种子位置：抢号位置，列出淘汰赛的轮次、场数和淘汰赛对阵表。

2. 某单位工会举行乒乓球比赛，共有 7 个科室报名，拟采取循环赛决出名次，请计算出轮次、场数并列出循环赛轮次表。

3. 有男、女各 12 个队参加循环赛；男、女单打各 57 人参加单淘汰赛；团体赛要排出全部名次，单打取前四名，要求在六天内赛完。请将这六天各节的赛程与场次、使用球台数分别列出（注：循环赛分组数及使用球台数自选，单打采用单淘汰加附加赛方式）。

节\天数	上午			下午			晚上			总场数
	项目	台数	场数	项目	台数	场数	项目	台数	场数	
第一天										
第二天										
第三天										
第四天										
第五天										
第六天										

4. 请填好下列男子单打的分区平衡表（A_1、C_1为1、2号种子，A_2、E_1为3、4号种子）。

区＼队名人数		A	B	C	D	E	F	位置数	轮空数	固定数	机动数	位置数	轮空数	固定数	机动数
		7	5	6	4	3	3								
1/2	1/4														
	1/4														
1/2	1/4														
	1/4														

5. 6个队参加单循环比赛，请算出比赛场数、轮数，并排出比赛顺序。

6. 如何确定15个队的分组情况（其中，1～15是按以往成绩确定的编号）？小组赛将进行多少场比赛？

五、计算成绩

1

	A	B	C	D	E	F	G	H	积分	计算	名次
A		1∶3	3∶0	3∶0	3∶0	3∶0	3∶1	3∶1			
B			3∶1	3∶0	0∶3	3∶0	3∶0	0∶3			
C				3∶0	1∶3	3∶0	3∶1	0∶3			
D					0∶3	3∶0	3∶0	3∶1			
E						3∶0	3∶1	1∶3			
F							0∶3	0∶3			
G								0∶3			
H											

2

	A	B	C	D	E	F	G	H	积分	计算	名次
A		1∶3	0∶3	0∶3	3∶1	3∶0	3∶0	3∶0			
B			1∶3	3∶1	3∶0	3∶0	3∶0	3∶0			
C				1∶3	3∶0	3∶0	3∶0	3∶0			
D					W-O	3∶0	3∶0	3∶0			
E				W/O		3∶0	2∶3	3∶0			
F							0∶3	0∶3			
G								3∶0			
H											

275

注：W-O 表示对方弃权的获胜方；W/O 表示弃权方；0∶0 表示双方弃权。

3

	A	B	C	D	E	F	积分	计算	名次
A		3:1	3:0	3:0	2:3	3:0			
B			3:0	3:1	2:3	3:0			
C				1:3	3:2	3:0			
D					3:0	1:3			
E						2:3			
F									

六、问答题

1. 裁判员的职责是什么？

2. 练球前，主裁判员、副裁判员要进行哪些工作？

3. 一个临场裁判员如何组织一场比赛？

4. 主裁判和副裁判在处理发球犯规时的职责分工及协调原则分别是什么？

5. 试述合法发球。

6. 试述规则中对运动员合法发球时执拍手与不执拍手的规定。

7. 简述轮换发球法的规定。

8. 规则对合法发球的规定比合法还击的规定多得多的原因是什么？

9. 规则中关于纠正发球和接发球次序的错误有哪些 规定？

10. 裁判如何保证比赛的连续性？

11. 检查球拍时，球拍两面颜色分别为一红一黑，但红的一面没有"许可"标记，裁判员据此不准运动员使用这块球拍。请问这对吗？是否需要报告裁判长？

12. 规则对双方运动员的服装有什么规定（不包括广告大小要求）？如果裁判员认为 A 的运动服不符合规定,坚持不让 A 比赛,这种做法对吗？

13. A 发球，将球高高抛起后，认为对方没有准备好，于是用不执拍手接住球，并对裁判员说明对方未准备好。裁判员对此应如何处理？

14. 在双打比赛的第二局中，由谁来决定一对接发球方的第一接发球员？

15. 在双打比赛中，应 A 发 X 接，但当 A 发球后，X 的同伴 Y 前去接发球，裁判员在 Y 接发球时已发现接发球次序错误。那么，裁判员该判重发球还是判 X/Y 方失分？

16. 实施轮换发球时，在接球员第 13 次把球击出的同时，从邻台飞进一球，裁判员对此应如何处理？有几种可能出现的情况？

17. 在一场团体比赛规定的休息时间内，以及在经批准的暂停时间里，运动员可接受什么人的场上指导？

18. 就规则解释和服装器材合法性等问题，在什么情况下裁判员应向裁判长报告？在什么情况下不应向裁判长报告？

19. 请叙述规则中关于"一分"的规定。

20. 规程中关于赛前练习有哪些规定？

21. 运动员有哪些权力？

22. 衡量抽签水平的标准是什么？

23. 单淘汰赛的抽签原则及要求是什么？

24. 有 256 名运动员参加单打比赛，请计算决出 1 ~ 8 名的名次所要的轮数和场数。

25. 6 个队参加单循环赛，请算出比赛场数、轮数，并排出比赛次序。

参 考 文 献

[1]　张瑛秋编著. 乒乓球竞赛工作指南. 北京：北京体育大学出版社，2005

[2]　蔡继玲编著. 乒乓球裁判必读. 北京：北京体育大学出版社，1998

[3]　方达儿编著. 乒乓球竞赛组织工作大全. 广州：广东经济出版社，2005

[4]　林晓彦编著. 乒乓球入门. 合肥：安徽科学技术出版社，2002